Stefan Pannen
Wir Mauerkinder

Stefan Pannen

Wir Mauerkinder

Eine Generation bricht auf

BELTZ
Quadriga

Satz: Satz- und Reprotechnik GmbH, 69495 Hemsbach
Druck: Druckhaus Beltz, 69494 Hemsbach
Lektorat: Manuela Runge
Herstellung: Iris Müller
Umschlaggestaltung: Dieter Vollendorf, München
ISBN 3-88679-233-1

Inhalt

Vorwort: Schleichende Revolte

Der Umbruch des Jahres 1989 liegt noch keine fünf Jahre zurück und ist kaum verdaut. Selbst die Folgen der Studentenrevolte von 1968 sind bis heute virulent. Doch aus den Umbrüchen von 1968 und 1989 erwachsen keine neuen Impulse mehr. Die zwei halben Revolten ergeben keine ganze.

Wer sich in Deutschland umsieht, stellt fest, daß das Jahr 1989 mitnichten ein Datum markiert, das für die ganze Republik von Bedeutung gewesen wäre. Der Westen hat außer ein paar Fernsehbildern und Steuererhöhungen bis heute nicht viel davon mitbekommen, daß sich etwas verändert hat. Die ostdeutschen Herbstrevolutionäre hingegen laufen ins Leere, weil das System, gegen das sie opponierten, hinweggefegt wurde. 1989 war eine Revolution für das halbe Volk.

Genauso verhält es sich mit der Studentenrevolte von 1968. Allerdings: Sie fand nur im Westen statt, in der DDR rollten zur gleichen Zeit die Panzer gen Prag. Inzwischen sind die Parolen der 68er längst salonfähig geworden, der revolutionäre Elan ist verbraucht; Bürgerbewegungen und ökologische Bekenntnisse gehören zum politischen Einmaleins in jeder Kleinstadt zwischen Ems und Inn.

Nach dem Fall der Mauer tritt eine neue Generation auf den Plan, um die Republik erneut zu verändern. Sie macht keine Revolution. Aber sie will den Wandel, der not tut. Keiner hat es gemerkt. Denn ihr Aufbruch kommt »nicht mit Pauken und Trompeten, Kampfabstimmungen im Parlament, programmatisch-politischen Gegensätzen oder unter der Fahne revolutionärer Veränderungen« daher, sondern als »reflexive Modernisierung«. Mit diesem Begriff bezeichnet der Soziologe Ulrich Beck »eine Veränderung der Industriegesellschaft, die sich im Zuge normaler, verselbständigter Modernisierungen ungeplant und schleichend vollzieht (...), meist samtpfötig, unbemerkt auch von Soziologen, die ungefragt die Daten in alten Kategorien sammeln. Die Unerheblichkeit, Vertrautheit, oft Gewünschtheit der Neuerungen verdecken ihre gesellschaftsverändernde Reichweite.«

Wegbereiter dieser schleichenden Revolte sind wir Männer und Frauen zwischen 30 und 40. Wir sind deswegen schwer auszumachen, weil wir uns kaum auf einen gemeinsamen Nenner bringen lassen. Wir haben keine verbindende Ideologie. Ismen jeder Art sind uns fremd. Die Unsicherheit des Augenblicks spornt uns an. Unser Motto lautet: Freiheit aushalten. Wir treten nicht dafür an, eine neue Gesellschaft zu schaffen, sondern um das Mögliche wirklich zu machen. Wir sind die Generation, die mit der Mauer aufwuchs. Die deutsche Teilung war für uns normal, weil wir nichts anderes erlebt hatten. Gerade darum aber sind *wir Mauerkinder* die ersten, die neugierig aufbrechen in das Vakuum, das nach dem Fall der Mauer entstanden ist.

Nicht immer sind schon Zusammenhänge kenntlich, vieles ist Patchwork. Wir Mauerkinder suchen uns unsere Methoden, wo immer wir können, kommen aus gesellschaftlichen Bereichen, die weit auseinanderliegen, und haben Charaktere, wie sie unterschiedlicher nicht sein könnten. Mit Witz, Charme und Ironie sind wir bei der Sache, die wir zu der unseren gemacht haben. Aber uns ist klar, *daß es um etwas geht* bei dem, was wir tun. Wenn es nicht so wäre, täten wir es nicht. Denn wir sind zielstrebig.

Das Verhältnis zu den Generationen vor uns – den 68ern, den *Zaungästen* der späten siebziger, den *Zeitgeistern* der achtziger Jahre – ist ambivalent. Vieles scheint uns wenig tauglich für die Ära nach der Mauer, anderes übernehmen wir – Reformansätze, die inzwischen bis in die CDU hineingehen, ein *Neues Denken*, das Gegensätze überwinden will, einen nüchternen Umgang mit ökonomischen Fragen. Alles, was uns beim Wandel der Gesellschaft hilft, ist willkommen.

Vor zwanzig Jahren wäre dieses Buch als Manifest, theoretische Abhandlung oder Handbuch für den Widerstand erschienen. All das liegt mir fern. Ich möchte einen Zustand beschreiben. Ich berichte von den Begegnungen mit Mauerkindern, die ich aufgesucht habe. Ein halbes Jahr lang bin ich quer durch Deutschland gefahren, um in die gesellschaftlichen Bereiche Einblick zu nehmen, in denen unsere Generation besonders heftig daran arbeitet, daß aus der schleichenden Revolte ein Aufbruch in die Zukunft wird. Eine Theorie dazu liefere ich nicht. Meine Generation hat gelernt, daß wir uns besser verstehen, wenn wir uns unsere Geschichten erzählen, als wenn wir große Entwürfe machen. Diese Erfahrung verdanke ich besonders den letzten vier Jahren, in denen ich als Wessi im Osten lebe.

Meinen Gesprächspartnern aus der Generation nach der Mauer danke ich für ihre Bereitschaft, sich von mir befragen zu lassen. Für ihre Hilfe bei der Recherche bedanke ich mich bei Emanuela Wilm und Adriane Andreas, für ihre gründlichen Korrekturen bei Doris Simon und für kritisch-wohlwollende Einwände und Ermutigungen bei Manuela Runge.

Berlin, im Juni 1994

Stefan Pannen

Die Generation, die nach der Mauer kam

Dem *Focus* war es einen Aufmacher wert: »Krise mit Dreißig« titelte das Blatt im Spätsommer 1993. Im Inneren des Heftes dann eine Fotomontage: Er, gutaussehend, schwarzes Hemd, Dreitagebart, dunkle Augenringe, das Kinn auf die geballte Faust gestützt, betrachtet nachdenklich sein Spiegelbild. Sein Blick – ohne Hoffnung. Darunter die Zeile: »Nie waren sie so frustriert wie heute: Die Generation der Dreißiger zelebriert ihre Midlife-crisis.« »Es erwischt jeden«, wußte das Münchener Nachrichtenmagazin, »mit 30 zerbricht die Liebe«, hinzu komme der »Frustverstärker Wirtschaftskrise« – da drücke viele ein »Tonnengewicht aus Entscheidungszwang und Versagensangst. Kein Wunder, daß manch einer die Schultern einzieht.«

In der Tat: Wer um das Jahr 1960 herum geboren wurde, in den späten sechziger und siebziger Jahren zur Schule ging, im vergangenen Jahrzehnt studierte und danach in den Beruf startete, dessen Perspektiven waren alles andere als rosig. Im Westen schienen die alten 68er und ihre Epigonen die Diskurshoheit noch auf Jahre hinaus gepachtet zu haben, für das Berufsleben waren andere besser gerüstet: Mit der Generation der Lehramts- und Soziologiestudenten der siebziger Jahre, die sich, gestählt vom langjährigen Dasein als Taxifahrer, Animateur, Nachtwächter oder Barfrau, gewieft im Ausspionieren etwaiger Lücken des Arbeitsmarktes, jedoch müde geworden des dauernden Beschäftigungswechsels, nun daran machte, die Positionen in Unternehmen und Behörden zu erobern, hätten wir es wohl noch aufnehmen mögen. Aber nach uns kamen die Jüngeren, die, während wir den PC allenfalls als bessere Schreibmaschine benutzten, die Codes knackten, als wären sie Luftschlösser, die das ganze Leben nur als Quiz betrachteten und unbeschwert von den moralischen Skrupeln agierten, die wir noch von unseren Lehrern und Jugendgruppenleitern geerbt hatten. Unsere Nachfolger schienen uns für die freie Wirtschaft einfach kompatibler als wir selbst. Derlei Sorgen blieben einem im östlichen Teil Deutschlands zwar erspart. Doch wer in einem Alter, in dem andere die Ärmel hochkrempeln, seine Lebensmöglichkeiten auf die Alternative zwischen Arrangement und Ausreise reduziert sah, vermochte nur schwerlich das Gefühl zu entwickeln, er gehöre zu einer Generation, auf die es wirklich ankomme.

Zu viele, zu spät, zu bequem

Der Berliner Zeitungsreporter Walter Wüllenweber, geboren 1962, brachte es auf den Punkt: Es sei »der mieseste aller Jahrgänge«, dem er angehöre. »Wir fühlen uns als Ergebnis einer Massenproduktion. Mit 1 018 552 Frauen und Männern sind wir der geburtenstärkste Jahrgang Westdeutschlands aller Zeiten. Im Kindergarten waren die Buntstifte knapp, in der Schule die Klassenzimmer voll und in der Universitätsbibliothek die Bücher ausgeliehen. Stets gab es zu viele von uns.«

Wir sind der Babyboom. Ende der fünfziger Jahre war man in Deutschland aus dem Gröbsten heraus, im Westen blühte das Wirtschaftswunder, im Osten, wo es mit der Ökonomie nicht so recht klappte, sprang der Staat in die Bresche und begann, das Kinderkriegen finanziell zu fördern. Die Deutschen vermehrten sich wie die Karnickel. In den siebziger Jahren kam das Ende des Booms. Die Quadratmeterzahl der Plattenbauwohnungen war begrenzt, die Sehnsucht nach Freiheit und Abenteuer hingegen grenzenlos, beides ließ sich schlecht mit einer Großfamilie vereinbaren. Doch da waren wir bereits auf der Welt und verstopften uns den eigenen Bildungsweg, weil wir so viele waren.

Wir sind 20 Millionen. Rund ein Viertel der Bevölkerung des neuen Deutschland ist zwischen 25 und 40 Jahre alt. Doch es gibt keinen *Midlife-Schutzbund*, keine *blond-brünett-schwarzen Panther*, keinen *Verein zur Förderung des Fortkommens der mittleren Generation in Staat und Gesellschaft bei besonderer Berücksichtigung von Bildungswegen und Zugangschancen unter der Voraussetzung einer ökologisch-dezentralistischen Weltordnung*. Wir haben keine eigene Lobby in Bonn. Unsere Reihen sind nicht fest geschlossen. Denn gerade weil wir so viele sind, sind wir lieber allein. »Ein Kollektiv von Einzelgängern« seien wir, schrieb der *Wiener* 1989. Die Geschichte trug den Titel: »Die verlorene Generation«. Ein Absatz darin lautete wie folgt: »Im *Spitz*, einem der neuen, adretten Szenelokale in der Kölner Innenstadt, lungert an den Tischen dieser eigentlich perspektivenlose Nachwuchs, der sich so lange einredet, bestimmte kreative Begabungen zu besitzen, bis er selber daran glaubt – selbstbewußtes Mittelmaß, verantwortlich für jede Menge grauenhafte Theaterabende, reichlich verhauene Journalismusversuche und armselig albernes Modedesign.« Tendenz des Beitrages: Wir sind nicht nur zu viele. Uns ging es auch zu gut. Die wenigsten von uns mußten sich in den siebziger und achtziger Jahren ernsthaft materielle Sorgen machen. Denn wir hatten Eltern, und die Eltern hatten Geld, zwar nicht im Überfluß, aber doch genug, um dem Nachwuchs so lange unter die Arme zu greifen, bis der selbst zum Mikadospielen zu schlapp war. Wenn das Bonanza-Fahrrad einen Achter hatte, eine Stereoanlage vor die Fototapete gestellt werden mußte, der Diesel einen neuen Motor brauchte oder die letzten Monate dieser unheimlich wichtigen Seminararbeit über »Hermann Hesse und Carlos Castaneda – Imaginationen und Transzendenzen« einer hundertprozentigen Finanzierungshilfe bedurften – kein Problem, ein Griff zum Telefon, und zwei Tage später war die Überweisung da, nicht für alle, aber für viele von uns. In Ostdeutschland war es nicht ganz so komfortabel. Doch wer sich nicht allzu doof anstellte, konnte sich mit Stipendien oder einer der reichlich vorhandenen Assistentenstellen locker bis ins vierte Lebensjahrzehnt retten.

Wir hatten die Gewißheit, etwas Besonderes zu sein. Ein regelmäßiges Zusammensein mit Gleichaltrigen hätte uns dieser Illusion womöglich beraubt. Darin liegt der wahre Grund dafür, daß wir uns nicht zu organisieren trachteten. Genies bilden nun mal keine Vereine. Jeder spinnt für sich alleine. Und weil wir uns obendrein nicht ernsthaft um einen Lebensunterhalt kümmern mußten – und wenn wir es taten, so eher spielerisch, in der Gewißheit, jederzeit wieder aufhören zu können –, verzettelte sich so mancher im Wolkenkuckucksheim. Dies ist um so verständlicher, als wir für das wahre Leben stets viel zu spät dran waren.

In den Wirtschaftswunderjahren waren wir noch nicht auf der Welt, 1968 gingen wir in den Kindergarten oder zur Grundschule. Und danach waren wir die betrogenen kleinen Brüder und Schwestern. Gemeinhin ist es so, daß die Erstgeborenen noch mit den Eltern um den Button auf dem Parka, die langen Haare, das Fernbleiben von FDJ-Versammlung oder Kirchgang, die gemeinsame Nacht mit Freund oder Freundin streiten müssen, die Jüngeren hingegen die einmal erkämpften Rechte wie selbstverständlich in Anspruch nehmen können. Bei uns war es anders. Denn als wir alt genug waren, um nachzuholen, was wir verpaßt hatten, war die Schraube bereits wieder angezogen. Als wir uns in den siebziger Jahren anschickten, unsere Welt zu erobern, da war sie wüst und leer: Die Ölkrise trieb alle in die Rezession, im Westen war die bleierne Zeit von Terrorismus und staatlichem Verfolgungswahn heraufgezogen, im Osten der Anfangsoptimismus der ersten Honecker-Jahre zum Erliegen gekommen. Kein Wunder, daß wir in den frühen Achtzigern in *no future* machten.

Was Reinhard Mohr über die 78er Generation schrieb, hätte auch für uns gelten können: »Wohin sie auch kamen – stets trafen sie als zweite ein. Sie waren die ewig verspätete Generation. Noch als Dreißigjährige verbrachten sie einen Großteil ihres Tages damit, den Lauf der Dinge zu beklagen und auf bessere Zeiten zu hoffen.« Als ich diese Zeilen las, die ersten in Mohrs Buch über die »Zaungäste – Die Generation, die nach der Revolte kam«, ärgerte ich mich zunächst maßlos, weil ich mir einen ähnlichen Beginn für das vorliegende Werk ausgedacht hatte: *»Wir kamen immer zu spät. Selbst für die Mauer.«* Das sollten die ersten Sätze sein. Worte wie in Stein gemeißelt. Diesen Anfang hat mir Herr Mohr verdorben – und das ist gut so. Denn das Behauptete ist falsch, zumindest für unsere Generation. Zwar kamen wir zu spät, um den *Bau* der Mauer zwischen Deutschland-Ost und Deutschland-West bewußt mitzuerleben. Doch ihr *Fall* kam für uns gerade zur rechten Zeit. Der 9. November 1989 veränderte alles. Max Goldt schrieb in der *Titanic*: »Hätte ich je gedacht, daß ich einmal vor dem Fernseher Tränen vergießen würde, noch dazu solche der Freude über ein politisches Ereignis? Oh, geweint wurde tüchtig in diesen Tagen. Leser in Köln oder Stuttgart können darüber natürlich nur mit dem Kopf schütteln. Doch diese veradenauerten Westintegrierten mit ihrem blöden Frankreich wissen rein gar nichts vom Wesen Berlins. (...) Ich rief einen Satireheftchen-Kollegen an, um ihn zu fragen, was er denn in diesen freudigen Tagen mache. ›Du Revanchist‹, tobte er, ein ›Linker‹, der seit Jahren in Berlin lebt, bislang aber kein einziges Mal den Osten der Stadt aufgesucht hat.«

Als die Mauer fiel, schlug uns die Stunde

Ich war in jener Zeit Redakteur der SAT.1-Talk-Show *Talk im Turm*. Ich erinnere mich, daß uns noch im Spätsommer 1989, zu einer Zeit, als ein ostdeutsches Flüchtlingsheer bereits Ungarn durchstreifte und im Garten der Prager Botschaft kampierte, die Ökosteuer als das wichtigste Thema für die Premierensendung im Januar '90 erschien; wer die Zeitungen jener Tage studiert, wird verwundert feststellen, daß dort die Gewichtung eine ähnliche war. Kanzler Kohl war angeschlagen, und wir alle hatten die Gewißheit, daß die nächste Bundesregierung von einer rot-grünen Koalition unter Oskar Lafontaine gestellt werden würde.

Ein Jahr später war der saarländische Ministerpräsident bei *Talk im Turm* zu Gast. Als wir nach der Sendung zusammensaßen, ereilte mich unvermittelt seine Frage, was ich, was meine Generation von der raschen Vereinigung hielte. Ich ahnte, was Lafontaine erwartete, kannte seine Warnungen vor den wirtschaftlichen Folgen der Einheit. Doch ich mußte ihn enttäuschen. Natürlich gebe es große Probleme, antwortete ich, aber für mich persönlich sei das Ganze in erster Linie rasend spannend, dürften wir Mauerkinder doch nach all den ereignislosen Jahren in der guten alten Bundesrepublik nun zum ersten Mal Geschichte hautnah erleben. Noch während ich sprach, registrierte ich, daß Lafontaine zwar verstand, was ich sagte, es jedoch nicht nachempfinden konnte. Zwei Wochen später schrieb sein Altersgenosse Patrick Süskind im *Spiegel*: »Verdattert wie die Kühe, denen man ein lang verschlossenes Gatter aufsperrt, standen und stehen wir da und glotzen in die neue Richtung und scheuen uns, sie einzuschlagen.« Uns ging es anders. Für uns galt, was Süskind lediglich den 20-, 25jährigen zubilligen mochte: »Für sie sind das Ende des kalten Krieges, die Veränderungen in Osteuropa und die deutsche Vereinigung die ersten wichtigen politischen Ereignisse ihres bewußten Lebens, die sie, wenn nicht mit Begeisterung, so doch mit erregtem Interesse verfolgen.«

Noch während die Mauer fiel, tat sich ein Graben auf zwischen uns und den Vorgängergenerationen. Matthias Horx hat in seinem »Trendbuch« darauf verwiesen, daß sich in den achtziger Jahren die »Generationalisierung« beschleunigt habe. »Jedes zweite, dritte Jahr wuchs von unten eine neue, reichlich unverständliche und unverstandene Generation nach. (...) Mit Beginn der Neunziger scheint dieses seltsam lärmende Karussell abrupt zum Stehen gekommen zu sein, (...) weil mit der Aufhebung der deutschen Teilung plötzlich wieder so etwas wie *Realität* in das virtuelle Zeichenspiel einbrach, mit dem sich *Generationen* voneinander abgrenzten.« Jahrelang waren die Reihen zwischen uns und den Jahrgängen vor uns fest geschlossen gewesen. Es *gab* einfach nichts, das es uns *wirklich* ermöglicht hätte, uns von den 68ern und ihren Nachfahren abzugrenzen. Wir wußten, was wir ihnen verdankten. Doch insgeheim warteten wir auf den Tag, an dem wir das geistig-politische Klima der Republik bestimmen würden. Als wir feststellten, daß die Einigung unseren Vorgängern die Sprache verschlagen hatte, erkannten wir, daß nun endlich unsere Stunde geschlagen hatte.

Die »Generation, die nach der Mauer kam«, geboren oder erzogen nach dem *Bau* der Mauer, beginnt nach deren *Fall* mit dem Marsch durch die Institutionen des Landes. Dabei verfügt sie über wohlsortiertes Reisegepäck: die emanzipatorischen Ideen unserer Vorgänger und die kritische Abgrenzung davon, wo es uns nötig erscheint; die Sensibilität für

Probleme der Umwelt und der Friedenssicherung, die uns in den Jahren der eigenen politischen Sozialisation erwuchs; die Offenheit für neue Technologien und den spielerischen Umgang mit ihnen, die wir aus den goldenen Achtzigern mitnahmen; schließlich die große und ungehemmte Neugier auf das, was seit 1989 in Europa vor sich geht. Diese Neugier auf alles und jeden läßt uns im Osten, aber auch im Westen Deutschlands die Initiative ergreifen. Und so irrt Walter Wüllenweber, wenn er schreibt: »Vom Fall der Mauer könnten wir am meisten profitieren, aber gerade die Dreißigjährigen stehen der neuen Situation am ängstlichsten gegenüber. Im Osten könnten Ärzte noch Praxen eröffnen und Juristen Kanzleien. Die nicht so perfekte Welt, den Raum für Gestaltung, für Improvisation, für unsere Ideen und Geniestreiche – dort gibt es ihn plötzlich. (...) Doch wieder überlassen wir das Feld anderen.«

Wüllenweber müßte es eigentlich besser wissen. Denn er selber ist nach dem Fall der Mauer in den Ostteil der Republik gezogen. Zugegeben: Bei meinen Interviews bin ich häufig dem »Klassentreffenargument« begegnet. Etliche aus der Generation nach der Mauer konstatierten, sie selbst hätten sich nach 1989 aufgemacht zu neuen Ufern, die meisten der früheren Mitschüler hätten jedoch kaum mitbekommen, daß sich etwas verändert habe – und für jemanden, der in der Rheinebene im Garten seines Eigenheimes sitze, habe sich tatsächlich wenig getan. Das ist die eine Erfahrung. Ich mache als Journalist in Ostdeutschland eine andere. Auch Walter Wüllenweber, dem Reporter der *Berliner Zeitung*, müßte dort in Gerichten, Verwaltungen und Unternehmen eigentlich aufgefallen sein, wie viele Mauerkinder dort inzwischen in verantwortlicher Position arbeiten, mit anpacken und Neues ausprobieren. Dabei sind genau die Tugenden gefragt, die wir uns in der Warteschleife erworben haben: Beharrungsvermögen, Pragmatismus, Neugier.

Viele von uns schicken sich an, einengende Zäune zu übersteigen, ideologische Hecken einzureißen und auch dem letzten klarzumachen, daß man in den neunziger Jahren auf uns angewiesen sein wird. Beispiele? Bitte: Leander Haußmann eroberte von Weimar aus die Bühnen der Republik. Literaturkritiker wie Frank Schirrmacher (*Frankfurter Allgemeine Zeitung*) und Elke Schmitter (*taz*) prägten die Debatte um die DDR-Literatur – und danach auch als Mitherausgeber bzw. Chefredakteurin ihre Blätter. Das Höchstalter für Programmdirektoren im privaten Fernsehen wurde auf vierzig Jahre festgesetzt. Benedikt Taschen verdient teures Geld mit billigen Büchern, Jörg Adelstein harte Kohle mit Software. Ein ganzes Rudel junger Politiker ist dabei, die CDU umzukrempeln, in den ostdeutschen Landtagen sind die jugendlichen Revolutionäre von 1989 zugange. Eine neue Forschergeneration knackt die Gene und denkt gleichzeitig über die Ethik der Wissenschaft nach. Filmemacher wie Detlef Buck und Katja von Garnier treiben der deutschen Zelluloidkunst die dunklen Farben aus, und in der klassischen Musik brechen die Kartelle der alten Kämpen zusammen wie Kartenhäuser.

Mit einer Geschichte, die bewußt gegen den Trend geschrieben ist, läßt sich Auflage machen. Genau darum handelt es sich bei der *Focus*-Story von der »Krise mit Dreißig«. Das heißt nicht, daß alles in Butter wäre. Jens Reich, gescheiterter Kandidat für das Amt des Bundespräsidenten, schrieb: »Das Merkwürdige an unserem Zeitaltergefühl ist die Sicherheit, mit der wir die Gefahren beschreiben, ohne doch zu wissen, wohin der Wind uns verschlagen wird.« Die Zeiten sind unsicher. Da läge es nahe, der nachrückenden Generation ein Buddenbrook-Syndrom zu unterstellen, zu vermuten, daß sie ängstlich den Besitzstand verwalte, den die erste Generation auf- und die zweite ausgebaut habe. Tatsächlich ist diese Haltung unter den selbsternannten »Enkeln« im Westteil der Republik weit verbreitet. Doch sie führt zu nichts. Matthias Greffrath, einer der wenigen aus der 68er Generation, der sich offen mit der veränderten Situation in Deutschland auseinandersetzt, schrieb zum dritten Jahrestag der deutschen Einheit: »Wer jetzt dreißig ist und im Westen, der kann nicht damit rechnen, mit sechzig so gut, so sicher, so ruhig zu leben wie seine Eltern noch. Er muß sich Sorgen machen um Arbeitsplatz, um Wohnung und Krankenkasse.« Vertrautes ist uns abhanden gekommen, die alten Sicherheiten sind brüchig.

Im Mai 1994 wurde Matthias Greffrath als Chefredakteur der *Wochenpost* abgelöst. Sein Nachfolger: Mathias Döpfner, 31 Jahre jung. Döpfner stehe für »die Verdrängung der alten 68er Mentalität, ihrer Themen und Idiosynkrasien aus dem gehobenen Meinungsjournalismus«, schrieb Jürgen Busche in der *Süddeutschen Zeitung*, und der Leser registrierte, wie wenig wohl dem Schreiber, selbst Angehöriger der 68er Generation, dabei war. In der ersten Nummer unter seiner Verantwortung interviewte der neue Chefredakteur sich selbst. Was leicht ins Peinliche hätte abdriften können, geriet Mathias Döpfner zur eindrucksvollen Positionsbestimmung der Mauerkinder. »Es geht doch längst nicht mehr um Links und Rechts. Es geht um den Erhalt der Umwelt, um den Umgang mit der Bevölkerungsexplosion und ihren Folgen. Um die Koordination einer Politik in einem Weltdorf voller internationaler Probleme. Vor allem um die Definition neuer Ordnungsstrukturen und sinnstiftender Werte. (...) Wir leben in einer Zeit des Umbruchs. Werte werden neu definiert. Parteipolitische Klischees brauchen wir dabei nicht. Kompetenz wäre besser. Auf Ideologien können wir dabei verzichten.« Und auf jene, die uns Mauerkindern vorwerfen, wir hätten keine Visionen, uns fehle eine Theorie, wo bleibe denn bitte der Überbau? Vergiß es. Kompetenz ist uns wichtiger als Gesinnung. Gerade weil die Zeiten unsicher sind, wäre es naheliegend, in festen Gewißheiten Zuflucht zu suchen. Wir lehnen dankend ab.

An die Stelle des »zu viele – zu bequem – zu spät« ist das Bewußtsein getreten, daß es auf uns ankommt – und zwar jetzt. In den späten achtziger Jahren tauchten Postkarten auf, die einen Jungen mit Pudelmütze zeigen, der erwartungsvoll in die Kamera schaut. Die Welt steht ihm offen, trotz oder gerade wegen seines unvorteilhaften Äußeren. Es spielt keine Rolle. Die Zeile unter dem Foto kennt ein jeder. Sie ist unser Motto für die Neunziger: »Lebe wild und gefährlich«. Alles andere hatten wir lange genug. Arthur mit der Mütze ist unser Gegenbild zum ratlosen Beau aus dem *Focus*.

Vatermord: Bye-bye ’68

»Der Sommer war nicht mehr blond. Die Badeanzüge blieben an einer Erinnerung hängen und standen fest. Und etwas anderes stand fest, blieb zurück und war stehengeblieben, dort an der Straße, an diesem Tag, etwas, was von nun an Kindheit heißen und hinter mir liegen würde. Denn sie allein bewegten sich. Auf meiner Straße. Rollten weiter. Fuhren fort: Panzer mit aufgepflanzten Maschinengewehren, Lastwagen und Geschütze, Schützenpanzer und Feldküchen. (...) Und ich sah, wie zwischen meinem Bruder und dem Panzer, der vor ihm über das Pflaster schlug, bereits ein größerer Abstand entstanden war. Der nachfolgende Panzer blieb jetzt schon fünfzig Meter zurück. Ich sah, wie mein Bruder seinen Oberkörper aufrichtete und sich zu dem Panzer hinter sich umwandte, dessen Kommandant in einer unverständlichen Sprache schrie. Ich sah, wie der Kommandant seine Pistole aus dem Gurt riß und einen Befehl gab. Wie der Panzer anzog und auf meinen Bruder zusprang. Wie mein Bruder Gas gab und nach fünf Metern eine Vollbremsung machte. Wie Sand aufflog und die Ketten auf dem Pflaster kreischten. Wie der Panzer ins Leere stieß und mein Bruder lachte.« (Utz Rachowski)

Reichenbach im Vogtland, das Ende einer Kindheit im Jahr 1968. Während im Westteil Berlins die Studenten gegen den Krieg der Amerikaner in Vietnam demonstrierten, wurden die Kinder im Vogtland, im Elbsandstein- oder Zittauer Gebirge mitten in der Nacht wach. Die Wände zitterten, weil Panzer über die Pflasterstraßen rollten, weil eine deutsche Regierung wieder einmal beschlossen hatte, in die Tschechei einzumarschieren. Wer damals im Nachthemd, eng an die Großmutter geschmiegt, hinter zugezogenen Vorhängen stand, auf denen die Lichtkegel widerschienen, einer nach dem anderen, eine schier endlose Kette, verständnislos dem Dröhnen der Motoren lauschte, das aus einer Zeit stammte, die doch *nie, nie mehr* wiederkommen sollte, für den ist dies womöglich der erste Eindruck, der sich in die Erinnerung eingeprägt hat.

Wer zur gleichen Zeit im Westen aufwuchs, der hat vielleicht ein anderes erstes Bild in Erinnerung, kein unmittelbar erlebtes, sondern eines, das man auf flimmerndem Schwarzweißmonitor sehen konnte. Auch für dieses Bild wurden die Kinder nachts aus dem Bett geholt: Ein Mann, in einen unförmigen Anzug gepreßt, der mit seltsam ungelenken Bewegungen eine Leiter hinuntersteigt, endlich den Erdboden erreicht, der – wie uns gesagt wurde – gar nicht der Erdboden war, kaum daß er Fuß gefaßt hat, herumzuhüpfen beginnt wie ein Gummiball und am Ende eine Fahne in die dunkle Wüstenei rammt. Die Mutter verdrückte eine Träne, und der Großvater murmelte, jetzt habe man es ihm aber gezeigt, dem Iwan. Dann schlief ich ein.

Fernsehen, Sport und Beat

Als Neil Armstrong seinen großen Menschheitsschritt tat und den Mond betrat, wurde dies als *das* epochale Ereignis in der zweiten Hälfte unseres Jahrhunderts gefeiert. Das war es gewiß, nur: Seine Bedeutung lag weniger darin, daß da Menschen ins All katapultiert wurden und den Erdtrabanten eroberten. Das Epochemachende fand nicht im Orbit, sondern auf der Erde, in den Wohnstuben statt. Denn jeder, der wollte, konnte dabeisein. *Das* Vehikel der Demokratie hatte

Einzug gehalten: das Fernsehen. Vor dem TV-Gerät wurden alle gleich. Wir sind die erste Generation, die mit dem Fernsehen aufwuchs. Um *Lassie* zu sehen, mußte man noch zum Nachbarn gehen, weil die schon das zweite Programm bekamen. Als unsere Antennen auch darauf ausgerichtet waren, begann der Konflikt am Samstagabend: *Sportschau* gegen *Daktari*. Ich verlor zumeist, sah den schielenden Löwen Clarence nur noch im Abspann, dafür gab es danach die ZDF-Hitparade mit Dieter Thomas Heck, in der Chris Roberts und Konsorten das wohlige Gefühl vermittelten, daß irgendwie alles in Ordnung sei in der Welt. Die Spalten in den Programmzeitschriften waren noch übersichtlich.

Jeder hortete damals irgendwelche Punkte oder Marken. Es gab Gloria-Punkte, Linda-Punkte, ich hatte die weniger verbreiteten Poly-Punkte, die auf der Kinderseite einer Fernsehzeitschrift abgedruckt waren. Wöchentlich schnitt ich sie heraus und schickte sie dann ein – zuzüglich 39,80 DM –, um einen Bildband über »Die besten Torhüter« der Welt zu erhalten. Und mit Mensch-ärgere-dich-nicht-Püppchen spielten wir die komplette Bundesligasaison nach, plus DFB-Pokal, UEFA- und Europacup.

In der DDR hießen die Sporthelden jener Zeit Renate Stecher, Roland Matthes und natürlich Jürgen Sparwasser. Hamburg 1974, Deutschland gegen Deutschland, 1:0 für Deutschland. Im Sport hatten Ost und West je eigene Idole. Alexander Osang, Jahrgang 1962: »Ich war grundsätzlich immer gegen BRD-Sportler. Mal abgesehen von Ewald Lienen, der ja mit der DKP sympathisierte. Das mag an meiner Erziehung liegen. Vielleicht auch daran, daß man so wenig hatte, worauf man wirklich stolz sein konnte. Ich habe mir die Kehle heiser geschrien, als Sparwasser die verhaßten deutschen Weltmeister 1974 in Hamburg besiegte, ich konnte vor Wut nicht einschlafen, als Bayern München nacheinander Dynamo Dresden und den 1. FC Magdeburg aus dem Europapokal schmiß, und ich bin heulend vor dem Fernseher zusammengebrochen, als unsere Handballer in allerletzter Sekunde gegen die BRD-Auswahl eine wichtige Qualifikation verpaßten.«

Was der Sport trennte, fügte die Musik zusammen. Wenn man sich heute fragt, ob etwas geblieben ist aus den sechziger Jahren, was sich nicht aus- und wegdiskutieren läßt, nicht kritisch zu hinterfragen, neu zu bewerten ist, so sind das Rock und Beat. Sie erreichten uns, wo immer wir waren, die Luft hat keine Mauern. Auch im Vogtland hörte man Dylan, die Beatles und die Stones, da konnte die Einheitspartei machen, was sie wollte. Mochte es in der Schule verboten sein, Jeans zu tragen, zogen auch die Agitationskommandos der FDJ und der Partei umher, um die Westantennen abzubrechen, kaum war der Unterricht vorbei, hieß es rein in die Röhre aus blauer Baumwolle und ran an die Röhre im Verstärker. Erst in ihrer Endphase erlaubte die DDR ihren Mauerkindern, leibhaftig zu sehen, was sie schon seit Jahren hörten: Santana im Palast der Republik, Dylan im Treptower Park, Cocker in der Radrennbahn Weißensee. Die Gefühle, die einer haben konnte, wenn sich auf der Bühne diejenigen materialisierten, die er zeit seines Lebens nur als Stimme und Vorstellung kannte, hat Christoph Dieckmann in seinen Konzertkritiken im *Sonntag* beschrieben. Die Buchausgabe seiner Rezensionen heißt: »My Generation«. Der Titel ist richtig und falsch zugleich. Denn unser Verhältnis zur Musik der sechziger Jahre ist eigenartig ambivalent. Natürlich war die erste LP, die man mit dem neuen Kassettenrecorder aufnahm, das *Rote Album* der Beatles. Aber das *Rote* und das *Blaue* waren *best-ofs*, die erst im nachhinein erschienen, und die Beatles gab es zu diesem Zeitpunkt schon eine Ewigkeit nicht mehr, mindestens ein Jahr lang. Es war unsere Musik und auch wieder nicht. *Woodstock* verschaffte uns zum ersten Mal das Gefühl, das uns zwanzig Jahre lang begleiten sollte: daß wir zu spät dran seien. Wir kannten das Rockfestival nur aus dem Kino, die freie Liebe nur aus den Erzählungen der großen Brüder. Und schon bald tauschten wir beim Musikmachen mit Plastegitarre und Waschtrommelschlagzeug die *Woodstock*-LP gegen die Tonträger anderer Gruppen aus, die im Osten Namen trugen wie Puhdys, Stern Meißen oder Renft Combo, was im nachhinein doch ziemlich putzig klingt. Im Westen war es kaum besser, da hießen die Teeniegruppen Sweet, Slade und Middle of the Road. Und genau das war es – auf der Mitte der Straße. Musik war Mode geworden und hatte den Gestus des Protestes verloren. Nur die Redakteure im Jugendfunk spielten noch in den späten siebziger Jahren die alten Nummern der Doors und Cream und dachten, ihre Musik sei die ihrer jugendlichen Hörer. Ich aber eilte jeden Mittwoch nach dem Fußballtraining nach Hause und hörte die *Discothek im WDR*. Dort gab es Teenierock und Phillysound. So entgingen mir die Berichte über Jugendliche auf den Kaffeeplantagen Nicaraguas oder den Kampf der Lehrlinge bei Mannesmann, die in den sogenannten kritischen Sendungen zwischen zwei Rocknummern liefen. Im Fernsehen war es das gleiche. *Disco* mit Ilja Richter war mir lieber als *Direkt* – allein schon die Vorspannmusik: zum Davonlaufen. Dennoch: glücklich, wer solche geistigen Väter und Mütter hat wie wir. Dank ihrer erlebte die westdeutsche Nachkriegsgesellschaft ihren fundamentalen Paradigmenwechsel, der an uns Heranwachsenden nicht spurlos vorüberging.

Schulgeschichten

Als wir eingeschult wurden, hatte die Bildungsreform gerade begonnen. Wir gingen nicht mehr in die »Volks«-, sondern zur »Grund«-Schule, erlernten das Lesen nach der Ganzheitsmethode, das Rechnen mit Mengen und bunten Plättchen statt mit Zahlen; IQ-Tests galten mehr als Fleißkärtchen. Gelegentlich erzählten die Verwandten von Kusine M., die – ogottogott – in Berlin in einer – igittigitt – Kommune lebte. Später häuften sich am Mittagstisch die Beschwerden der Lehrereltern über die linken Kollegen von der Gewerkschaft Erziehung und Wissenschaft (GEW), die nun von den Hochschulen kämen. (Zwanzig Jahre später hat Kusine M. zu ihrer GEW-Gruppe ungefähr dasselbe Verhältnis wie die Eltern zu ihrer Pfarrgemeinde.) Als wir es in der Schule mit den 68ern zu tun bekamen, war das zunächst ganz prima. Das Musik-Curriculum erschien uns wenig zeitgemäß, die Lehrerin hatte dem nichts entgegenzusetzen, und so verbrachten wir drei angenehme Schuljahre zwischen ABBA und Zappa. Im Philosophieunterricht lasen wir »Die Kunst des Liebens« und möbelten von Zeit zu Zeit den Lehrer auf, wenn er wieder einmal vor sich hin sinnierte, wo denn die Ideale seiner Studienzeit geblieben seien. Da war der Lack schon ab, und die Lethargie der späten siebziger Jahre prägte den Schulalltag. Im Chemieunterricht brauten wir vorwiegend Likör, spielten Fußball oder gingen Eis essen. Wir waren normale Schüler, ganz so, wie sie Max Goldt beschreibt: »Ich liebe ja Teenager. Die sagen immer so niedliche Sachen, wie z. B.: ›Haben wir heute etwas in Franz auf?‹ Oder: ›Gehst du heute zu Erde?‹ Ich persönlich bin fast nie zu Erde gegangen, damals, als ich ein Mofa hatte und einen Willy-wählen-Button und fünf Suzi-Quatro-Singles und sich die Besitzer der Cafés in der Nähe der Schule an jeder Stunde Erde und Bio dumm und dämlich verdienten.«

Ach ja, das Café mit seinen Holzwänden, den wackligen Stühlen oben auf der Empore, wo unsere Stammplätze waren, den überquellenden Aschenbechern auf mäßig sauberen Häkeldeckchen. Das unvollständige Schachspiel. Kakao mit viel Sahne. Vorbei und passé? Fahren Sie mal nach Neuruppin.

Dort – und gewiß auch anderswo im Osten der Republik – existieren sie fort, die verwunschenen Orte, übriggeblieben aus einer Zeit, die dreißig Jahre zurückliegt. Daß es sie noch gibt, hat womöglich damit zu tun, daß in der DDR 1968 ausgefallen ist wie »Erde« und »Bio«. 1968 war hier das Jahr enttäuschter Hoffnungen. Was die Westler nie kapieren werden: Der Bau der Mauer wurde zunächst von vielen Menschen in der DDR als Chance begriffen, endlich ernst machen zu können mit dem Sozialismus, nun, wo man nicht mehr befürchten mußte, daß die Besten in den Westen gingen. Die Teilrepublik riegelte sich nach außen ab, um sich nach innen öffnen zu können. Filme, Romane, Theaterstücke entstanden, die ihre Autoren noch wenig zuvor in die Haftanstalten gebracht hätten. Das Rollback begann 1965, als die SED auf ihrem 11. Kulturplenum diejenigen inkriminierte, die sich in ihren Augen zu weit vorgewagt hatten. Und als drei Jahre später die Panzer gen Prag rollten, verscherzten sich Partei und Staat die letzten Sympathien bei denen, die damals jung und kritisch waren. Sie brachen innerlich mit dem System und blieben in lebenslanger Gegnerschaft zu ihm, arbeiteten sich wund daran und haben sich davon bis heute nicht erholt. Während ihre Altersgenossen in Westdeutschland offen auf die Barrikaden gingen, trugen sie ihren Protest im Herzen und erstickten beinahe daran. 1968 ist in Ostdeutschland bis heute ein »Gegen«-Datum. Vielleicht liegt darin der fundamentale Unterschied zwischen Ost und West, der die Mauer in den Köpfen der vereinigten Deutschen erklären hilft: Der Emanzipationsschub, den die bundesdeutsche Gesellschaft nach 1968 erhielt, hat in der DDR nicht stattgefunden. Möbel und Mentalitäten, die dem Westbürger in den Ostprovinzen oft so spießig erscheinen, sind Zeichen für dieses Defizit. Die Revolte von 1968 fand für die Ostdeutschen nur im Fernsehen statt. 1989 sollte es andersherum sein, und der Westen hing staunend vor der Glotze.

Sehnsucht nach 1968

1968 war für die DDR-Intellektuellen ein Sehnsuchtsort. Das haben sie mit uns gemein, der Generation der Zuspätgekommenen. Auch wenn unsere Musik eine andere war, auch wenn uns das klassenkämpferische Gerede auf den Geist ging, so wären wir doch zu gerne dabeigewesen, damals in Berlin, Paris oder Berkeley. Es muß im Sommer 1971 gewesen sein, als ich mit meinen Eltern während des alljährlichen Familienurlaubs auf der Nordseeinsel an der Scheune eines Bauern vorüberging. Aus den Fenstern hingen Beine in ausgefransten Jeans, die Läden waren aufgeklappt, und im Halbdunkel waren Paare, ja Menschenknäuel zu entdecken, die knutschend beieinanderlagen, über dem Ganzen hing ein süßlicher Duft, und Mungo Jerry sang »In the summertime«. Was hätte ich dafür gegeben, zehn Jahre älter zu sein und dazuzugehören. Statt dessen mußte ich mit Eltern und Cousin zum Ponyreiten. PONYREITEN!

Da das Wünschen nicht geholfen hat, lasen wir später nach, was wir verpaßt hatten. Lange waren wir die mittelbare Generation. Weil wir als erste mit dem Fernsehen groß wurden, war es uns selbstverständlicher als Eltern und großen Geschwistern, daß Wirklichkeit nicht weh tut, weil sie nicht wirklich wirklich ist, sondern nur die *Tagesschau*. Für uns kam die Praxis vor der Theorie: In der Schule wurden wir nach Modellen erzogen, die uns eigentlich zu Umstürzlern hätten machen sollen; daraus wurde nichts, dafür lasen wir später zumindest nach, *was* die linken Lehrer eigentlich gemeint hatten, als sie von *repressionsfreier Gesellschaft* gefaselt hatten. Zu diesem Zeitpunkt war das, was einst als revolutionär gegolten hatte, bereits in den gesicherten Kanon der Gesellschaftswissenschaften eingegangen. Gunter Hoffmann berichtete 1986 in der ZEIT von einem Treffen der Alt-68er: »Wie sich die Welt wirklich verändert hat, hält ein 27jähriger Münchner Philosophiestudent den Altvorderen auf kesse Art vor. Ein komisches Respektgefühl habe er schon, räumt er ein, weil hier ›mindestens eineinhalb Meter von meinem Bücherregal rumlaufen‹. Aber zu den Linken von 1968 habe er gar keine Beziehung mehr.« Respekt, daß der junge Mann soviel Fläche überhaupt zusammengetragen hat. Als ich in meiner Studienzeit die »Dialektik der Aufklärung« zu lesen trachtete, waren Adorno und Horkheimer in der Münchener Universitätsbuchhandlung nicht vorrätig. Zehn Jahre zuvor hätten deren Werke dort stapelweise gelegen.

Unsere Sehnsucht nach 1968 verhinderte lange den Vatermord, der eigentlich überfällig war. Denn irgendwann kommt für jede Generation der Punkt, an dem sie sich absetzt von den Vorgängern. Doch mit unseren großen Brüdern, Schwestern, Vätern und Lehrern ließ sich einfach nicht streiten. Ihr antiautoritäres Gehabe verhinderte den Konflikt ebenso wie die simple Tatsache, daß wir ohnehin meist einer Meinung waren – und wenn nicht, so setzte man sich freundlich und bestimmt auseinander, wie man es eben in der Therapiegruppe in der Toskana gelernt hatte.

Im Herbst 1989 änderten sich die Vorzeichen. Die 68er im Westen hatten die DDR ignoriert, die Zustände dort paßten nicht zu den Restbeständen sozialistischen Bewußtseins. Die gab es auch bei ihren sehnsüchtig-melancholischen Altersgenossen in Ostdeutschland, die nun fassungslos sahen, wie die Kids die Kaufhäuser des Westens stürmten. Auch daraus resultierte in Ost und West bei denen, die heute zwischen vierzig und fünfzig sind, eine massive Abwehrhaltung gegen die Vereinigung und ihre Folgen. Diese Attitüde beschert uns den Generationskonflikt, auf den wir so lange gewartet hatten, ohne es zu wissen. »Konflikt« heißt jedoch »Auseinandersetzung« und nicht: Ignoranz. Brigitte Seebacher-Brandt verkündete im Dezember 1990 in der *Frankfurter*

Allgemeinen die »Abwahl« der 68er Generation. »Ihr Erbe wird nicht weitergetragen. Es ist versunken, und der Blick ist nun frei – auf jene Generation, die 1989 und 1990 geprägt worden ist.« Da irrt die konservative Historikerin. Denn wir wissen, was wir den 68ern zu verdanken haben. »Umbruchbewußtsein, Aufklärung, Demokratisierung, Antiautoritarismus – das war das Vermächtnis, das in den Hinterköpfen der 68er weiterlebt«, schrieb Knut Nevermann, 1968 AStA-Vorsitzender an der Freien Universität Berlin, anläßlich des Silberjubiläums seiner Generation in der ZEIT. Was hat uns dieser Bausatz der Revolte mit seinen vier Komponenten gebracht?

1. *Umbruchbewußtsein plus Aufklärung*: Seit 1968 leben wir im Zeitalter der *Kampagnen*. Ob für die Rettung der Lurche oder die Absatzförderung italienischer Strickware – ein jeder will die Welt verbessern oder gibt es zumindest vor und tut das dem dauerberieselten Agitpropkonsumenten kund.

2. *Umbruchbewußtsein plus Demokratisierung* bescherten uns in den siebziger Jahren die Bürgerbewegungen. Ursprünglich angetreten, um den Ausgang des Menschen aus seiner selbstverschuldeten Unmündigkeit zu befördern, agieren sie heute oft nur noch nach dem Sankt-Florians-Prinzip. Es geht lediglich gegen die Müllkippe vor der eigenen Haustür, nicht um Verpackungen und Industrieabfälle generell.

3. Die Verbindung von *Umbruchbewußtsein mit Antiautoritarismus* hat sich wohl nirgendwo so deutlich niedergeschlagen wie in der Beziehung der Geschlechter. Das Verhältnis der Großeltern war ein hierarchisches, die Eltern gaben sich zwar partnerschaftlich, doch die Rollen blieben

klar verteilt: Er blieb der Boß. In der Küche kann mein Vater nur Bratkartoffeln machen und abspülen. Ich dagegen habe Mühe, meiner Lebensgefährtin klarzumachen, daß nicht *immer* ich es sein will, der putzt, kocht und wäscht.

4. *Aufklärung plus Demokratisierung*: Am 11. April 1993, genau 25 Jahre nach dem Attentat auf Rudi Dutschke, benannte die Berliner *tageszeitung* ihr neues Bürohaus nach dem APO-Revoluzzer. Schräg gegenüber residiert der Springer-Verlag. Doch er ist eben nicht mehr allein in der Berliner Presselandschaft. *Gegenöffentlichkeit* hat sich etabliert.

5. Dort, wo das Menschengeschlecht im allgemeinen und unsere Generation im besonderen geformt wurde, fand die wohl tiefgreifendste Veränderung nach 1968 statt. *Aufklärung und Antiautoritarismus* waren das Programm der Bildungsreform, die die Curricula über den Haufen warf und Tausenden bessere Zugangschancen zu Schulen und Hochschulen bescherte. Die *civil society*, die Ende der achtziger Jahre so nahe schien und auf die unsere Gesellschaft nach wie vor zusteuert, allen Unkenrufen zum Trotz, sie ist auch ein Produkt dessen, daß *viele viel mehr* wissen als noch vor dreißig Jahren.

6. *Demokratisierung plus Antiautoritarismus* veränderten das Verhältnis von Eltern und Kindern. Gegenwärtig ist dies gewiß der Punkt aus dem Erbe der 68er, der am heftigsten diskutiert wird. Antiautoritäre Erziehung rufe eine Orientierungslosigkeit hervor, so die Kritiker, die in rassistische Gewalt münden könne. Die These ist so verhängnisvoll wie falsch. Es sind *nicht* die geistigen Kinder der 68er, die Asylbewerberheime anzünden und Ausländer zusammenschlagen. Vielmehr sind es im Westen der Republik jene, die seit

Ende der achtziger Jahre dagegen aufbegehren, daß in der neo-konservativen Wohlstandsgesellschaft alles geregelt und geordnet war – nur eben ohne sie –, zumal dann, wenn für sie lediglich ein Platz im unteren Teil der Zweidrittelgesellschaft vorgesehen war. Im Osten wurzelt die Wut der Brandschatzer und Schläger in einer Zeit, die für immer ein Leben im erstarrten Sozialismus verhieß. Die autoritäts*hörigen* Eltern hatten sich damit arrangiert, die gleichen Eltern, die heute flugs in Kapitalismus machen. Wem sich zu DDR-Zeiten keine Alternative bot und wem jetzt die Perspektive fehlt, dem mag es in der Tat an Vorbildern fehlen, jedoch nicht an solchen, die Autoritätsgläubigkeit verkörpern, sondern die vorleben, wie Menschen vernünftig miteinander reden können. Bei Habermas hieß das einst: *herrschaftsfreier Diskurs*. Wer die 68er für Rostock, Mölln und Solingen verantwortlich machen will, greift die Falschen an. Das heißt jedoch nicht, daß es ihnen nichts vorzuwerfen gäbe.

Auf die Frage, ob in der Bundesrepublik ein Generationswechsel fehle, antwortete *Tagesthemen*-Moderator Ulrich Wickert im vergangenen Jahr der *Wochenpost*: »Kinkel ist so alt wie wir, Engholm ist so alt wie wir, Schröder, Scharping.« Die Herren sind alle um die 50. Aber es ist bezeichnend, daß Wickert sich und die Seinen als die Vorboten eines Generationswechsels sieht. Denn es gehört zu den großen Mißverständnissen der 68er Generation, *forever young* sein zu wollen und sich immer noch als die Avantgarde politischen Bewußtseins zu begreifen. Eine Karikatur in der *tageszeitung* zeigte einen Alt-68er – Wollpulli, Teetasse – im Wohnzimmersessel. Im Hintergrund unterhalten sich sein Sohn und dessen Freund: »Wie alt is' eigentlich dein Alter?« – »Mitte vierzig.« – »Erst?« – »Das ist die Strafe der späten Geburt ...« – »?« – »Paps war mit dreißig schon Altachtundsechziger ...«

Wer studieren mag, wo der 68er Mythos von der ewigen Jugend endet, kann dies an zahlreichen Orten ausgiebig tun. Der Weinhändler in Berlin-Kreuzberg, der Kommunarde in der Lüneburger Heide, die Privatiers aus englischem Geldadel an der mallorquinischen Westküste, der ewige Barkeeper auf Hawaii, der unverstandene Künstler in Kalifornien – sie alle wirken seltsam müde, wenn sie in ihren bunten Hemden auf der Terrasse eines vegetarischen Restaurants sitzen, den Zopf akkurat nach hinten gebunden und die hohe Stirn der Sonne entgegen. Sie zehren vom Ruhm der vergangenen Tage, halten sich mühsam über Wasser, sofern sie nicht vom Geerbten leben. Der letzte Joint dröhnt noch im Hirn, die letzte Demo liegt schon Ewigkeiten zurück, und der letzte Freund ist abgewandert in einen bürgerlichen Beruf. Das sind dann die Studienräte, Rechtsanwälte, Projektbetreuer, die jetzt bräsig auf ihren Bürosesseln sitzen und immer noch glauben, sie seien Willy Brandts Enkel.

Es ist Zeit zum Vatermord an den Enkeln. Das tun wir nicht gern. Wer greift schon gerne zum Messer. Aber es muß geschieden sein. Denn mit dem Fall der Mauer sind die Enkel zu Opas mutiert. Patrick Süskind, einer von ihnen, schrieb im September 1990 im *Spiegel*: »Die eigentlichen Greise sind wir, wir 40jährigen Kinder der Bundesrepublik. Uns hat das Erdbeben kalt erwischt. Uns hat es bis ins Mark erschüttert.« Seitdem herrscht »der Krieg der Generationen« (Antje Vollmer). Er wird im Westen der Republik vor allem als Auseinandersetzung zwischen Besitzstandswahrern und denen, die etwas Neues versuchen wollen, ausgetragen. In Ostdeutschland ist die Konfliktlinie eine andere. Bei der friedlichen Revolution gingen sie zunächst noch Hand in Hand: die eigentlich schon resignierten, seit der Niederschlagung des Prager Frühlings in Moll gestimmten Ost-68er und die Zwanzig-, Dreißigjährigen, die bislang nur die Wahl zwischen Ausreise oder Flucht in eine staatsferne Nische gehabt hatten. Bei der Frage, ob man sich mit den Deutschen jenseits der Elbe vereinigen sollte, kam den revolutionären DDR-Bürgern die Einigkeit abhanden. Während die Älteren eher an der haßgeliebten DDR festhalten wollten, war sie den meisten Mauerkindern ziemlich egal, die Bundesrepublik allerdings auch. Den Ostlern unter uns ging es um Freiheit, ihren Vätern und Müttern um Identität.

Der Graben tut sich auf

Als im Herbst 1992 Peter Schneiders Roman »Paarungen« erschien, rezensierte Iris Radisch das Werk in der ZEIT als »das letzte Dokument einer verlorenen Zeit«. Flugs kam die wütende Replik von Jürgen Busche in der *Süddeutschen Zeitung*: »Wo von den heute Fünfundsechzigjährigen mit einem unverhohlen grimmigen Behagen gesagt wird, es sei mit den durch die Studentenbewegung geprägten Leuten nichts anzufangen, man müsse diese Generation überspringen und für die Zukunft auf die Nachfolgenden setzen, da melden sich flugs die Fünfunddreißigjährigen und plappern altklug von der *verlorenen Zeit.*« Dies ist der Tonfall, der Rückzugsgefechte begleitet. Zumal es Busches Altersgenossen selbst sind, die den Schwanengesang von der »verlorenen Zeit« anstimmen.

Im Februar 1992 hatte die Freie Universität Berlin zu einem interdisziplinären Kongreß »Zur Psychoanalyse deutscher Wenden« geladen. Lebhaft wurde des Vatermordes von 1968 gedacht. Daß es heute wieder an der Zeit ist, ihn zu begehen, wurde mir deutlich, als Wolfgang Fritz Haug, Philosophieprofessor an der Berliner TU, bekannte, daß der Zusammenbruch des Sozialismus ihn seiner linken Utopie beraubt habe und er sich nun ratlos die Frage stelle, ob die Geschichte dieses Jahrhunderts womöglich vergebens gewesen sei. Er erntete heftigen Zuspruch von den Tagungsteilnehmern der mittleren Generation, viele führten aus, daß es ihnen ähnlich gehe, taten kund, daß dies ein Grund sei, den Osten der Stadt nach wie vor zu meiden. Gegen derlei Larmoyanz der 68er setzte eine Gruppe junger Ostberliner ein konkretes Angebot: Man sei neugierig geworden, wolle sich in Zukunft öfter treffen, miteinander reden, west-östliche Geschichten erzählen, um mehr voneinander zu erfahren. Die Resonanz auf den Vorschlag war überwältigend, der vereinbarte Treffpunkt war bei Tagungsende belagert von Interessenten. An diesem Tag bemerkte ich erstmals, daß die 68er Generation nicht nur keine Antworten auf die gegenwärtigen Probleme hat, sondern auch die falschen Fragen stellt. Es geht nicht um die Rettung sozialistischer Utopien, sondern darum, wie wir in Deutschland und Europa künftig miteinander auskommen, wir, mit unseren unterschiedlichen Biographien, Fähigkeiten, Unzulänglichkeiten.

Wenn sich die alten 68er Kämpen doch einmal mit den Fragen auseinandersetzen, die auf der Tagesordnung stehen, so offenbaren ihre Antworten, daß sie schon lange auf der anderen Seite sind, dort, wo sie nie hinwollten. »Schlacht der Lügen« betitelte der des Radikalpazifismus gewiß unverdächtige Herausgeber des *Harper's Magazine*, John R. Mac Arthur, Jahrgang 1956, sein Enthüllungsbuch über die Propagandamethoden der US-Regierung im Blitzkrieg am Golf. In der Bundesrepublik waren hingegen diejenigen, deren politische Biographie mit dem Kampf gegen den Vietnamkrieg begann, gleich scharenweise ins Lager der Bellizisten übergelaufen. Während die Zwanzig-, Dreißigjährigen Bettücher aus dem Fenster hängten, erteilte Hans Magnus Enzensberger der Bush-Administration mit dem Viersilber von »Saddam Hitler« die Absolution. Als ganze Schulklassen mit Kerzen in den Händen durch die Straßen der Innenstädte zogen, diskreditierte Wolf Biermann die Friedensbewegung als fünfte Kolonne Moskaus. Die gute alte Tante Sozialdemokratie wehrte sich wacker, doch als es später um die Blauhelmeinsätze deutscher Truppen ging, war ihre Widerstandskraft dahin.

Bald darauf brannten in Deutschland die Asylbewerberheime. Und wieder wechselten die 68er die Fronten. Der Schriftsteller Martin Walser, der ehemals seine Sympathie für die DKP offen zur Schau getragen hatte, machte die Linke für das Aufkommen der »Skinheadbuben« verantwortlich, Botho Strauß ließ den »anschwellenden Bocksgesang« erklingen, hieb in die gleiche Kerbe und setzte noch eins drauf, indem er propagierte, dem »Aufklärungshochmut« durch mythisches Geraune ein Ende zu machen. Beiden Herren diente der *Spiegel* als Forum, ein Organ, das sich einst als Vehikel dieser in der Tat bisweilen im Ton ein wenig hochmütigen Aufklärung seine Meriten erworben hatte, dessen Herausgeber indes seit langem jenen nationalistischen Ton anzuschlagen pflegt, in den die Herren Schriftstellter nun einzustimmen geruhten.

Der Trip der 68er nach rechts ist mehr als bloßer Alterskonservatismus. Er resultiert aus der tiefgreifenden Verunsicherung, die eine ganze Generation nach den Ereignissen des Jahres 1989 erfaßt hat. Dankbar greifen die Kämpfer von gestern nach den Gewißheiten von vorgestern. Mit dem Heute haben sie nichts mehr zu schaffen, mit dem Morgen schon gar nicht. Darum sagen wir: Bye-bye '68. Wer nichts als Angst hat vor den Folgen des Mauerfalls, wer am Mythos festhält, für immer jung zu sein, wer nicht erkennen mag, daß die Agenda der Themen sich gewandelt hat, und in Zeiten der Unsicherheit Halt sucht in Kriegsgeschrei und Nationalismus, mit dem mögen wir nicht in einem Boot sitzen.

Politik in Zeiten der Verdrossenheit

Es gibt Worte, die klingen nur im Deutschen so richtig schön. Und weil ihr Sound so gut ist, werden sie in andere Sprachen übernommen. Es gibt »The Kindergarten«, »Le Waldsterben«, und der Russe schützt sich gegen Kälte mit einem »Galstuch«. Nun geht ein neues deutsches Wort um die Welt: »Politikverdrossenheit«. Hätten die Italiener nicht für ihre Politaffären und die Erosion des Parteiensystems das schöne Wort vom »tangentopoli«, es gäbe längst »Il Politikverdrossenheit«; ich höre schon, wie es klänge, ausgesprochen mit der ganzen Trägheit und Verachtung, deren ein sizilianischer Bauarbeiter fähig ist, wenn er in seiner Bar in der Altstadt von Palermo den Morgenespresso trinkt.

Ob in Italien, Deutschland oder anderswo: Es ist groß, das Unbehagen an der Politik, das sich vor allem gegenüber den Parteien und ihren Vertretern artikuliert. Politikverdrossenheit resultiert weniger daraus, daß keiner mehr bereit ist, etwas zu tun – und sei es lediglich, am Sonntag zur Wahlurne zu gehen –, sondern daher, daß die Parteien nicht in der Lage sind, die Themen aufzugreifen, die ihre Klientel umtreibt. Man kann ihnen das nur bedingt zum Vorwurf machen. In einer Gesellschaft, die sich immer weiter ausdifferenziert, hat sich die Volkspartei alten Typs überlebt. Keine Partei kann es allen recht machen. Das wollte auch keine. Neu ist, daß sie es auch *vielen* nicht mehr recht machen können. Vierzigprozentergebnisse werden noch in diesem Jahrzehnt die Ausnahme sein, es sei denn, es gelingt den Parteien umzudenken, nicht länger mehr die vertrauten Steckenpferde zu reiten, sondern aufzusatteln nach Laramie oder Zeulenroda, je nachdem, wo die Probleme liegen. Der gängige Einwand gegen ein derartiges Politikverständnis lautet, daß man auf diese Weise nur dem Trend hinterherlaufe und das große Ganze aus dem Blick verliere. Doch wo das Ensemble in seine Einzelteile zerfällt, ist ein fragmentarisches Engagement immer noch besser als Nichtstun.

Die politische Tagesordnung werde heterogener werden, prophezeit der CDU-Bundestagsabgeordnete Friedbert Pflüger (38). Dies führe dazu, daß die Volksparteien diffuser würden, weil in ihnen viele einzelne an ganz unterschiedlichen Problemstellungen werkelten. Mit einem Gemischtwarenladen ließen sich jedoch keine Wahlen gewinnen. Schon bald werde es deshalb bei uns ähnlich sein wie in den USA: Aus dem Sammelbecken der Partei trete ein einzelner oder eine Gruppe von Leuten mit einem konkreten Programm auf, das es in der kommenden Legislaturperiode umzusetzen gelte. Dafür gebe es dann ein Mandat – oder auch nicht.

Eingefahrene Parteihierarchien haben es naturgemäß schwer mit einem derart gewandelten Politikverständnis. Doch sie sehen sich in den eigenen Reihen konfrontiert mit jenen neuen Mittelschichten, die, wie der *Spiegel* schrieb, »mit einem zeitgemäßen Verständnis von Teilhabe und problemoffenem Umgang in die immer noch patriarchalisch-autoritär geprägte Politikwelt der Altparteien vordringen.« Im besten Falle finden die Parteirebellen Gehör. Ansonsten machen sie eben ihren eigenen Laden auf. Wie das funktioniert, hat Markus Wegner mit seiner STATT-Partei in Hamburg vorexerziert, die, kaum daß sie in der Bürgerschaft war, unversehens in die Regierungsverantwortung geriet. Das war erst der Anfang. »Der Robin Hood der deutschen Politszene, der den Parteien die Macht im Staate abnehmen und sie den Bürgern zurückgeben wollte, hat einen Aufstand angezettelt, der ihn längst vor sich hertreibt. Überall im Lande hörten die Bürger erfreut von seinem Erfolg, ließen ihre freien Wählergruppen, Partei-Mitgliedschaften oder Stammtische stehen und liegen oder brachten sie einfach mit, um sich um ihn zu scharen«, schrieb *Die Woche*. Inzwischen, so scheint es, wird Wegner zum Opfer seines Erfolges. Sein Führungsstil wird kritisiert, er versuche, Einfluß auf die Aufstellung von Kandidaten zu nehmen. Dabei war der Closed Shop der Hamburger CDU einmal der Auslöser für die Rebellion des Markus Wegner gewesen. Die großen Parteien haben mittlerweile dazugelernt. Die SPD landete einen unverhofften Publicityerfolg, als sie ihren neuen Vorsitzenden im Sommer 1993 per Urwahl ermittelte. Die CDU ist dabei nachzuziehen. Ein Landesverband nach dem anderen beschließt, die Kandidaten künftig direkt und nicht mehr über Delegierte zu wählen. Selbst Parteilose dürfen inzwischen vielerorts auf den Listen der etablierten Parteien kandidieren.

Kohls Enkel

»Anders als die 1968er oder die Grünen, als Oskar Lafontaine oder Antje Vollmer, haben die 1989er ihre Ansprüche (...) noch kaum angemeldet – und wenn, dann höchst bescheiden. Die neue Debatte über eine Veränderung, Verjüngung, Erneuerung der Politik steht erst noch bevor«, schrieb Gunter Hoffmann im April 1991 in der ZEIT. Die Debatte kann er haben. Seit Anfang der neunziger Jahre taucht im Bundesparlament und den Landtagen eine neue Politikergeneration auf, die sich nicht mit der Hinterbank begnügen mag. Kein Wunder, daß die *Bunte* bei der Suche nach den »deutschen Clintons« fündig wurde und die *Wochenpost* »Die junge Garde der Demokratie« gleich in zwei Teilen porträtierte. Denn Beispiele für politische Newcomer gibt es satt: Arnold Vaatz sorgte für Schlagzeilen aus der sächsischen Staatskanzlei, bis er ins Umweltministerium weggelobt wurde, Stefan Schwarz sorgte mit seiner Rede zum Krieg in Bosnien für Aufsehen, Christian Wulff kandidierte für die CDU in Niedersachsen gegen Gerhard Schröder, Monika Hohlmeier schickt sich in Bayern an, ihren Vater Franz Josef Strauß zu beerben.

Die Herren und die Dame gehören allesamt der CDU/CSU an. Sie sind nicht die einzigen aus der Generation der Mauerkinder im konservativen Lager. Anfänglich geriet mein Weltbild ziemlich durcheinander, als ich feststellte, daß sich dort weitaus mehr junge Politiker finden als bei den vermeintlich progressiven Parteien. Aber je mehr Gespräche ich führte, je länger ich mich mit den Positionen der politischen Enkel Helmut Kohls vertraut machte, desto geringer wurden meine Berührungsängste, zugleich wuchs die Gewißheit, daß das vertraute Rechts-links-Schema beim Blick auf die neue Politikergeneration versagt. Vieles von dem, was ich nun in den christdemokratischen Abgeordnetenbüros hörte, war mir sehr vertraut aus den Sitzungen im Kreisverband der Grünen Mitte der achtziger Jahre – Patchwork-Politik.

Als Karsten Wetzel im März 1990 aus dem Thüringischen nach Berlin kam und sich umsah in der CDU-Fraktion der Volkskammer, der er nun angehörte, da wurde die Freude über den unverhofften Wahlerfolg seiner Partei alsbald getrübt. Allzu groß erschien dem Neuparlamentarier die Zahl derer, die einst als Blockflöten nach dem Taktstock der Einheitspartei gespielt hatten und nun, da man sich neues Notenwerk erkämpft hatte, ihr Liedchen munter weiterzupfeifen gedachten. Das wollte Karsten Wetzel den Kollegen vergeigen. Mitspieler waren schnell gefunden, hatte doch der Kantersieg des Bratschisten de Maizière und seiner Partei so manchen in die Volkskammer katapultiert, der den Wahlprognosen zufolge hätte zu Hause bleiben müssen. 13 junge CDU-Abgeordnete waren es am Ende, die sich zur »Jungen Gruppe« in der Volkskammer zusammentaten, um die Altvorderen das Fürchten zu lehren.

Das Modell wurde exportfähig, als im Dezember 1990 der erste gesamtdeutsche Bundestag gewählt wurde. Weil die Grünen damals knapp an der Fünfprozenthürde scheiterten, war schon im Advent Bescherung für so manchen jungen CDU-Kandidaten, der auf einem hinteren Listenplatz angetreten war, dort, wo sich Jugend und Frauen in den etablierten Parteien zu treffen pflegen. Hatte man zuvor mit rund 15 Fraktionsmitgliedern unter 35 Jahren gerechnet, so wurden es am Ende 26 junge CDU-Abgeordnete, die sich in Bonn am Rhein einfanden. Karsten Wetzel beschloß, im Westen weiterzuführen, was im Osten ein halbes Jahr lang funktioniert hatte, die »Junge Gruppe« der CDU im Deutschen Bundestag war geboren. Bei den Vorstandswahlen begnügte sich der Ossi Wetzel mit dem Stellvertreterposten, Sprecher wurde ein Wessi – der größeren politischen Erfahrung wegen.

Ronald Pofalla, Jurist vom Niederrhein, saß zwar auch zum ersten Mal im Bundestag, doch mit seinen damals 31 Jahren konnte er bereits auf 15 Jahre Engagement in der Partei zurückblicken: 1976 nordrhein-westfälischer Landesvorsitzender der Schüler-Union, mit 20 Jahren Fraktionsvorsitzender im Gemeinderat seiner Heimatstadt, seit 1986 Landesvorsitzender der Jungen Union – und so weiter. Das sei ja wohl die klassische Karriere eines Nurpolitikers, halte ich Pofalla beim Treffen in seinem Bonner Büro vor. Der Abgeordnete kontert: Er fordere schon lange eine Reform des parlamentarischen Systems. Der Bundestag solle verkleinert, die Diäten dafür erhöht werden, um so das Mittelmaß aus dem Plenum und den Ausschüssen zu vertreiben. Damit daraus keine Selbstbedienungsmentalität erwachse, müsse das Mandat zeitlich befristet sein. Das alles habe er schon vor Jahren niedergeschrieben, als derlei in der CDU noch als blankes Ketzertum galt, meint Pofalla und läßt zum Beleg gleich einen Aufsatz aus den frühen achtziger Jahren bringen. 1:0 für ihn. Und was ihn selbst anbelange, so habe er einen Abschluß als Sozialpädagoge, dazu das zweite juristische Staatsexamen, sei als Rechtsanwalt niedergelassen – und zwar nicht dort, wo er seinen Wahlkreis habe; damit wolle er von vornherein vermeiden, daß die Interessen des Juristen und des Politikers in Kollision gerieten. 2:0 für Pofalla.

Innerhalb der nächsten fünf Jahre werde sich entscheiden, ob die CDU das große bürgerliche Bündnis der Mitte bleibe oder sich zu einer national-konservativen Bekenntnispartei entwickele. Dessen ist sich Friedbert Pflüger sicher. Der 38jährige ist eine Art Alterspräsident der »Jungen Gruppe«. Mit den Zeitgeisttypen, von denen er in meinem Exposé gelesen hatte, möchte er absolut nicht in einen Topf geworfen werden. Und im Grunde genommen sei er mehr durch die Theoriedebatten, das gesellschaftliche Engagement, die Kultur und Musik der 68er geprägt. Ein Yuppie sei er wahrlich nicht, meint Pflüger. Als er 1973 in Göttingen sein Studium aufnahm, sei der Konservativste innerhalb des AStA ein Juso gewesen. Vier Jahre später war Pflüger Bundesvorsitzender des Ringes Christlich-Demokratischer Studenten (RCDS), der begonnen hatte, die Universitäten systematisch aufzurollen. In den späten siebziger Jahren wurde der RCDS die mit Abstand stärkste Studentenorganisation, nicht zuletzt deshalb, weil er als erster den Tausch der Studienplätze organisierte. Wer einen Blick auf die westdeutschen Mitglieder der »Jungen Gruppe« wirft, stellt fest, daß viele von ihnen sich aus dem RCDS kennen.

Die politische Linie des RCDS ging stets in zwei Richtungen: Einerseits war man antitotalitär und suchte den K-Gruppen an den Hochschulen und dem Sozialismus im allgemeinen zu trotzen. Andererseits partizipierte man am Liberalisierungsschub der 68er Revolte und war bemüht, diesen in die Partei hineinzutragen. Nachdem sich die Sache mit dem Kommunismus erledigt hat, haben sich die ehemaligen Ringstudenten nun in erster Linie die Reform der Christdemokraten auf die Fahnen geschrieben. Folgt man Friedbert Pflüger, so muß sich die CDU nicht in ihrer Außen- und Wirtschaftspolitik verändern, sondern bei den *social issues*. Es geht darum, ob sie ein Gespür hat für den Wertewandel. Es geht darum, ob die offene Gesellschaft Bestand hat, wenn der Wohlstand, der sie gedeihen ließ, nicht mehr wächst. Und es geht darum, ob die Kompromißgesellschaft weiterhin die divergierenden Interessen ihrer Mitglieder unter einen Hut zu bringen vermag, wenn die Verteilungskämpfe zunehmen. Wenn die CDU die jungen Wähler nicht vollends verlieren will, so Friedbert Pflüger, müsse sie aufnehmen, was nach 1968 erreicht worden sei: unterschiedliche Lebensstile, echte Gleichberechtigung der Frauen, Anspruch der Bürger auf Mitwirkung. Die Zukunft der Bundesrepublik hänge daran, ob ökologische Belange auch dann noch berücksichtigt werden, wenn die wirtschaftlichen Spielräume enger werden, ob die Tarifparteien bereit sind, vertraute Denkmuster über Bord zu werfen, wenn die Arbeit weniger wird, und daran, ob die Sozialversicherung neu geordnet wird, wenn die Alten zahlreicher werden.

Aufbruch in den Ländern

Jürgen Busche schrieb Mitte 1993 in der *Süddeutschen Zeitung*: »Was in Ländern und Kommunen den christlichen Demokraten verlorengeht, kann letztlich nur durch ganz junge CDU-Politiker wiedergewonnen werden, die kaum jemand mehr mit Kohl und seinem Apparat in Verbindung bringt.« Die Länderparteien müßten sich »aus der Schicksalsgemeinschaft mit dem übermächtigen Bundeskanzler befreien, für dessen zähneknirschend anerkannte Unabsetzbarkeit auch sie bisher einen hohen Preis entrichten mußten.« Inzwischen ist die Wachablösung in den Ländern vollzogen. In Niedersachsen trat der 33jährige Christian Wulff gegen Gerhard Schröder an, als der hessische CDU-Fraktionsvorsitzende Manfred Kanther zum Bundesinnenminister berufen wurde, beerbte ihn der 35jährige Roland Koch, in Rheinland-Pfalz löste Christoph Böhr den glücklosen Machtmenschen Hans-Otto Wilhelm in der nämlichen Funktion ab, und im Stuttgarter Landtag hat dieses Amt der 40jährige Günter Oettinger inne.

Die Fassade des rheinland-pfälzischen Parlamentes ist prächtig renoviert, das Foyer trieft vom Mief der fünfziger Jahre, hier ging Helmut Kohl, hier stolzierte Rudolf Scharping. Die Beamten und Abgeordneten, die aus der Kantine kommen, haben ein Schrittempo, das sie von schleppend allenfalls auf gemächlich steigern, maximal. Auf tritt mit federndem Gang der frischgekürte Fraktionsvorsitzende der oppositionellen CDU, Christoph Böhr (39). Der früh Ergraute ist der einzige aus seiner Zunft, der sich dazu bekennt, Politiker und nur Politiker zu sein. Das Metier sei komplex und erfordere den ganzen Mann, zumal – denkt sich der Besucher – wenn man einer Fraktion vorsteht, die so heillos zerstritten und paralysiert ist wie die rheinland-pfälzische CDU. Gemeinsam mit Landesparteichef Johannes Gerster will Böhr den Laden auf Vordermann bringen.

Auf dem Weg in den Mainzer Landtag hatte mich angesichts der geklonten Weihnachtsmärkte, üppigen Schaufensterdekorationen und glänzenden Lichterketten einmal mehr das Gefühl beschlichen, daß sich für die Westdeutschen seit 1989 nichts, aber auch gar nichts geändert hat. Das könne er nicht finden, meint Christoph Böhr. In den achtziger Jahren sei Landespolitik richtig langweilig gewesen, über Jahre hinweg sei das wichtigste Thema für die Mainzer Parlamentarier das Kohlekraftwerk Buschhaus gewesen, »das Kohlekraftwerk Buschhaus, stellen Sie sich das mal vor«. Sagt es, schlägt auf den Tisch, und ich schaue mich sicherheitshalber einmal um, ob ich eine versteckte Kamera in der Landtagskantine entdecke, denn in diesem Moment hat der Politiker Böhr eine frappierende Ähnlichkeit mit dem Showmaster Harald Schmidt. Währenddessen extemporiert mein Gegenüber weiter. Früher, früher, da habe Rheinland-Pfalz damit geworben, das »Herzstück Europas« zu sein. Völliger Blödsinn sei das, findet Böhr: »Das Herz Europas liegt in Warschau oder Krakau.« Weil das so sei, müsse man alles tun, so Böhr, um »daran mitzuwirken, daß Europa zukünftig nicht mehr durch eine Wohlstandsgrenze gespalten wird. Das bedeutet, ab sofort materielle Zuwächse *ausschließlich* dafür zu nutzen, Anschubfinanzierungen für die wirtschaftliche und soziale Entwicklung in Mittel- und Osteuropa bereitzustellen. Zweitens müssen durch Einsparungen der öffentlichen Hand Finanzmittel freigesetzt werden, die eben diesem Ziel dienen.« Gerade weil die finanzielle Situation gegenwärtig oft ausweglos scheine, müsse man alles daransetzen, Gesamteuropa zu fördern. Das sei eine Investition in die Zukunft, meint Böhr, und schlägt wieder auf den Tisch. Ob er das den Mainzer Geschäftsleuten und rheinhessischen Winzern wird klarmachen können?

Christian Wulff treffe ich in seiner Heimatstadt Osnabrück. Der westfälische Anwalt hatte ausrichten lassen, daß der beste Treffpunkt »beim Chinesen in der Theaterpassage« sei. Es liegt nicht nur am Ambiente, daß Wulff im Gegensatz zu

Böhr nicht »wie ein Politiker« wirkt. Das heißt nicht, daß er unprofessionell aufträte, schließlich war er lange Jahre Landesvorsitzender der Jungen Union. Aber wo Böhr auf Entertainer macht, sitzt Christian Wulff einfach nur da, guckt dir ins Gesicht, und du kannst gar nicht anders, als zu glauben, daß er es ehrlich meint mit dem, was er sagt, *so was von ehrlich*. Diese Stärke hatten seine Wahlkampfmanager erkannt, folgerichtig ließen sie die Parole »Ehrlich oder gar nicht!« auf die Plakatwände zwischen Nordsee und Weserbergland pappen. Nicht, daß seine Altersgenossen der Lüge verdächtig wären, aber das Feeling ist bei Wulff ein anderes. Vielleicht ist er deswegen so glaubwürdig, weil er stur das macht und verkündet, was ihm richtig erscheint. Ob es »vermittelbar« ist, interessiert ihn erst in zweiter Linie. Auf dem CDU-Parteitag erntete er Buhrufe, als er kundtat, daß ein »konjunkturabhängiger Umweltschutz« für ihn nicht in Frage komme. Es gehe nicht an, immer nur zu jammern, daß die deutsche Wirtschaft nicht mehr konkurrenzfähig sei, weil die Umweltabgaben in der Bundesrepublik so hoch seien. Dann müsse man eben das »Umweltdumping« bekämpfen, meint Wulff. So könne man zum Beispiel Einfuhrzölle auf den billigen Zink aus den GUS-Staaten erheben und diese Einnahmen der GUS dann für neue, weniger umweltgefährdende Fördertechniken zur Verfügung stellen.

Ministerpräsident wurde Wulff damit nicht, er verlor deutlich die Wahl gegen den Amtsinhaber Gerhard Schröder. Aber er hat Zeit. In vier Jahren will er es erneut probieren. Akzeptanzprobleme sieht Christan Wulff am ehesten bei den 78ern, die sich von ihm als Vertreter der nachfolgenden Generation überrollt fühlen, wo sie doch eigentlich erst am Zuge gewesen wären. Inhalte? Da unterscheidet Wulff sich kaum von den Kollegen. Auf das Feeling kommt es an. Christian Wulff wird das anders sehen, denn ihm geht es mehr um Inhalte als um Emotionen. Er bringt die

Säle nicht zum Toben und will es auch nicht. Am liebsten ist es ihm, wenn erst geklatscht wird, nachdem er das Rednerpult schon längst verlassen hat.

Helmut Kohl sieht die jungen Männer in den Ländern mit Wohlgefallen, war er selbst doch zarte 31 Jahre alt, als er der CDU-Fraktion im Mainzer Landtag vorstand. Und es stört ihn wenig, daß die Herren Hoffnungsträger allesamt nur das Charisma mittlerer Finanzbeamten haben, schließlich war er selbst zeit seiner Regierung nicht gerade der Liebling der Medien. Dafür war er 13 Jahre lang Kanzler. Mehr Stimmung als bei den grauen jungen Männern kommt auf, wenn die stellvertretende Vorsitzende der bayerischen CSU die Bierzelle betritt. Monika Hohlmeier weiß, wie man das Politvolk entertaint. Das hat sie vom Vater Franz Josef Strauß gelernt. »Ich liebe Bierzelte«, sagt die 32jährige. »Neulich war ich im Wahlkampf bei Christian Wulff. Der hat nur noch gestaunt, wie lange ich die Leute bei der Stange gehalten habe.«

Der Weg zu Monika Hohlmeier war weit. Er führte durch einen Ballsaal; Holzparkett, roter Teppich, Stuck an der Decke und Ölgemälde an den Wänden, am Ende eine große Tür: Monika Hohlmeier, Staatssekretärin. Ihr Dienstzimmer hat Turnhallengröße, der Deckenputz zeigt Wasserflekken, »wenn es regnet, stellen wir Eimer unter«. Inzwischen ist sie umgezogen in ein kleineres, schlichteres Büro: »Was soll ich in dem Riesenraum, den können's besser für Empfänge hernehmen.«

Monika Hohlmeier beginnt das Gespräch mit einem Bekenntnis zum Konservatismus und einer Suada gegen Heiner Geißler, Rita Süßmuth und Friedbert Pflüger, ohne daß klar wird, was sie gegen die eigentlich hat. Das alles geht so schnell, daß ich mich im nachhinein nicht mehr an den Auslöser erinnere. Es bleibt nur der Verdacht, daß sie sich vorgenommen hatte, das erst einmal loszuwerden. »Irgendeiner muß ja beharren«, sagt Monika Hohlmeier. »Wer aufbrechen will, braucht einen Boden, von dem aus er das tut – Tradition. Ansonsten ist die Gefahr groß, schnell abzubrechen.« Darum seien ihr die Bauern, Katholiken und Dörfler am liebsten, die stünden noch zu ihren Traditionen und seien stolz auf sie. »Aber natürlich gibt es im städtischen Milieu kein Zurück zur Idylle.« Monika Hohlmeier hat sich ereifert. »Leidenschaft gehört nun mal zur Politik«, sagt sie, »das habe ich vom Vater übernommen – und daß man immer wieder neu anfangen muß. Wenn ich dazu nicht mehr bereit bin, höre ich auf mit der Politik.« Ungeniert und offen will sie sein. Das hat sie mit *Kohls Enkeln* gemein.

Deren Vormarsch hat vor allem damit zu tun, daß die Söhne und Töchter in der CDU/CSU keine Rolle spielen. Anfang 1989 hatte der Reformflügel in der CDU um den damaligen Generalsekretär Heiner Geißler versucht, den Kanzler zu stürzen und statt seiner Lothar Späth, seinerzeit baden-württembergischer Ministerpräsident, zu installieren. Das Unternehmen scheiterte, Herr Späth stellt heute in Thüringen Kontaktlinsen her. Die 68er in der Partei wurden von Helmut Kohl zurückgedrängt, wo er nur konnte, er setzte lieber auf die Generation danach. Doch wie es scheint, hat er sich damit am Ende seiner Kanzlerschaft verkalkuliert. Denn nur wenige der *Kohlschen Enkel* stehen für ein Zurück zu alten Werten. Das Erbe von 1968 ist ihnen näher als Urgroßvater Adenauer. Es liegt in der Natur der Dinge, daß sie damit bei den Parteikämpen auf wenig Gegenliebe stoßen. Ronald Pofalla kokettiert damit, daß er bei der Wahl zum Fraktionsvorstand mit dem schlechtesten Ergebnis abgeschnitten habe. Stefan Schwarz, der im Parlament beherzt für die Sache der bosnischen Bevölkerung eingetreten war und sich vehement für einen Einsatz der Bundeswehr im Balkankrieg stark gemacht hatte, wurde dafür zwar von der Stadt Sarajevo zum Ehrenbürger ernannt, zwei Tage später fiel er jedoch in seinem Wahlkreis durch, als die Parteifreunde statt seiner einen altgedienten Kärrner als neuen Bundestagskandidaten aufstellten. Doch auf die Dauer wird die CDU ohne *Kohls Enkel* nicht auskommen.

Auf der Suche nach Willys verlorenen Urenkeln: SPD und Die Grünen

In der CDU bekamen *Kohls Enkel* ihre Chance, weil die Söhne in die Wüste gejagt wurden. Diesen »Söhnen« entspricht – und jetzt wird es kompliziert – in der SPD die Generation der Brandtschen Enkel, will sagen: Was es in der CDU nicht gibt, die Söhne, heißt in der SPD Enkel. Diese Enkelgeneration der Scharpings, Lafontaines und Schröders hat in der Sozialdemokratie die Macht ergriffen. Ob Länderfürsten, Parteivorstand, Fraktion – es sind die alten 68er, die heute die Geschicke der SPD bestimmen. Wo in der CDU ein schwarzes Loch klafft, tobt in der Sozialdemokratie das pralle Leben, dies jedoch um den Preis, daß die Urenkel in ihr nicht zum Zuge kommen. Zwar propagierten die Jungsozialisten im Frühjahr 1993 lauthals den »Bruch mit der Enkelgeneration«, doch hat der einstmals mächtige Jugendverband der SPD derzeit hauptsächlich mit der Konkurrenz in den eigenen Reihen zu kämpfen – den »Jungen Sozialdemokraten«, die angetreten sind, um den Jusos den Sozialismus auszutreiben.

Die SPD tut sich schwer mit den Mauerkindern. »Die jungen Leute, die die erfahrenen, aber verholzten Großparteien aufmischen müßten, stecken ihre Energien in Entwicklungsprojekte in Brasilien, Greenpeace-Demonstrationen gegen Ölverklapper oder Abenteuerurlaube in Alaska«, beklagt der ewige Vordenker der Sozialdemokratie, Peter

Glotz. Der vorwurfsvolle Unterton ist nicht zu überhören, »Abenteuerurlaube in Alaska« ziemen sich nicht für einen gestandenen Sozi. Die Studienratspartei Deutschlands scheint nichts mehr zu fürchten als Menschen, die jünger sind als 40 – es sei denn, sie sind Pfarrer und kommen aus Ostdeutschland. Margarita Mathiopoulos ist keines von beiden. Die Zeithistorikerin und Publizistin ist obendrein noch nicht einmal in der Partei, statt dessen 37 Jahre jung, Deutsche griechischer Herkunft und verheiratet mit dem CDU-Politiker Friedbert Pflüger. So eine sollte Sprecherin der SPD werden, nur weil Willy Brandt sich das in den Kopf gesetzt hatte? Sie sollte nicht. Einige Genossen sahen darin einen willkommenen Anlaß, ihren Vorsitzenden loszuwerden. Dem Ende der Geschichte – Willy Brandts Demission im Jahre 1987 – hat Mathiopoulos jüngst eine Fußnote in ihrem Deutschlandbuch »Das Ende der Bonner Republik« gewidmet, um den Legenden um Brandts Rücktritt einen Riegel vorzuschieben.

Es dauerte sechs Jahre, bis sich wieder ein Mauerkind ins Erich-Ollenhauer-Haus verirrte. Karl Heinz Blessing, der maßgeblich am Aufbau der Gewerkschaften in Ostdeutschland mitgewirkt hatte, wurde von Björn Engholm bei der IG Metall losgeeist, mit vielen Vorschußlorbeeren versehen und als Geschäftsführer eingesetzt. Er stürzte mit seinem Herrn. Der Fall war weich, Blessing wurde Personalchef der Dillinger Hütte, Jahressalär rund 300000 Mark. Sein Nachfolger, Günter Verheugen, hatte den Geschäftsführerjob schon einmal inne – bei der FDP, die er 1982 aus Protest gegen den Bruch der Koalition verließ. Ein fähiger Politmanager sei der, wird Verheugen allgemein bescheinigt. Durch innovative Vorschläge ist er indes bislang nicht aufgefallen. Das macht den Job für Dagmar Wiebusch nicht einfacher. Die 40jährige ist seit 1993 Sprecherin der SPD. Im Adenauer-Haus fiele eine Frau in ihrem Alter nicht auf. Bei den Sozialdemokraten ist sie der Benjamin. Und im Parlament? Die Sozialdemokraten guckten bei der CDU ab, nach dem Vorbild der »Jungen Gruppe« treffen sich die »Jungen Abgeordneten« der SPD-Fraktion nun ebenfalls. Doch sie sind weder so zahl- noch so einflußreich wie ihre konservativen Kollegen.

Nur in Ostdeutschland, wo keine 68er Generation ihren Aufbruch behinderte, haben sich einige junge SPD-Politiker durchgesetzt: Stephan Hilsberg, Christoph Matschie, Steffen Reiche, Thomas Krüger. Doch sie sind weniger von der Partei als von der revolutionären Vergangenheit des Herbstes 1989 geprägt. Berlins Jugendsenator Thomas Krüger trifft sich jeden Freitag mit »jungen, ehrgeizigen und frustrierten Berliner Sozialdemokraten« bei sich zu Hause zum »Kollwitzkreis«. »Ich versuche, die ein bißchen aufzubauen; das gefällt natürlich weder dem linken noch dem rechten Parteiflügel bei uns, die können damit nichts anfangen.«

War die SPD die Partei der Institutionsmarschierer unter den 68ern, so wurden die Grünen zum parlamentarischen Flügel der Bürgerbewegungen der späten siebziger Jahre. Folgerichtig sind die führenden Sozialdemokraten heute um die 50. Die Grünen sind ein Projekt der 35- bis 50jährigen. Eine, deren Alter am unteren Ende dieser Skala liegt, ist die Bremer Kultursenatorin Helga Trüpel (35).

Ein Büro in einem trostlosen Betonkasten am Bremer Hauptbahnhof, sechster Stock, das heißt hier: über den Dächern der Stadt. Auf dem Schreibtisch ein Stofftiger, auf einer Postkarte – dem Raum zugewandt – formen Menschen das Wort »Dialog«, daneben ein Foto der Senatorin im schwarzen Stretch. Helga Trüpel hat Psychologie, Religionswissenschaften und Germanistik studiert, aber auch bei Politologen und Soziologen zugehört, »in Bremen ging das damals«. Man merkt es ihrer Diktion bis heute an. Da ist von »kommunikativen Zusammenhängen« die Rede, der »Verortung« von Politik und natürlich den unvermeidlichen »soziokulturellen Gruppen.« »Meine Entwicklung in und mit der Partei verlief in den letzten 15 Jahren zwar ungeplant, aber kontinuierlich. 1989 markiert für mich keinen Bruch, dafür liegt Bremen zu sehr im Windschatten der Ereignisse.« Ich starre in den grauen Bremer Himmel und ertappe mich bei biblischen Gedanken. »Wenn das schon am grünen Holze passiert, was soll dann erst aus dem dürren werden.« Ich packe meine Sachen zusammen. Auf dem Weg zum Bahnhof verdrücke ich ein paar Tränen, denn Die Grünen waren auch einmal mein Projekt. Ein Glück nur, daß sie nun die Ostleute vom Bündnis '90 haben, die sie gelegentlich mit der Realität im Lande konfrontieren.

Aufbruch in den Kommunen

Was 1989 als große Politik begann, betrifft im Alltag der neunziger Jahre vor allem die Kommunen. *Sie* haben die Flüchtlinge unterzubringen, die bei uns Schutz vor Hunger und Krieg suchen, *sie* müssen mehr und mehr Sozialhilfe zahlen, wenn die Zahl derer steigt, die durch das Netz der Arbeitslosenversicherung rutschen, *sie* sind zuständig für die Alten- und Pflegeheime, Kindergärten, Müllentsorgung, Busse und Regionalbahnen. Roland Koch, Vorsitzender der hessischen CDU-Fraktion, beklagt, daß Kommunalpolitik in der Vergangenheit zum »Verwaltungsvollzug« degradiert war. »Selbst das Material der Fensterrahmen war uns ja beim Bau von Kindergärten und Sozialwohnungen vorgeschrieben!« Nun, da der Problemdruck wächst, könnten die Kommunen wieder Politik machen – wenn nicht der leidige

Umstand zu beklagen wäre, daß sie allesamt knapp bei Kasse sind.

Politik müsse mehr sein als das Stopfen von Löchern, meint sein rheinland-pfälzischer Kollege Christoph Böhr, »mit Sparen alleine ist es nicht getan. Was wir brauchen, ist eine radikale Kritik der staatlichen Aufgaben. Wir müssen Bürokratie abbauen und Dienste an Dritte übertragen.« Schon Mitte der achtziger Jahre schrieb Böhr über die »philosophische und politische Entfaltung einer zeitgenössischen Minimalstaatskonzeption«. Was damals noch exotisch war, ist heute voll im Trend.

Der grüne Hügel aller, die sich belehren lassen wollen, wie man eine Kommune saniert, ist das Rathaus von Offenbach. Anfang der Neunziger war die Stadt pleite. Dann kam Gerhard Grandke. Der 39jährige Unternehmensberater hatte Erfahrung mit aussichtslosen Fällen in der Wirtschaft – und mit deren Rettung. Nun war er neugierig, ob sich sein Sanierungskonzept auf eine Kommune übertragen ließ. Es funktionierte. Grandke bewarb sich auf den Posten des Kämmerers, allerdings nur unter der Voraussetzung, daß ihm zusätzlich zum Finanzwesen auch das Personalamt, die Wirtschaftsförderung und die Stadtwerke unterstellt würden. Gerhard Grandke bekam, was er wollte. Dann ging es los. 2500 Beschäftigte hatte die Stadt Offenbach, inzwischen sind es nur noch halb so viele. Das wurde nicht mit Entlassungen erreicht, sondern indem man Eigenbetriebe in kommunaler Trägerschaft gründete. Das heißt: Aus Beamten werden Angestellte, aus Ämtern werden Tochtergesellschaften der Stadt – mit beschränkter Haftung. Sie müssen profitabel arbeiten; wenn sie es tun, gibt es Extraprämien für die Mitarbeiter, wenn nicht, dann eben nicht. Und wenn der Laden auf Dauer Defizite macht, wird überprüft, ob ein privater Anbieter die Leistung besser erbringen kann. Das Erstaunliche: Bislang funktionieren alle Eigenbetriebe prächtig. Selbst die Gewerkschaften spielen mit und übernahmen in Kooperation mit der Handelskammer sogar die Federführung für die Ausgliederung der Stadtreinigung.

Inzwischen hat Gerhard Grandke das Büro des Kämmerers mit dem Amtszimmer des Oberbürgermeisters vertauscht. Eigentlich hatte er ja vorgehabt, Offenbach zu sanieren und danach wieder als Unternehmensberater zu arbeiten, Schwerpunkt: Beratung von Kommunen, die vor der Pleite stehen. Aber dann wurde der OB-Stuhl frei, Grandke kandidierte und erhielt über sechzig Prozent der Stimmen. Das ist insofern ungewöhnlich, als er den Wählern reinen Wein eingeschenkt hatte, etwa über die geplante Schließung zweier Jugendclubs oder darüber, daß vier von fünf Schwimmbädern der Stadt dichtgemacht werden müßten. »Die Leute haben das gefressen, weil sie wollen, daß man ehrlich zu ihnen ist«, sagt Gerhard Grandke. Dann zeigt er aus dem Fenster: »Die Baustelle hier gegenüber, das war mal ein Hallenbad. Jetzt entsteht dort ein Hotel.« Der Oberbürgermeister knüpft die Strickjacke zu, kommt hinter dem Schreibtisch hervor und setzt sich zu mir an den runden Tisch. Ein paar Sätze zur Sanierungsstrategie, »keine Nettoneuverschuldung«, notiere ich und: »Systemsteuerung«. Dann ist die Zeit abgelaufen. Eine Gruppe von Kommunalvertretern wartet schon.

In Querfurt gehen die Uhren anders. Beim Gespräch im Landratsamt kam es auf die Minute nicht an. In Querfurt gehen die Uhren genau so wie in Offenbach. Denn auch in Sachsen-Anhalt hat man begriffen, daß sich Kommunalpolitik auf herkömmlichem Wege nicht mehr finanzieren läßt. Matthias Roßner (37) arbeitete zu DDR-Zeiten in einer der vier landwirtschaftlichen Produktionsgenossenschaften des Kreises. Im Winter 1989/90 trat er in die CDU ein, im Februar wurde er ihr Kreisvorsitzender. »Seit dem 1. Juni 1990 bin ich Land*rat* statt Land*wirt*.« Die Einrichtung in der Querfurter Kreisverwaltung war noch ganz die alte. Neonröhren, Blümchentapete, der längliche Besprechungstisch im Landratszimmer. Mit 30000 Einwohnern war Querfurt einer der kleinsten Landkreise Deutschlands. Inzwischen wurde er mit dem benachbarten Kreis Merseburg zusammengelegt.

Wie sein Offenbacher Kollege setzt sich Matthias Roßner zu mir an den Besprechungstisch. Das Jackett hängt über dem Stuhl. Doch Roßner ist kein hemdsärmliger Typ. Meine Fragen beantwortet er zwar bedächtig, dafür aber präzise. Wo Gerhard Grandke auf das Know-how aus der Unternehmensberatung vertraut, setzt er auf gesunden Menschenverstand und Lebenserfahrung: »Ich komme ja aus der Wirtschaft, der Landwirtschaft. Und auch bei meinen Eltern im Pfarrhaus hat man zu wirtschaften gelernt.« Beim Versuch, ein Alten- und Pflegeheim des Kreises zu privatisieren, hat sich Roßner allerdings schon die Finger verbrannt. Darum setzt auch er nun lieber auf Eigenbetriebe in kommunaler Trägerschaft.

Bei der Müllentsorgung hat er das System wieder eingeführt, das in der DDR üblich war. Auf den Mülltonnen kleben Marken, die von den Müllmännern beim Entleeren abgerissen werden; ohne Marke gibt es keine Abfuhr. Marken sind bei den Kommunen zu erhalten, die Leerung einer 80-Liter-Tonne kostet drei Mark. Jeder bestimmt selbst, wieviel Müll er macht. Inzwischen wird das Querfurter Modell am Berliner Ku'damm ausprobiert. Ähnlich erfolgreich ist Matthias Roßner mit dem öffentlichen Personennahverkehr. Da gab es wie überall in Ostdeutschland ein altes Kraftfahrtkombinat. Weil die daran beteiligten Kreise sich nicht einigen mochten, löste der Landrat den Querfurter Betriebsteil heraus: »30 Busse, eine eigene kleine Werkstatt, genau die richtige Größe für uns.« Resultat: Das Defizit ist geringer als in städtischen Ballungsräumen – und von den fünf angrenzenden Kreisen haben bereits zwei angefragt, ob sie nicht mit einsteigen können in die Trägerschaft der GmbH.

Gerne würde Matthias Roßner ja auch Hotellerie und Gaststätte auf der Burg Querfurt von einem kommunalen Eigenbetrieb führen lassen. Die romanische Anlage aus dem vergangenen Jahrtausend ist vollkommen erhalten und ein Kleinod mittelalterlicher Baukunst. Der Landrat will es erhalten wissen. Darum soll der Kreis eine Gesellschaft gründen, die Tische und Betten auf der Burg übernimmt. »Wenn ein privater Pächter Verluste macht, haut er sowieso wieder ab, wenn er Gewinne macht, haben wir nichts davon. Beim kommunalen Eigenbetrieb könnten die Überschüsse automatisch in die Erhaltung der Burg gehen.« Mit diesem Argument versucht er derzeit das Land Sachsen-Anhalt davon zu überzeugen, daß die Burgschenke in die Trägerschaft des Kreises gehöre. »Ich bin kein Landkreisfetischist«, sagt Matthias Roßner. »Aber manchmal ist es einfach sicherer, wenn wir den Finger drauf haben.«

Politik light

In Sachsen ist sogar ausdrücklich erwünscht, worum Matthias Roßner in seinem Bundesland, ein paar Kilometer weiter nördlich, noch kämpfen muß. In jeder Kabinettsvorlage im Freistaat Sachsen gibt es den Punkt »Privatisierung, Kommunalisierung, Rechtsvereinfachung«, das heißt: Jede Entscheidung der sächsischen Regierung wird automatisch auf diese drei Punkte hin abgeklopft. Einer derer, die sich derlei ausdenken, ist Georg Brüggen (35), der aus dem elterlichen Textilbetrieb in Westfalen in die sächsische Staatskanzlei kam. Aus seiner Feder stammt das Privatisierungskonzept der sächsischen Landesregierung. Brüggen hat rund 50 Landesämter und Kommunalbehörden daraufhin überprüft, ob sie privatisiert werden könnten. Resultat: Oftmals können sie. »Warum etwa müssen Luftmessungen von Landesbeamten vorgenommen werden?« fragte sich Georg Brüggen. Die Folge: Die Umweltdaten werden künftig vom TÜV Bayern-Sachsen gemessen.

Nicht immer ist die Sache so einfach. Im Vermessungswesen etwa fehlt es schlicht und einfach an privaten Anbietern, denen man staatliche Aufgaben übertragen könnte. Daran könnte womöglich auch ein anderes Projekt scheitern. Um Bürokratie abzubauen, verabschiedete der sächsische Landtag ein »Aufbaubeschleunigungsgesetz«, das wirken soll wie die Hefe im Teig: Es ermöglicht, daß *andere* Gesetze bei Bedarf schneller geändert werden können. So würde ein einfacher Kabinettsbeschluß genügen, um künftig private Ingenieurbüros mit der Erteilung von Baugenehmigungen zu beauftragen – wenn es denn genügend derartige Büros gäbe. Und nicht immer ist das Bauen so einfach wie bei Ein-, Zwei- oder Dreifamilienhäusern. Denn für die kommt man in Sachsen sogar ohne Baugenehmigung aus.

»Es geht nicht darum, die Behörden abzuschaffen. Aber die müssen ihre Bücher endlich so führen, daß wir deren Leistungen mit denen privater Anbieter vergleichen können«, sagt Georg Brüggen. »Behörden sind ja so organisiert, wie die Behörden und nicht, wie die Bürger das brauchen. Wenn Sie bauen wollen oder einen Todesfall in der Familie haben, müssen Sie endlos herumlaufen, um alle nötigen Unterschriften zu besorgen. Und die Sachbearbeiter sind gefrustet, weil sie tagaus, tagein immer nur einen Stempel aufdrücken dürfen.« Georg Brüggen sucht deshalb nach Möglichkeiten, kommunale Servicecenter zu schaffen, in denen jeder, der kommt, einen Ansprechpartner hat, der für ihn alles erledigt. »Politik und Verwaltung sind erst dann wirklich gut, wenn sie durchschaubar sind und sich so überflüssig wie möglich machen.«

Kritiker halten den sächsischen Privatisierern vor, die soziale Sicherheit der Beamten nicht genügend zu berücksichtigen. »Das kommt jedoch mehr von den westdeutschen Gewerkschaftlern als von unseren Leuten«, berichtet Georg Brüggen. In Ostdeutschland sperrt man sich weniger gegen neue Impulse als im Westen, wo vieles eingefahren ist. Der sächsische Ministerpräsident Kurt Biedenkopf holte ein ganzes Rudel aus der Generation nach der Mauer in seinen *think tank* nach Dresden. »Erneuerung kann nur von Querdenkern ausgehen«, verkündete er in einem Vortrag an der Universität Leipzig. Dann benannte er die drei Bereiche, die am meisten einer Generalüberholung bedürfen: Arbeit, Verkehr und soziale Systeme.

Mit der Reform von Bahn und Post sind bei den Verkehrswegen die ersten Weichen dafür gestellt, daß die Reise in die richtige Richtung geht. Mit der Pflegeversicherung ist auch im Sozialbereich ein erster Schritt in die Zukunft getan. Wie allerdings die Renten im Jahre 2020 gesichert werden sollen, weiß keiner so recht. Und völlige Hilflosigkeit herrscht angesichts der hohen Dauerarbeitslosigkeit in Westeuropa. Immer noch gibt es Politiker und Unternehmer, die fordern, es müsse wieder mehr gearbeitet werden. Dabei ist es inzwischen auch einer Gesellschaft, in der der Mensch ist, was er arbeitet, vergleichsweise einfach beizubringen, daß Lohnverzicht Standorte sichern hilft und flexiblere und kürzere Arbeitszeiten einen sozialen Ausgleich schaffen. Das hat die Einführung der Viertagewoche bei VW in Wolfsburg gezeigt.

Daß das Umdenken beim Automobilhersteller stattfand und nicht aus den Parteien kam, ist symptomatisch. Der *new deal* wird jenseits der überkommenen politischen Institutionen und jenseits der Ideologien ausgehandelt. »Genau die

Entscheidungsbereiche, die im Modell des Industriekapitalismus im Windschatten des Politischen liegen – Privatheit, Wirtschaft, Wissenschaft, Kommunen, Alltag usw. –, geraten in der reflexiven Moderne in die Stürme der politischen Auseinandersetzung«, schreibt Ulrich Beck. Wer nicht mehr auf die Institutionen vertraut, muß selbst aufbrechen, um sich eigene Gewißheit über den Zustand der Gesellschaft zu verschaffen. Dies beschere uns, so Beck, »eine institutionenlose Renaissance des Politischen: Die Individuen kehren in die Gesellschaft zurück.«

Hatte die Reaktorkatastrophe von Tschernobyl das Gefühl vermittelt, daß nicht alles kontrollierbar ist, verschaffte uns der Fall der Berliner Mauer die Gewißheit, daß die alten Antagonismen ausgedient haben. Die Risikogesellschaft, von Beck bereits in den achtziger Jahren aufgespürt, beginnt mit der Generation nach der Mauer erst richtig, weil nichts bleibt, wie es war. Es gilt, die Gegensätze auszuhalten und ins Gleichgewicht zu bringen. Das ist der *new deal* der Neunziger.

Theaterreise

Die Besucher des »König Lear« blieben zunächst gelassen, als sich Tumult im Zuschauerraum erhob. Das gehört zum Alltag in der Berliner Volksbühne am Rosa-Luxemburg-Platz; mal sind die Störungen mitinszeniert, mal braucht einer den starken Abgang, um sich des Protestes gegen provozierende Langsamkeit oder Lautstärke zu entledigen. Das Szenepublikum sieht es mit Amüsement. Doch die Störung an jenem Abend im Juni 1993 war anders. Das wurde den Zuschauern klar, als sie bemerkten, wer da vorneweg auf die Bühne marschierte: Leander Haußmann, der 33jährige *Shooting-Star* der deutschen Regiegilde, der zuletzt am Schiller-Theater in Charlottenburg den »Don Carlos« gemacht hatte und sich nun selbst wie der zornige Infant von Spanien gebärdete. Was war passiert?

Wenige Tage zuvor hatte der Senat von Berlin beschlossen, das Schiller-Theater dicht- und damit einer langen Geschichte von Fehlbesetzungen auf dem Intendantenstuhl, grotesker Aufblähung des Apparates, von versäumten Reformen und verstaubten Inszenierungen ein Ende zu machen. Während der nächtlichen Krisensitzung war der Volksbühnen-Intendant Frank Castorf telefonisch gefragt worden, ob er nicht das sinkende Schiff mit übernehmen wolle, schließlich war es ihm bereits gelungen, binnen eines Jahres den maroden Panzerkreuzer im Osten der Stadt flottzumachen. Nach kurzer Bedenkzeit lehnte Castorf ab, es kam zur Schließung des Schiller-Theaters; wenig später wurde der Volksbühnen-Etat vom Senat um fünf Millionen

Mark aufgestockt, um damit Hans Kresnik und seine Tanztheatertruppe von Bremen nach Berlin zu holen.

Dies rief den Protest des Kollegen Haußmann hervor. Castorf profitiere schamlos von der »Abwicklung« des Schiller-Theaters, er habe sich nicht hinreichend für das Institut im Westteil der Stadt engagiert und kassiere nun für sein Schweigen einen »Judaslohn«. Wenig später hatten sich die Wogen geglättet, ohne daß jemand gemerkt hätte, daß es in der Auseinandersetzung nur vordergründig um mangelnde Solidarität ging. Denn mit Haußmann und Castorf trafen die Hauptprotagonisten der beiden Lager aufeinander, in die sich die Regisseure unserer Generation teilen. Der Kern des Konfliktes war ein ästhetischer. »Obwohl wir – Leander und ich – aus diesem ganz ähnlichen Aufsaugen populärer Erscheinungen kommen, also zum Beispiel durch die Rock-'n'-Roll-Geschichte, ist das Prinzip, wie wir uns Stoffen nähern, diametral entgegengesetzt«, sagt Frank Castorf, der trotz seiner 41 Jahre zu den Jungen Wilden des deutschen Theaters gehört und als ihr Wortführer gilt. Seine Position erläutert er so: »Was in diesem Berliner Scheunenviertel um die Volksbühne am Rosa-Luxemburg-Platz gerade passiert, das soll hier auf die Bühne. Wir prügeln uns mit dem Alltag. Leander Haußmann, der jüngste Repräsentant des bürgerlichen Bildungstheaters, versucht mit letzter Kraft, dieses gute bildungsbürgerliche Theater mit Kreativität und Verspieltheit aus dem Stoff selbst heraus zu verstehen. Er will es sublimer, will wieder Psychologie.«

Hier die poetisch-psychologischen Zauberer, dort die vital-anarchischen Zertrümmerer – das wäre nicht weiter von Belang, verschiedene Auffassungen unter Jungregisseuren, na ja. Doch so sehr ihre Konzepte auseinanderklaffen mögen, in einem sind sie sich einig: daß es hohe Zeit ist für einen Generationswechsel im deutschen Bühnenwesen. »Da steht sie nun, diese fröhliche Erwartung, ja; es flattert an ihr das dünne Kleidchen im kühlen Wind. Aber ihr Name ist Dennoch oder Ichkommschon oder Gradejetzt«, schrieb Dieter Bachmann im Vorwort zu einer Ausgabe der Zeitschrift *du*, die ausschließlich den neuen Theatermachern gewidmet war.

Es gibt wohl keinen gesellschaftlichen Bereich, in dem Aufbruch so evident ist wie am Theater. Das Berliner Theatertreffen präsentierte 1994 fast ausschließlich Stücke, die von Mauerkindern inszeniert worden waren: Jens-Daniel Herzog (30), Jo Fabian (34), Jürgen Kruse (35), Karin Beier (28), Michael Jurgons (36), Karsten Schiffler (34), Hans Ulrich Becker (38). Wann hatte es zuletzt ein so junges Theatertreffen gegeben? Es ist nicht zu übersehen: Eine neue Regisseurgeneration hat die Bühnen der Republik erobert. Da ist der alte, junge Frank Castorf mit seinem Rebellentheater zwischen Mitte und Prenzlauer Berg, wo Andreas Kriegenburg bis zum Umfallen probt und Christoph Schlingensief sich die Seele aus dem Leib inszeniert, da sind Kerle wie Leander Hauß-, Matthias Hart- und Stefan Bach-Mann, die immer drei Karrierestufen auf einmal nehmen: Der eine wird Intendant in Bochum, der zweite ist Oberspielleiter am Münchener Residenztheater, und der dritte wirbelte durch die Berliner Off-Theaterszene, bevor er an die etablierten Häuser ging.

Zwischen all den Männern gibt es endlich Frauen am Regiepult. Als Assistentinnen saßen sie dort immer schon. Was danach aus ihnen wurde, wußte keiner so recht. Jetzt sind sie da: Thirza Bruncken (36), die an der probebühne 2 in Koblenz ausschließlich Stücke inszeniert, »die nicht älter als fünf Jahre und sprachlich-inhaltlich innovativ sein sollten«; Konstanze Lauterbach (30) in Leipzig, Katja Ott (31) an den Münchener Kammerspielen, Amelie Niermeyer (29) auf der anderen Straßenseite im Residenztheater; in Berlin Katharina Thalbach. Die Thalbach soll neu sein? Die ist doch schon ewig im Geschäft! Aber erst 38 Jahre alt. Und wenn es im untergehenden Schiller-Theater etwas Sehenswertes gab, dann waren es ihre Inszenierungen von »Macbeth«, »Wie es Euch gefällt« und vor allem der »Minna von Barnhelm«, in der sie Tellheim und Minna als Fleischklopse verpackte und groteske Verrenkungen auf dem Trampolin vollführen ließ, auf daß Lessings Figuren die preußische Steifheit und dem Publikum Hören und Sehen vergehe.

Die höheren Weihen wurden der 34jährigen Deborah Warner zuteil, als sie bei den Salzburger Festspielen Shakespeares »Coriolan« in Szene setzen durfte. Die Schauspieler waren anfangs verunsichert. »Ich war ein bißchen ein Schock für sie. Ich sage nie von Anfang an, wo's langgeht – schon, weil ich es selbst nicht weiß. Eine Inszenierung ist wie eine Expedition«, sagt die britische Shakespeare-Expertin. Peter Stein gab zu Protokoll, er habe Deborah Warner deswegen nach Salzburg geholt, weil sie »zu einer jüngeren Generation von Regisseuren gehört, die an eine offene, diskursive Zusammenarbeit gewöhnt sind.«

Neben der Vorgängergeneration lobten auch die Damen und Herren Kritiker die neuen Theatermacher, es hagelt Berichte, Sonderhefte, Anthologien über die neue Regiegilde. Es hieße Eulen nach Athen tragen, sich mit den Bühnenmatadoren zu befassen, indes: Die Kritikerkollegen sind, wie ihr Name sagt, Kritiker – und keine Reporter. Und all das gelehrte Abwägen, wissende Einordnen und kulturkritische Meinen vermag nicht den Blick hinter die Kulissen zu ersetzen.

1. Station: Matthias Hartmann

Der Vorhang geht auf, und der Zuschauer ist in einer anderen Welt. So kann Theater sein, wenn es gelingt. In Matthias Hartmanns Münchener Inszenierung von »Der Widerspenstigen Zähmung« gelingt es. Ein weißes Halbrund begrenzt die Spielfläche nach hinten und steigt unendlich weit in den Bühnenhimmel. Davor ist eine Art Achterbahn aufgebaut, auf der die Akteure gehen, stolpern, turnen, eine Rampe ragt weit ins Publikum vor, dort beginnt das Spiel, nachdem sich Herr und Diener den Weg durch die Zuschauerreihen gebahnt haben. »Das größte Problem unserer Zeit ist, daß die Menschen über ihre Phantasie nicht mehr frei verfügen können, daß sie den Klischees der Medien ausgeliefert sind. Das Theater kann sich von diesen Bildern lösen, die die Phantasie bevormunden, und kann so befreiend wirken«, erklärt Matthias Hartmann (31).

Ich treffe ihn auf der Probebühne des Hamburger Schauspielhauses. Auf dem Programm steht »Käthchen von Heilbronn«. Tiger Hartmann schlurft keksfressend umher, während die Schauspieler sich in der Grottenszene abmühen. Beim Gehen kämen ihm die besten Ideen, sagt der Regisseur, den ganzen Tag sitzen, da schlaffe er zu sehr ab. Matthias Hartmann probt pedantisch. Gleichzeitig läßt er den Schauspielern Raum, um selbstständig neue Varianten zu erfinden. Wenn eine paßt, dann kniet er staunend wie ein großes Kind vor der Bühne und wundert sich.

»Käthchen von Heilbronn« und Matthias Hartmann – da vermute ich ein veralbertes Ritterspiel. Weit gefehlt. Der Regisseur hat sich etwas vorgenommen, will zeigen, daß er mehr ist als ein Ironieonkel. Das fällt ihm schwer. Käthchen und Wetter von Strahl wollen im Holunderbusch nicht recht zueinanderkommen, Hartmann verwirft einen Regieeinfall nach dem anderen. Am Ende hockt er mit den ratlosen

Schauspielern eine Stunde lang im Schneidersitz auf der Bühne und diskutiert seine Vorstellung. Es erfordere Mut, die Dinge in Kleistsche Bilder zu zwingen, sagt er mir später. »Ich interessiere mich immer für die Menschen, die am Abgrund sind, da will ich mit dem Brennglas draufhalten.« Als die beiden Akteure die Szene noch einmal spielen, ganz zurückgenommen, puristisch, ernsthaft, ist sie sterbenslangweilig. Hartmann beendet die Probe. Danach: hektische Autofahrt von der Probebühne im Gewerbeviertel zum Schauspielhaus. Unterwegs redet er auf mich ein. Hartmann findet es an der Zeit, daß seine Generation nicht nur die Regietische, sondern auch die Intendanzen von den 68ern übernimmt. »Ich wehre mich besonders gegen die Projektionen, die unsere Väter, die 68er, bei denen wir groß geworden sind, auf den Begriff ›Jugend‹ werfen. Wenn sie sagen, daß nur der jung ist, der ihnen eins in die Fresse schlägt, dann denken sie in den Kategorien ihrer Generation und können nichts anderes zulassen. Wenn Jürgen Flimm schreit, es gibt keine Jugend, weil sie nicht genauso wie die 68er die Institutionen stürmt, weil wir nicht sagen: ›Jürgen, wir kommen!‹, dann ist das eine Projektion auf Nachwuchsregisseure, die es ihm nicht erlaubt zu gucken, was eigentlich los ist.«

Der verklärte Blick der 68er Regisseure auf die Zeit ihres Durchbruchs geht Matthias Hartmann ziemlich auf die Nerven. Er konzediert zwar, daß es damals »die Notwendigkeit einer Vergangenheitsbewältigung und einer direkten Schuldzuweisung« durch das Theater gegeben habe. Aber er weiß auch: »Das Schuldzuweisungstheater funktioniert nicht mehr.« Die 68er würden jedoch immer noch versuchen, »einen *Lear* im Programmheft mit einem Artikel über Ceaucescu zu legitimieren.« Dabei seien ihre Inszenierungen längst leer gelaufen. »So entsteht ein Inhaltsvakuum, das die Generation vor uns nicht mehr in der Lage ist, mit Themen zu füllen, sondern sie kompensiert es nur noch mit einer Bilderflut. Da wird in einer für mich bewunderungswürdigen Perfektion von Regisseuren wie Claus Peymann oder Jürgen Flimm der eigene Abgesang auf der Bühne zelebriert.«

In der Theaterkantine kommt Hartmann noch einmal auf Lust und Last der Verantwortung zurück. »Ich kann nachts nicht schlafen, wenn ich an das Schiller-Theater denke. Warum hat man da keinen von uns geholt?« Der Druck auf die jungen Regisseure sei heute größer als vor zwanzig Jahren. »Ich darf nicht dilettieren«, weiß Matthias Hartmann. Dann setzt er die Schiebermütze auf, nimmt den Hund an die Leine und geht.

Bühnengenerationen

Das Schiller-Theater zu Berlin – um noch ein letztes Mal auf die verblichene Schauspielbehörde zurückzukommen – war ein Institut, das seine letzte Blüte in den fünfziger Jahren erlebte, und so manche Inszenierung der Achtziger schien geradewegs aus dieser Zeit herübergerettet. Wenn Matthias Hartmann die Schließung des Hauses schlaflose Nächte bereitet, dann vor allem wegen der formidablen Bühnentechnik und einzelner großer Schauspielerpersönlichkeiten. Anders die Reaktion von Jürgen Kruse (35). Am Nachmittag, nachdem er vom Senatsbeschluß gehört hatte, bekam er Besuch vom Journalisten Hubert Spiegel, der aufschrieb, was Kruse sagte: »Er geißelt die Selbstbedienungsmentalität arrivierter Kollegen, ›diese ganze Abfindungsscheiße‹, verdammt aber auch die eigene Generation, die an der Theatermisere nicht unschuldig sei, ›weil wir die ganzen alten Säcke nicht schon längst aus den Theatern herausgetrampelt haben‹«. Lange bevor Kruse sich am Freiburger Stadttheater als eine Art Frank Castorf des Westens einen Namen machte, damals, 1979, kam er als 19jähriger ohne Abitur und Studium an die Berliner Schaubühne, *das* Theater der 68er, ihre Pilgerstätte, ihren grünen Hügel. Gegen die analytische Textexegese eines Peter Stein setzte er die Wut seiner Jugend. Heute ist er Hausregisseur in Frankfurt. Und die Schaubühne? Sie zerbröselt langsam, aber sicher in ihre Einzelteile. Was einst ein Kollektiv der Einzelgänger war, ist innerlich schon lange auseinandergedriftet. Nur zum Bühnenweihespiel rauft man sich noch zusammen, um gemeinsam in Schönheit zu erstarren.

Im Dezember 1993 kam es, so meldete die *Frankfurter Allgemeine Zeitung* vorab, zum »großen Ibsen-Duell der wichtigsten Berliner Direktoren im Theateradvent«. Andrea Breth inszenierte »Hedda Gabler« als Schaubühnen-Bühnenschau, während Frank Castorf dem Volksbühnen-Volk »Die Frau vom Meer« geben ließ. »Zumindest um Längen geschlagen« habe das Osttheater die Westkonkurrenz, meldete die *tageszeitung*. Viereinhalb Stunden lang haspelt sich das Volksbühnen-Ensemble durch Ibsens Text, allein 30 Minuten davon braucht Herbert Fritsch als Oberlehrer Arnholm, um seinen Heiratsantrag loszuwerden, mag das Publikum auch noch so viel soufflieren. Vielen Zuschauern war das zu lang, einige buhten, andere gingen. Am Ende antwortet Bolette kurz: »Unmöglich«, mehr nicht. Die aufgebaute Spannung zerplatzt wie ein überspanntes Kondom.

80000 Verhütungstüten ließ die Volksbühne zu Werbezwecken verteilen, zuvor waren eine halbe Million Streichholzpäckchen über den Tresen im Bühnenfoyer gegangen, wo auf Monitoren Videoclips der letzten Inszenierungen laufen. Derlei Aktionismus wäre in der Schaubühne am Lehniner Platz verpönt. Man vertraut auf das Ensemble und seine jahrzehntelange Routine im naturalistischen Darstellerwesen. »Gewiß, die Aufführung ist perfekt«, schrieb die *Süddeutsche Zeitung* nach der »Hedda Gabler«; alle Aufführungen der Schaubühne sind so. »Andrea Breth stellt immer aus, wie gut sie gelang, wie stimmig. Dadurch wird sie manieriert«, schrieb das Münchener Blatt weiter. Die Überschrift der Rezension lautete: »Bestickte Pantoffeln für grandiose Schauspieler«.

Was die Berliner Schaubühne für die Theaterszene der siebziger Jahre bedeutete, waren die bunten Bilderbuden von Dieter Dorn und Jürgen Flimm in den Achtzigern. Die Münchener Kammerspiele und das Thalia Theater Hamburg zelebrierten jenes ironisch-distanzierte, farbenfrohe Figurenspiel, das zum »Zeitgeist« gehörte wie die Cocktailkirsche zum Drink. Nicht, daß wir uns je gelangweilt hätten, im Gegenteil: Das Theater bot willkommene Abwechslung in lauer Zeit. Doch die ist vorbei, die Geschichte hat uns wieder, und die Theatergeschichten müssen sich darauf einstellen. »Unsere Vätergeneration – Langhoff, Stein, Peymann, Dorn, Flimm – wird absacken. Da scheint so viel Orientierungslosigkeit zu sein, daß wir jetzt gefordert sind«, sagt Anselm Weber (31). Er begnügt sich nicht mit starken Sprüchen. Als Weber im Hamburger Schauspielhaus »Kritik in Festung« von Rainald Goetz (39) uraufführte, inszenierte er den dritten Teil als Abgesang auf das Theater.

2. Station: Andreas Kriegenburg

»Meine Proben bestehen zu drei Vierteln daraus, daß wir über die jeweilige Szene sprechen. Nur so formt sich das Ensemble«, sagt Andreas Kriegenburg (31). Doch nun, zwei Wochen bevor Brechts »Der gute Mensch von Sezuan« Premiere hat, ist der Regisseur mit den Schauspielern auf die Hauptbühne gezogen. Da sind andere Dinge wichtiger als das gemeinsame Gespräch. Was in der Intimität der Probebühne überzeugte, funktioniert im großen Saal nicht immer. »Artikulation«, ruft Kriegenburg ein ums andere Mal aus dem Zuschauerraum, ärgert sich über die schlampige Bühnentechnik und korrigiert pedantisch kleinste Gesten.»Ich möchte das Theater wieder auf das Wesentliche reduzieren. Darum ist mir jede Handbewegung wichtig«, erklärt er. »Ich nähere mich dabei fast dem Tanztheater.« In seiner Inszenierung des »Othello« an der Berliner Volksbühne verlangte Kriegenburg seinen Schauspielern ein Maß an Artistik ab, das manche Balletttruppe hätte verzweifeln lassen.

Wer mit Andreas Kriegenburg spricht, braucht Zeit. Er spricht langsam, ohne nach Worten zu suchen. Kriegenburg hat keine Eile, entwickelt seine Gedanken peu à peu. Genauso probt er auch. Er weiß, »daß man auf Kreativität, wie sie sich entwickelt, wie sie entsteht, warten muß. Ich gebe nicht dem ersten Impuls nach. Die Konventionen kann man nur verlassen, wenn man immer weiter probiert. Am Ende machen die Schauspieler dann oft ein Angebot, das von einer Skurrilität ist, die sie nie akzeptiert hätten, wenn ich ihnen das aufgepfropft hätte.«

In der Ruhe liegt die Kraft des Andreas Kriegenburg. »Indem man miteinander kreativ ist, wird eine Nähe erreicht, die es möglich macht, einander zuzuhören. Die große Irritation, die im Osten herrscht, fordert geradezu den Rückzug auf das Überschaubare. Und das ist die Konstellation auf der Probe. Es ist zumindest die Möglichkeit einer mitmenschlichen Harmonie und damit ein Gegenpol zur gegenwärtigen deutschen Realität.« An der leiden die Figuren des Theatermachers. Sie sind wund, düster, zerwühlt. Aber sie sind nicht unschuldig. Kriegenburgs »Woyzeck« ist *nicht* das arme Opfer. Er spielt *nicht* die großen Gefühle vorne an der Rampe, sondern er ist, wie alle anderen Figuren dieser Volksbühnen-Inszenierung von 1991 auch, ein Rädchen im Getriebe. Bei den Regisseuren der achtziger Jahre hätte das dazu geführt, daß die Schauspieler zu entindividualisierten Puppen degradiert worden wären. Nicht so bei Kriegenburg. Wenn in seiner Inszenierung von »Stadt der Gerechtigkeit« (1992) ein versprengter Trupp auf einer Rampe quer durch den Zuschauerraum zieht, ist jeder von ihnen kenntlich mit seinen Wünschen, Hoffnungen und Leidenschaften. Kriegenburg interessiert sich für die Bedürfnisse des kleinen Mannes mehr als für die großen Lichtgestalten. Daß der »Othello« bei Hofe spielt, interessiert ihn nur am Rande. Er inszenierte die Tragödie 1993 als eine Familiengeschichte. Die Männer spielen Krieg wie kleine Kinder, Othello ist ein eitler Tropf, Jago ein Psychopath. Es ist Badetag, in Gummikleidung hüpfen die Akteure ins Moorwasser und rutschen über die Bühne. »Danach hatte ich allerdings das Bedürfnis, wieder etwas Politisches zu machen.«

Nun also »Der gute Mensch von Sezuan«, Brechtsches Lehrtheater. »Mich interessiert das Stück weder als Parabel noch als Sozialdrama. Ich will es auf abstrakte Grundsituationen zurückführen: Kälte, Armut, Verlassenheit. Dabei kommt man merkwürdigerweise wieder auf das Brechtsche Mittel der Verfremdung zurück«, sagt Andreas Kriegenburg. Da ist sie wieder, seine Suche nach dem Wesentlichen, der Wunsch, ein Theater der Reduktion zu machen. Mit den opulenten Inszenierungen seiner Altersgenossen vermag er ebensowenig anzufangen wie mit deren Attitüde, genau zu wissen, wo es langgeht. »Ich muß den Text in eine Fragwürdigkeit oder Absurdität auflösen, um ihn annähernd als meinen eigenen behaupten zu können.«

3. Station: Wolfgang Maria Bauer und Leander Haußmann

Die Erwartungen waren hoch. Immerhin war das Werk, das gegeben wurde, zum »Stück des Jahres 1993« gekürt worden. Und als Regisseur wirkte kein Geringerer als Leander Haußmann. Er landete einen furiosen Flop. Und der arme Autor, Wolfgang Maria Bauer, Ensemblemitglied des Münchener Residenztheaters, mußte die Sache alleine ausbaden, als er sich drei Tage nach der mißglückten Uraufführung von»In den Augen eines Fremden« dem Gespräch mit den irritierten Zuschauern stellte. Nein, er könne das Stück nicht erklären, sagte Bauer, nein, er wisse auch nicht, was sich Haußmann gedacht habe, ja, vielleicht habe man zu wenig miteinander geredet.

Irgendwie hatte ich es schon nach der Probe geahnt, daß die Sache schiefgehen würde. Es begann damit, daß ich den Hospitanten – einen von fünfen (!) – für den Meister hielt, was nichts mit meiner Dusseligkeit zu tun hat, sondern damit, daß Haußmanns Ruhm inzwischen so groß ist, daß geklonte Miniausgaben in den Theatern herumsitzen. Als schließlich das Original kommt, wird ein Film eingespielt, allerdings der falsche, und Haußmann zürnt. Das mit dem Film kommt nicht von ungefähr. Wie vielen Autoren seiner Generation geht es Haußmann beim Inszenieren vor allem um Rhythmus, sowohl beim Sprechtempo als auch in der Szenenfolge. Diesen Rhythmus holen sie sich aus der Rockmusik und dem Film, um dann sehr unterschiedlich damit zu verfahren.

Es ist keineswegs so, wie C. Bernd Sucher meint, daß sie sich unisono »bewußt und ziemlich aggressiv in Distanz zu Videoclip-, Fernseh- und Filmästhetiken« begäben. Keiner kann heute Theater machen, ohne sich mit den konkurrierenden Medien auseinanderzusetzen. Leander Haußmann garniert seine Inszenierungen mit melancholischen Musikern aus dem Fundus seiner Generation. »Hoffnung ist alles, was bleibt«, sang Rio Reiser im Berliner »Don Carlos«, »The carnival is over«, intoniert die Musikbox am Bühnenrand in der Bauer-Uraufführung, und in der Münchener Inszenierung von »Romeo und Julia« wird der »GI Blues« der Gruppe Carter the Unstoppable Sex Machine eingespielt, dazu läuft der Darsteller des tödlich getroffenen Mercutio im Kreis, immer weiter und weiter, bis die Musik abbricht, ein letztes »So«, und Mercutio ist tot. Der fulminante *homerun* wurde von Wolfgang Maria Bauer gegeben. Daß er zu sportlichen Höchstleistungen fähig ist, weiß man, seit er bei 1860 München den Mittelstürmer machte und ihm ein Rechtsaußen namens Rudi Völler die Vorlagen gab; danach kickte er in der zweiten Liga bei der Spielvereinigung Unterhaching, bevor er mit 25 Jahren dem Profifußball entsagte.

Ungefähr zu dieser Zeit begegnete ich ihm zum ersten Mal in einem Seminar über Schopenhauer und Arno Schmidt. Bauer studierte damals Philosophie und bastelte an seiner Diplomarbeit über die Ideenlehre bei Plato und den Doors. Als sie wegen mangelnder Wissenschaftlichkeit abgelehnt wurde, begann er mit dem Theaterspielen. Ich erinnere mich an einen Schwitters-Abend im Münchener Kunstverein, bei dem Bauer ungelenk die »Anna Blume« vortrug. »Du bist der einzige, der das noch weiß«, sagt der Hüne mit dem markanten, kahlgeschorenen Schädel und schlägt mir auf die Schulter.

Wir sitzen in der Kantine des Residenztheaters. Bauer ist gerne hier. »Theater, das ist ein Anachronismus, eine Art Museum der normalen Begegnung von Menschen.« Wolfgang Bauer ist sensibel und kompromißlos. Steven Spielberg hatte ihn für »Schindlers Liste« verpflichtet. Einen Tag lang saß Bauer in der nachgebauten KZ-Kulisse in Polen und sah, wie die Komparsen in der Kälte schlotterten, »ein gespenstisches Bild«. Bauer packte seine Sachen und fuhr nach München zurück. Dort kommt er her, dort wird er nicht bleiben. 1995 geht er zu Peter Brook nach Paris.

Daß mit Wolfgang Maria Bauer ein Schauspieler zum Dramatiker avanciert, kommt nicht von ungefähr. Auch Klaus Pohl, dessen »Karate-Billi kehrt zurück« das erfolgreichste deutsche Stück der letzten Jahre war, ist von Haus aus Darsteller. Die beiden sind nur zwei der jungen Autoren, die den Bühnen die Gegenwartsstücke liefern, die sie so lange entbehrten. Viele davon setzen sich mit der deutschen Provinzrealität auseinander. »Gedeckte Tische« von Anna Langhoff (29) handelt vom alltäglichen Rassismus in einem Flüchtlingsheim, Kerstin Specht (31) siedelte ihre Stücke »Amiwiesen« (1989) und »Mond auf dem Rücken« (1991) in ihrer fränkischen Heimat an, »Grazkunst« waren die Dramen von Werner Schwab, der am 1. Januar 1994 im Alter von 35 Jahren einem Herzschlag erlag, und im Lausitzer Braunkohlenrevier läßt der 33jährige Oliver Bukowski Figuren wie das Ehepaar Gretschke agieren, das in »Londn – LÄ – Lübbenau« an den Tücken der Marktwirtschaft scheitert.

4. Station: Martin Schüler

In Bukowskis Heimatstadt Cottbus kostet die teuerste Theaterkarte 20 Mark, das billigste Ticket ist für 2,50 DM zu haben! Und Cottbus ist nicht *irgendein* Provinztheater. Das Dreispartenhaus residiert in Deutschlands wohl schönstem Jugendstilbau, Intendant ist Christoph Schroth, dessen Schweriner Inszenierungen zu DDR-Zeiten eine Pilgerstätte der Theaterfans waren. Als Operndirektor holte Schroth sich 1991 einen jungen Mann von damals 33 Jahren: Martin Schüler, einer aus der Region, geboren gleich um die Ecke in Finsterwalde. Stationen einer Regisseurbiographie Ost: als

22jähriger Assistent bei Harry Kupfer, danach Studium an der Hochschule für Darstellende Künste Hanns Eisler, Inszenierungen in Dresden und Halle, Schüler bei Ruth Berghaus an der Akademie der Künste, danach mit Peter Konwitschny am Landestheater Halle, 1990 und '91 erste Arbeiten im Westen. »Die dortigen Opernregisseure haben handwerklich zu wenig gelernt«, findet Martin Schüler. »In der DDR konnte man erst einmal drauflos inszenieren. Im Westen ist von Anfang an der Druck da. Ich könnte nie Operndirektor in Hamburg oder Bremen sein: Man muß die Leute doch kennen, für die man arbeitet.«

Er parkt seinen dunkelroten Lada vor dem Horten. Schüler fährt einen Combi, er ist Vater von drei Kindern. Obwohl es früher Nachmittag ist, hat der Operndirektor bereits die Abendgarderobe angelegt. Wenn er im schwarzen Anzug über die Gänge des Funktionsgebäudes neben dem Kaufhaus geht, in der Hand die abgetragene Aktentasche, erinnert er an einen jungen Standesbeamten. »Ich bin Operndirektor geworden, um mir die Bedingungen zu schaffen, die ich brauche, zum Beispiel, was die Probenzeit anbelangt. Auf eine Inszenierung bereite ich mich ein Jahr lang vor, geprobt wird mindestens zehn Wochen.« Das Telefon klingelt, »ein Agent, und das am Sonntag«, mokiert sich Martin Schüler, nachdem er aufgelegt hat. »Ich hasse diese Agentur-Sänger, die ihr Leben lang eine Partie singen. Lieber entwickle ich neue Leute. Ich will wieder hin zum Ensembletheater. Mich fasziniert die Chorarbeit. Da liegt die große Herausforderung der Oper. Aber wer inszeniert heute noch den Chor?« fragt Schüler. »*Ich* habe eine große Magnettafel, auf der jeder Chorsänger inszeniert wird.«

Martin Schüler strahlt Beflissenheit aus. Fragen beantwortet er häufig mit »Ja, absolut. Aber ...« Ich will wissen, ob sich das Theater in Ostdeutschland mit der Gegenwart herumschlagen solle. »Ja, absolut. Aber Kunst muß Kunst bleiben«, findet Schüler. Die Zeit des Aufklärungstheaters sei vorbei. »In den siebziger und achtziger Jahren war die Provokation auf der Bühne eine schöne Abwechslung, heute findet die Provokation im Alltag statt, denken Sie nur an die Arbeitslosenzahlen. Theater muß wieder verführen und verzaubern. Ich ändere allmählich die Farbe eines Stückes. Das sollen die Zuschauer mitbekommen.« »Farbe«, dieser Begriff fällt häufig bei Martin Schüler, ob er von Klang, Konzept oder Bühne spricht. Musik und Dramaturgie bilden für ihn einen farblichen Zusammenhang.

Die Bildermacher

»Wenn ich etwas hasse, dann ist es die Botschaft, die Message auf dem Theater. Der Regisseur ist kein Engel der Botschaft. Fünfzig Prozent meiner Inszenierungen gelten der Verteidigung der Schönheit von Theater. Ich will dieses Staunen wiederhaben über einen sich drehenden Turm oder einen Zaubertrick. Das ist nicht nur Effekthascherei, sondern Faszination des Spielerischen«, sagt Leander Haußmann. Damit die Verzauberung gelingt, hat er einen Gehilfen, den Bühnenbildner Bernhard Kleber (32). Ob in »Don Carlos«, »Clavigo« oder »Romeo und Julia«, Kleber gibt der Haußmannschen Phantasie den Raum, den sie braucht. Bisweilen sind seine Bilder so übermächtig, daß der Blick des Betrachters »unvermittelt von den an der Rampe Agierenden in die weiteste Ferne rückt und den Rezensenten entrücken läßt« (Arnd Westermann). Für die Münchener Uraufführung des Wolfgang-Bauer-Stückes baute Kleber einen halbrunden Tanzsaal, vergitterte Fenster, eine kleine Bühne mit Vorhang, der einen breiten Spalt frei ließ, als blicke man von innen her durch eine Pupille – und mit einem Mal waren die Zuschauer tatsächlich »In den Augen eines Fremden.«

In den siebziger Jahren hatte eine Bühne gefälligst zu funktionieren, in den achtzigern war Erlesenes fürs Auge gefragt. Jetzt, in den neunzigern, fordern die Regisseure Farben *und* Funktion. »Ich biete dem Regisseur etwas an, eine Materialiensammlung, das ist wie ein Steinbruch. Daraus kann er sich dann bedienen«, sagt Bert Neumann (33). Sein braunes Jackett ist aus dem Secondhandladen, das karierte Flanellhemd verschossen. In Andreas Kriegenburgs Inszenierung von »Der gute Mensch von Sezuan«, für die Neumann Kostüme und Bühnenbild gemacht hat, laufen alle Schauspieler in grauen Anzügen in Einheitsgröße herum. »Die haben wir von der Stange gekauft. Die meisten Materialien für meine Bühnenbilder finde ich, wenn ich durch die Straßen laufe.« Bert Neumann will – wie die Regisseure der Volksbühne auch – die Erfahrungen des Alltags auf die Bühne bringen. »Dabei geraten sie auf eine andere Realitätsebene. Das funktioniert aber nur, wenn ich sie nicht pur dahinstelle, dann würden sie eigenartigerweise aussehen wie Kulisse, sondern ich muß sie auf das Wesentliche reduzieren.« Wer sich Neumanns Bühnenbilder ansieht, stellt fest, daß er sie immer weiter vereinfacht hat. Aber je schlichter der Raum, um so größer die Wirkung einzelner, gezielt eingesetzter Elemente. In »Stadt der Gerechtigkeit« von Lew Lunz erzählen drei Schaukeln eine Geschichte vom vergeblichen Hoffen, in »Alkestis«, dem »Spiel vom Tod«, rollt ein metergroßer Gummiball auf die Bühne und verkörpert Last und Leichtigkeit in einem. »Der Raum ist wie eine Besetzung. Er darf jedoch nicht zu viel festlegen, sondern muß Platz für Zufälligkeiten lassen«, sagt der Bühnenbildner. »Ich will weg von einer Monoästhetik.«

Zu DDR-Zeiten arbeitete Bert Neumann frei. Unter den damaligen Bedingungen mochte er sich nicht fest an ein Haus binden. »Jetzt habe ich hier an der Volksbühne die riesige Chance, meine Vorstellungen von Theater zu verwirklichen.« Neumann ist Ausstattungsleiter im Haus am Rosa-Luxemburg-Platz. Neben Bühnenbild und Kostüm hat er auch das Werbekonzept des Hauses entwickelt, zunächst die Streichholzschachteln, dann die Kondompackungen. Und statt eines Programmheftes bekommen die Zuschauer in der Volksbühne schon einmal eine Taschenlampe, Kokosnuß oder Zigarettenpackungen Marke »Ost« in die Hand gedrückt.

5. Station: Christoph Schlingensief

Christoph Schlingensief war nicht aufzufinden. Der Regisseur, dessen Filme wie »Terror 2000«, »Das Kettensägenmassaker« und »Letzte Nacht im Führerbunker« regelmäßig für Eklats sorgten, hatte an der Berliner Volksbühne »Kühnen '94. Bring mir den Kopf von Adolf Hitler« inszeniert. Eine Woche nach der Premiere bin ich mit ihm in der Theaterkantine verabredet. Die Pressefrau und ich suchen erst einmal eine halbe Stunde, bis wir ihn im Stellwerk finden, wo er einen der Filme für die abendliche Vorstellung neu geschnitten hatte. In »Kühnen '94« montiert Schlingensief zusammen, was »irgendwie« zusammengehört: Dialoge zwischen den Protagonisten der rechten Szene von Althans bis Schirinowski, Kurzfilme über Tod und Verwesung, Slapsticknummern mit dem Figurenarsenal seiner Filme und Reden des Regisseurs Schlingensief an seine Kritiker. »Was mich nach meiner Inszenierung hier geärgert hat, war die Behauptung, ich würde auf Effekt inszenieren«, sagt Christoph Schlingensief. »Dabei mache ich etwas ganz Aufrichtiges.« Und so bereitet es ihm sichtbares Vergnügen, ein ums andere Mal von der Bühne zu verkünden: »Also, das ist jetzt eine Tabuverletzung und Provokation, Tabuverletzung als Provokation, Provokation als Tabuverletzung ...«

Manche Kritiker finden das kindisch. Schlingensief sieht darin eine adäquate Form, sich mit dem Theater der Vorgängergenerationen auseinanderzusetzen. »Die 68er dachten, sie hätten die Bewältigung des Faschismus gepachtet, jetzt müssen sie lernen, daß es anders ist«, sagt er. Sein Gestus ist nicht die Anklage. »Die Basis meiner Arbeit ist Angst, sind Obsessionen, nicht als Selbstzweck, sondern: Nur in der Katastrophe steht der Kleinbürger wirklich fest, ihn will ich zeigen im Kampf gegen sich selber. Darum brauche ich die Extreme.« Christoph Schlingensief wirkt müde. Er hat das schon hundertmal erklärt. »Alexander Kluge hat mich verstanden. Er hat sich die Inszenierung angesehen und danach gesagt, man müsse das wie eine Oper sehen. Oder noch eher wie ein Musikstück, das man ja auch nicht ›verstehen‹ will. Mir ist der Rhythmus der Szenen sehr wichtig. Aber nicht irgendein Gleichmaß, eher wie Jazz. Wie eine Jazzoper.« Plötzlich ist er hellwach. Mir fällt ein, das Leander Haußmann, dessen Theater so ganz anders ist, ein ähnliches Verständnis von Theater und Rhythmus gezeigt hatte. Doch das kann ich Schlingensief nicht mehr sagen. Denn er muß auf die Bühne – als sein eigener Hauptdarsteller.

Im Off: Keine Endstation

Es gebe, schreibt Sven Ricklefs, für die »Jungen Regisseure« kein »Äquivalent in einer jungen Kritik«. Sie müssen die Kritik schon selbst inszenieren, wie Anselm Weber es mit »Kritik in Festung« von Rainald Goetz getan hatte. Weber beklagt, »daß die jungen Regisseure nicht von jungen *Kritikern* besprochen werden, sondern von einer Generation, die über klare Kategorien der Unterscheidung zwischen Jung und Alt verfügt und die von den Jungen ihre eigene Jugend zurückfordert«. Bei längerem Nachsinnen fällt mir lediglich

Wolfgang Höbel von der *Süddeutschen Zeitung* ein – und der schrieb immer schon so, als habe er Max Reinhardt noch persönlich gekannt.

Nur selten schafft es ein Off-Theater, in den Spalten der großen Blätter kritisiert zu werden. Aus gutem Grund: Sie boten in den achtziger Jahren häufig ein Bild des Jammers. Dort trafen sich die, die den Sprung an die großen Häuser verpaßt hatten, mit denen, deren radikale Gesinnung in reziprokem Verhältnis zu ihrem schauspielerischen Vermögen stand. Geeint waren sie im Bemühen, die ABM-Stellen, die der sozialdemokratische Kultursenator bewilligt hatte, verlängert zu bekommen, die Kündigung des Mietvertrages noch einmal hinauszuschieben und den VW-Bus für die sommerliche Probenphase in der Toskana flottzumachen. Künstlerische Erwägungen mußten da zurückstehen.

In den Neunzigern ist das anders. Andrej Woron und seinem Teatr Kreatur gelang es als erster freier Gruppe, zum Berliner Theatertreffen eingeladen zu werden; ihre magischen Bilderwelten aus der Welt des galizischen Judentums errichten sie in Kreuzberg stets vor vollem Haus. Stefan Bachmanns Theater Affekt ging aus einer Studententruppe hervor. Mit leichter Hand trieb Bachmann (28) zunächst Shakespeares »Titus Andronicus« die martialische Schwere aus, dann inszenierte er die »Lysistrate« als Kammerkomödie, in der die Herren Krieger froh sind, am Ende das Schwert mit dem Bettzipfel vertauschen zu können, nun führt er Regie im Bonner Schauspiel und an der Berliner Volksbühne.

»Ihre Musik ist Punk und Rock'n'Roll. Ihre Inszenierungen leben weniger vom ideologischen Überbau denn vom Rhythmus der Sprache und der Szenenfolge.« Der Theaterreisende ist müde. Er schlurft durch das Parkett. Er hört kaum auf das Ende des Textes aus dem Souffleurkasten: »Ihr Theater ist farbig im Klang und in den Bildern. Es ist nicht jenseits der Realität, sondern ganz und gar von dieser Welt. Und doch entführt es in eine andere.« Der Vorhang ist schon lange gefallen. Die Stimme aus dem Off spricht weiter. »Die einen kommen als Sandmännchen, die anderen als Kidnapper. Und im besten Falle sind sie beides: Zauberer und Zertrümmerer.« Ich hole meinen Mantel an der Garderobe. Durch die verschlossene Tür höre ich noch: »Sie eint das Bewußtsein, daß sie nun an der Reihe sind. Die Regiepulte haben sie schon. Die Intendanzen kriegen sie gerade.« Draußen pfeift der Wind. Es war schön. Die Reise ist zu Ende. Sie beginnt erst.

Zaungäste: Vergiß die Siebziger

Verstanden habe ich das mit den grünen Parkas nie. Aber getragen habe ich ihn auch. Damals auf dem Schulhof, Mitte der siebziger Jahre, gehörte er einfach dazu. Es gab im wesentlichen zwei Modelle: wattiert oder mit Futter zum Herausknöpfen. »Und in der Tasche oben links die Haarbürste!«, »Oder den Kamm mit dem breiten, geschwungenen Griff!«, erinnern wir uns heute. Dann das Déjà-vu, als ich Ende der achtziger Jahre zum ersten Mal die DDR bereiste. Da hingen sie über den Stühlen beim Gesprächskreis der evangelischen Studentengemeinde oder an den Garderobenhaken der Deutschen Bibliothek, olivgrün, Seit' an Seit'. Das Paradoxe am Parka war, daß wir ihn anzogen, als eigentlich jeder anders sein wollte als die anderen. Und gegen Bundeswehr und Militarismus war man sowieso. Warum trugen wir jenes Kleidungsstück, das wie kein anderes für Uniformität und kriegerisches Getue steht? Es steckte mehr dahinter als das Diktat der Moden. Wie »Rock 'n' Roll und Beat, Jeans und Minirock« stand er »für das Einebnen sozialer Distinktionen und die Erweiterung der Kommunikation über Klassen- und Schichtschranken hinaus« (Cora Stephan). Der Parka machte uns so gleich, wie alle Menschen der sozialistischen Lehre nach sein sollten. Aber der Parka war noch mehr. Im Tragen des Parkas manifestierte sich der Widerspruch unserer Jugendjahre: Als wir Mauerkinder in das Alter kamen, in dem *alles möglich* ist, hatten die Revolutionäre von 1968 gerade entdeckt, daß das Gegenteil der Fall ist. Wer einen Parka anhatte, solidarisierte sich mit uns dagegen, daß »die Gesellschaft«, die zu jener Zeit an allem schuld war, uns die Freiheiten wieder vorenthielt, die die Älteren sich noch einfach hatten nehmen können.

1968 – das hatte auch geheißen: Alles wird gut. Was in den Neunzigern als ironische Durchhalteparole kursiert, war damals durchaus ernst gemeint – und ist es bei unseren großen Brüdern bis heute: »Noch im späteren Protest gegen Konsumterror und Warenästhetik steckte die prosaische Selbstverständlichkeit, mit der die 78er erwarteten, daß immer alles nur besser werden konnte«, schreibt Reinhard Mohr. Dahinter verbarg sich die Aufbruchstimmung der frühen siebziger Jahre. Willy Brandt war Kanzler. Zukunft schien planbar. Die Wirtschaft wurde per Globalsteuerung auf Trab gebracht, das Kanzleramt zur Ideenschmiede ausgebaut.

Als der »Club of Rome« 1972 seinen ersten Bericht über »Die Grenzen des Wachstums« vorlegte, stieß er zunächst auf taube Ohren. Doch dann wurden innerhalb von wenigen Monaten 2,5 Millionen Exemplare der Warnschrift verkauft. Acht Jahre später war es der US-Präsident Jimmy Carter persönlich, der die Studie »Global 2000« in Auftrag gab, die zu ähnlichen Befunden wie der »Club of Rome« kommen sollte. Das sperrige Buch stand in vielen Kiefernregalen, die man in jener Zeit erstmals selber bei IKEA abholen konnte und nicht länger nur als Staffage in Schwedenheften zu sehen bekam.

Mehr noch als das schwedische Möbelhaus war jener Versandhandel typisch für die Siebziger, bei dem man den »Global 2000«-Wälzer per Nachnahme bestellte: 2001. Der irgendwie *alternative* Vertrieb schickte in unregelmäßigen Abständen sein »Merkheft« ins Haus. Wenn man jung war und in der Provinz lebte, war dies die *lifeline* zu dem, was draußen in der Welt vorging. Was Herr Lutz Reinke in der »Hausmitteilung« empfahl oder was die vornamenlose Frau Susemihl mir auf der letzten Seite ans Herz legte, ich füllte den Bestellzettel aus und wartete, bis der Postmann klingelte, unter dem Arm Preziosen wie den kompletten Cat Stevens – samt Songbook.

Finanziert wurden derlei Einkäufe meist aus dem Erlös der Klassenzeitung, deren Texte unter der Bank entstanden und beim Hausmeister in Druck gegeben wurden. Der mußte dafür zwar mit einer Flasche Schnaps entlohnt werden, es blieb dennoch genug übrig, damit die nächste 2001-Bestellung ihren Weg gehen konnte. Es hätte so weiterlaufen können, wenn nicht der Eintritt in die Oberstufe dem ein Ende gemacht hätte; die war reformiert, und das hieß, daß ein sozialistisches Ideal in die Tat umgesetzt wurde: Es gab keine Klassen mehr. Das bedeutete das Aus für die 10A-Times. Die Trauer darüber wurde nur dadurch gemildert, daß auch das Merkheft nicht mehr dasselbe war wie früher. Immer öfter tauchten Titel auf wie »Der Gesang der Wale« oder »Homöopathie für Hunde«. Der Postmann mußte nicht mehr kommen.

Bleierne Zeit

Die Phase der zerstörten Illusionen war angebrochen. Im November 1976 sang Wolf Biermann in Köln, Veranstalter war übrigens die IG Metall, es war das einzige Mal in der Geschichte der Bundesrepublik, daß eine Kulturveranstaltung einer Gewerkschaft etwas bewegt hat. Der WDR übertrug live im dritten Programm, ich verstand nicht alles, aber mochte ihn irgendwie, diesen Kauz aus einem fremden Land, außerdem fand ich ja auch: »So muß es sein, so wird es sein.« Einen Tag später wurde Biermann ausgebürgert. Spätestens seit diesem Tag wußte ein jeder, der jung war in der DDR, daß nichts so sein würde, wie es sollte. Im Osten wie im Westen zog die *bleierne Zeit* herauf.

Als im Herbst 1977 der Arbeitgeberpräsident Hanns Martin Schleyer von der RAF entführt wurde, machten wir Familienurlaub im Schwarzwald. Im Autoradio hörten wir, daß die Leiche des Ermordeten auf der anderen Seite der Grenze, im Elsaß, aufgefunden worden war. Für den Weg in das Ferienquartier brauchten wir Stunden, alle paar Kilometer kam eine Polizeikontrolle. Ich haßte diesen Staat. Wir alle haßten diesen Staat. Es gehörte zum guten Ton. Wann das Rollback angefangen hat, läßt sich im nachhinein nicht mehr genau sagen. War es nach dem Attentat der Palästinenser bei den Olympischen Spielen von 1972? Oder erst, seit die OPEC die Ölpreise erhöhte und uns zu dämmern begann, daß die Sache mit den »Grenzen des Wachstums« tatsächlich ernst werden könnte? Ich weiß nur, wann ich subjektiv zum ersten Mal das Gefühl hatte, einer betrogenen Generation anzugehören.

Es muß 1973 gewesen sein, als ich, frischgewählter Klassensprecher der Sexta A, zu meiner ersten Sitzung der *Schülermitverwaltung* ging. Die *Es-Em-Vau* war ein Kind der Bildungsreform, wurde jedoch bald in *Es-Vau* umbenannt, *Schülervertretung; mitverwalten*, das ging denn doch zu weit. Da saßen sie dann im Primanerraum oben unter dem Dach mit ihren langen Haaren und Bärten, auf der Fensterbank sitzend wurde »gehascht«. Und ich kam dazu und dachte: »Scheiße, zu spät.« Für uns gab es die Revolte nur noch secondhand – was dann schon fast wieder im Trend lag, schließlich machten selbst in der Provinz Läden für Abgetragenes und Ausrangiertes auf, die erst in den achtziger Jahren Parfümerien, Immobilienmaklern und Notunterkünften für Asylbewerber weichen sollten.

Neue Bewegungen

In der achten Klasse bekamen wir einen neuen Geschichtslehrer. Wir duzten ihn bald – so lange, bis der Direktor davon Wind bekam und es verbot. Mit Gert Blumentritt, so hieß der Pädagoge, begegnete mir erstmals ein Vertreter der 78er Generation, zu jung, um selbst 1968 dabeigewesen zu sein, dafür aber jede Menge Flausen im Kopf. Eines Montags kam er verspätet und völlig aufgelöst zur ersten Stunde. Er hatte das Wochenende in Brokdorf verbracht. Seine Erzählungen inspirierten mich zu einem Gedicht für die Klassenzeitung: »Blumentritt tritt um die Ecke / Blumentritt tritt über die Elbe / Blumentritt tritt nach Brokdorf / Blumen tritt Brokdorf / Blumen tritt Dorf / Blumen tritt / Blumentritt tritt zurück / Brokdorf Atomkraft Kernkraftwerk / Brokdorf tritt zurück: Blumentritt! / Brokdorf bröckelt / Bröckeldorf Atom Blumentritt / au! aus! oder? / Bröckelnder Blumenatom tritt / bis zur / bröckelnden Atomkraft / Dann der Knall: ENDE!«

1975 hatten wütende Weinbauern in Wyhl das Areal eines geplanten Kernkraftwerkes besetzt. Die »Atomkraft-Nein-danke«-Bewegung war geboren. Im Badischen ging die Angelegenheit noch friedlich ab, danach war es mit der Ruhe vorbei. In Brokdorf eskalierte die Auseinandersetzung zwischen den Demonstranten und einem Staat, der vom RAF-Terror hysterisiert war. Das Ganze wurde zur Routine: Ob Kalkar, Gorleben oder Wackersdorf, die Demonstranten waren meist schon da, bevor die Bagger kamen. Als sich erwies, daß Bürgerinitiative lohnt, ging es nicht länger nur gegen die Atomlobby. Man demonstrierte für alles und jeden. Unsere Jugendgottesdienste hatten Themen wie »Jesus, ein Radikaler im öffentlichen Dienst«, besonders stolz waren wir, wenn wir den örtlichen CDU-Bundestagsabgeordneten aus der Sonntagsmesse geekelt hatten, danach verkauften wir Nicaragua-Kaffee. (Nur als ich zur Kommunion auf der Orgel meditativ »Je t'aime« improvisierte, gab es ein halbes Jahr Spielverbot. Wobei ich mich heute noch frage, woher der Pfarrer die zarte Melodie kannte.) Später bildeten wir Menschenketten für den Frieden. Das war 1983, nach dem NATO-Doppelbeschluß. Aber dann war es vorbei mit der Demonstriererei, zumindest für uns.

Begegnung mit Zaungästen

Als wir Anfang der achtziger Jahre die Universitäten betraten, wurde uns rasch klar, daß die Protestkultur der siebziger am Ende war. Spätestens nach dem dritten langatmigen Diskurs baten wir den Vertreter der Marxistischen Gruppe, er möge doch anderswo agitieren, die müden Gesichter der AStA-Vertreter am Infostand luden zum Vorübergehen ein, die Flugblätter auf dem Mensatisch dienten als Unterlagen für Stammessen III. Es war mehr ein vages Gefühl als eine Erkenntnis, aber irgendwie hatten wir kapiert, daß Dagegensein allein nicht reicht und es beim Marsch durch die Institutionen nicht schaden könne, zuvor die eine oder andere Qualifikation erworben zu haben. Wir begaben uns in die Startlöcher, verständnislos beäugt von den Älteren, die wir wenig später in den Hauptseminaren treffen und überrunden sollten.

»Wer im jugendlichen Alter von dreißig mit einem Fuß bereits auf festerem Boden stand«, habe den 78ern »schon als erfolgsbesessener Senkrechtstarter« gegolten, schreibt Reinhard Mohr über die Zaungäste. Unversehens waren aus denen, die sich inmitten der Zeitläufte wähnten, Zuschauer geworden. Plötzlich saßen die, denen wir immer hinterhergehinkt waren, zwischen allen Stühlen. »Bei ihren älteren Brüdern und Schwestern konnten die 78er studieren, wie traurig es um einst historische Gestalten bestellt war, die immer noch der angeblich vertanen Chance des Sommers 1968 nachtrauerten und sich an den Theken der Szenekneipen festklammerten, um nicht ins Bodenlose zu fallen. An den Jüngeren entdeckten die 78er dagegen jene scheinbar unangreifbare Unbekümmertheit, die mal als frischfröhliche oder abgrundtiefe Protestemphase, mal als abgeklärt professionelle Coolness daherkam.« (Reinhard Mohr) Eingeklemmt zwischen »gereiften Ex-Hippies und erfolgsorientierten Pseudo-Yuppies« begaben sich die 78er auf die Flucht. Ruhe und Halt suchten sie unter Gleichgesinnten, die Wohngemeinschaft war als einzig adäquate Form des Zusammenlebens längst etabliert, dazu traten Gruppen für alle Lebensbereiche: Männer- und Frauengruppen, Schweige- und Schreigruppen, Krabbel- und Sabbelgruppen. Das Kollektiv, so Reinhard Mohr, galt als »höchstes Stadium der Menschheitsgeschichte«. Andere, so berichtet er, hätten sich gänzlich zurückgezogen »und lasen jenseits aller Studien- und Prüfungsordnungen ›den ganzen Proust‹ oder ›alles von Flaubert‹.« Hauptsache, die Unbill der Welt blieb fern.

In der DDR hießen die 78er »Kunden«, trugen auch in den späten Achtzigern noch lange Haare und Bart (er), weite Röcke (sie), Nickelbrillen und Jesuslatschen (er und sie). Für sie fand sich stets eine Nische, die es ihnen ermöglichte, in Ruhe den Strukturalismus zu studieren oder den irgendwie doch nicht so verkehrten Ansatz bei Marx und Engels herauszufiltern. Seit 1989 sind sie mit der Notwendigkeit konfrontiert, ihren Lebensunterhalt zu verdienen.

In Westdeutschland war bereits Ende der siebziger Jahre die traurige Gestalt des diplomierten Taxifahrers aufgetreten. Ich gestehe, daß es mich immer aufs neue befremdet, wenn ich in Berlin in ein Taxi einsteige, dessen Fahrer ein vierzigjähriger Germanistikstudent im 34. Semester ist. Sie sind die klassischen *loser*, die archetypischen Vertreter der

»historisch ›überflüssigen‹ Zwischengeneration«, als die Reinhard Mohr seine Altersgenossen sieht. Ihre Aussichten sind dürftig: »1. Schwebezustand (Perspektive: unklar, Jobs, kleine Deals). 2. Hastig das Examen gemacht (Perspektive: Arbeitslosigkeit). 3. Taxifahren (Perspektive: aufs Land gehen oder auswandern). 4. Schnell noch einen Job in den Medien, in der Schule oder an der Uni ergattern« (Matthias Horx).

Vergiß die Siebziger. Konjunktur habe sie lediglich als Forschungsobjekt der Kollegen Sachbuchautoren, bei deren Hervorbringungen bereits die Titel signalisieren, was sie von ihrer Klientel halten. »Von der Nutzlosigkeit erwachsen zu werden«, »Aufstand im Schlaraffenland«, »Der Betroffenheitskult«, »Zaungäste«. Daß man in den Weiten Arizonas der Zeit offensichtlich ein bißchen hinterhinkt, wird an Douglas Couplands *Geschichten für eine immer schneller werdende Kultur* deutlich. Die »Generation X«, die er beschreibt, ist zwar genauso alt wie wir. Aber ihre Attitüden sind die der 78er.

Deren Schuhe mußten wir jahrelang auftragen. Jetzt sind wir herausgewachsen, dieweil sie noch in den alten Stiefeln stecken. Nehmen wir zum Beispiel H. Mit Anfang 40 sieht er aus wie Mitte 20. H. ist braungebrannt, alle zwei Monate nach Gomera, das muß schon sein, denn dort wartet eine Schar Gleichaltriger auf ihn. H. ist durchtrainiert, denn eigentlich, ja eigentlich ist er von Beruf Lehrer für Aikido-Zen. Schade nur, daß sein Freund, in dessen Schule er lehrt, chronisch klamm ist. Damit der Schuldenberg nicht weitersteigt, schiebt H. Nachtwache im Krankenhaus. Irgendwie ätzt ihn das alles an. Irgendwie will er es so, wie es ist. Irgendwie könnte er wohl auch nicht mehr anders.

Die Tragik der 78er liegt darin, daß sie nicht fähig waren zum Brudermord an den großen Geschwistern von 1968. Wie sollten sie auch, gab doch die politische Entwicklung bis

1989 keinerlei Anlaß dazu. Jetzt ist es für sie zu spät. Sie bleiben auf der Zuschauertribüne. Die Spieler sind wir. Die Spielregeln haben wir nicht selbst erfunden. Wir haben, wie die *Prinzen* singen, »alles nur geklaut«. Von den 78ern holten wir uns das Bewußtsein für Fragen der Ökologie und die Funktionsmechanismen der Bürgerbewegungen.

Neues Denken

Im US-Wahlkampf des Jahres 1992 machte eine konservative Gruppe Stimmung für den damals amtierenden Präsidenten George Bush. Ihr Name: »Put the people first«. Umweltschutz schön und gut, so ihr Leitgedanke, im Mittelpunkt müsse jedoch der Mensch stehen. Das paßte gut ins Konzept der Republikaner. Der Demokrat und spätere Vizepräsident Al Gore, der mit seinem Buch »Wege zum Gleichgewicht« einen Bestseller landete, wurde auf ihrem Nominierungsparteitag als »Umweltextremist« abgestempelt, »dem Insekten, Ratten und Vögel wichtiger sind als Familien und Arbeitsplätze«. Inzwischen mehren sich auch in der Bundesrepublik die Stimmen, die in Frage stellen, daß »Natur« ein Wert an sich sei. Bundesforschungsministerium und Deutsche Forschungsgemeinschaft finanzieren ein Projekt, in dem bis 1998 »Die Natürlichkeit der Natur« erforscht, mithin die Frage geklärt werden soll, ob das, was wir unter »Natur« verstehen, natürlich ist oder eine Mogelpackung. Spätestens seit die Autowerbung in Öko macht, glaubt keiner mehr, daß da, wo *Bio* draufsteht, auch Bio drin ist. Peter Sloterdijk kritisierte zu Recht, daß der »Ökologismus« die Züge einer Ersatzreligion angenommen habe.

»Mutter Natur« ist eine Erfindung der Romantik. Kybele, Mama Legba oder Gaia waren *Erd*-Göttinnen, mehr nicht. Die mythische Überhöhung der Natur ist ein Produkt des 19. Jahrhunderts. Weil gleichzeitig die Industrialisierung eingeläutet wurde, prägte das romantische Denken auch die Terminologie derer, die vor den Folgen der Technik warnten.

Das blieb bis weit in die achtziger Jahre unseres Jahrhunderts so. Grenzwerte und Schadstoffbilanzen standen nie für sich, sondern waren stets eingebettet in naturphilosophische Begründungen. Mittlerweile setzt sich die Erkenntnis durch, daß es dem System »Gaia« ziemlich egal ist, was aus dem Menschen wird. Es geht nicht darum, die Welt zu erretten, sondern unsere Um-Welt so in Ordnung zu halten, daß wir darin existieren können. Ökologie, die Lehre vom Haushalten, wird heute wieder auf den wahren, egoistischen Kern zurückgeführt.

Die siebziger Jahre bescherten uns den »grünen Müllexperten«. Sein Dilemma beschreibt Reinhard Mohr damit, daß er als *Grüner* »fest zum grünen Prinzip einer ›ökologischen Kreislaufwirtschaft‹ stand«, das vorsah, den Müll überhaupt und ganz grundsätzlich einfach abzuschaffen, und darum »jede Alibifunktion als Reparaturbetrieb der verfehlten staatlichen Umweltpolitik« strikt abzulehnen hatte, als *Müllexperte* hingegen allzugenau wußte, daß bei derlei Rigorismus weiterhin die verwertbaren Altstoffe mit dem Restmüll ausgeschüttet werden würden.

Wer sich heute um den Müll kümmert, will ihn verringern und damit Geld verdienen – wie Martin Schoeller. Ihm waren in den achtziger Jahren die Berge von Kartons, Stiegen und Paletten aufgefallen, die sich an den Laderampen der Supermärkte türmten. Daraufhin entwickelte er eine Kunststoffkiste, die sich zusammenklappen und somit leicht stapeln läßt. Obendrein ist sie bis zu vierzig Mal benutzbar, danach wird sie geschreddert und zu neuen Kisten verarbeitet. Damit der Umlauf klappt, gründete Martin Schoeller gemeinsam mit einem Spediteur die MTO Mehrweg Transport GmbH, die sich darum kümmert, daß die Ökokiste beim Handel abgeholt, gereinigt und zum Verpacker gebracht wird. Drei Millionen Kisten sind derzeit in Deutschland unterwegs, zehn Millionen sollen es werden; dafür braucht die MTO 35 Depots und 30 Waschanlagen, die ersten fünf sind bereits in Betrieb – nur mit Wasser und ohne chemische Reinigungsmittel.

Öko.o.en: l.g = n.m

»You ain't seen nothin' yet« – »Du hast noch längst nicht alles gesehen« – die alte Rocknummer der Bachmann-Turner-Overdrive aus den siebziger Jahren dröhnt aus dem heruntergelassenen Fenster von Thomas Wagners Firmenwagen. Rund 5000 Kilometer pro Woche fährt er damit. Pro Woche! Der 30jährige Betriebswirt ist seit 1991 Chef der SERO Entsorgung AG. SERO, das kannte jeder in der DDR. Zu den Sammelstellen der »Sekundärrohstofferfassung« brachte das alte Mütterchen seine Flaschen, trugen die Jungpioniere das Altpapier. Die sammelwütigen Ostbürger kassierten ein paar Pfennige, und die Planwirtschaft sparte Devisen für Rohstoffe. 1990 sollte SERO platt gemacht werden, die Annahmestellen schlossen, wochenlang stapelte sich Papier und Glas vor heruntergelassenen Rolläden, Bundesumweltminister Töpfer erklärte, daß ein derartiges System im freien Westen nicht funktioniere. Er irrte. Für »'n Appel und 'n Ei« kaufte der Westfale Wagner das Unternehmen von der Treuhand, einzige Bedingung: 500 Arbeitsplätze sollten erhalten bleiben; heute beschäftigt SERO mehr als doppelt so viele Angestellte. SERO ist einfach besser als der Konkurrent, das Duale System Deutschland; das sind die mit dem »grünen Punkt«. »Weil wir mit unseren Annahmestellen vor Ort sind und die Leute beraten können, sind unsere Rohstoffe zu 98 Prozent sortenrein«, erklärt Thomas Wagner den Erfolg. »So können wir das Zeug praktisch vollständig an die Industrie verkaufen, wo es wiederverwertet wird.« Wagner besucht regelmäßig die 120 SERO-Annahmestellen in Ostdeutschland. 5000 Kilometer kommen da schnell zusammen.

Es hat eine Weile gedauert, doch inzwischen hat sich die Ansicht durchgesetzt, daß sich mit Umweltschutz Geld verdienen läßt. Die Erträge der Öko-Unternehmen wachsen derzeit jährlich um 6 bis 8%. Ihr Marktvolumen liegt in Deutschland bei rund 40 Milliarden DM, weltweit bei etwa 300 Milliarden. Schon heute arbeiten über 600 000 Menschen im Umweltschutzbereich. Die Branche hat Zukunft. Kathrin Ankele (29) wollte eigentlich Verhaltensforscherin werden. Doch statt um Graugänse kümmert sie sich nun um Grauwerte. Die Diplombiologin arbeitet in einem privaten Umweltinstitut in Berlin, bei dem zahlreiche Unternehmen ihre Öko-Bilanzen in Auftrag geben. Mehr und mehr gehört es zum guten Ton, freiwillig das Soll und Haben im Umweltbereich aufzulisten, zu berechnen, wie schädlich der neue Baustoff ist, zu überlegen, wie Transporte umweltfreundlicher abgewickelt werden können. In den Betrieben vermag das kaum einer. Lieber holt man sich einen *Öko-Controller* von außerhalb. Und wenn der etwas zu meckern hat, dann wird es eben verbessert. Noch vor zwanzig Jahren wäre derlei undenkbar gewesen. Selbst diejenigen, die als erste in Öko machten, hatten ein durchaus gebrochenes Verhältnis zum neuentdeckten Objekt der Begierde.

Heute gehört es in den Chefetagen zum guten Ton, schadstoffarme Leinenjacketts zu tragen. Die Bürotische sind aus unbehandeltem Holz – aus Skandinavien und nicht aus den Tropen. Beim Geschäftsessen – Mineralwasser und Light-Produkte – redet man über Emissionsschutz und den letzten Fahrradurlaub an der Ostsee. Zum Termin in der Stadt fährt der Manager der Zukunft mit der S-Bahn statt mit der S-Klasse. Denn den Daimler hat er abgeschafft. Und wenn er doch einmal ein Auto braucht, dann teilt er es sich mit anderen.

Markus und Carsten Petersen gründeten 1990 in Berlin zusammen mit ihrem Bruder Oswald, der mittlerweile in Australien lebt, die STATT-Auto Car-Sharing GmbH.

Ein typisches Kreuzberger Büro. Abgelaufene Dielen, eine große Sperrholzplatte auf Böcken in der Mitte des Raumes. Ungewöhnlich nur der Tresor, der offen herumsteht. »20 von diesen Tresoren sind inzwischen über das ganze Stadtgebiet von Berlin verteilt. Darin liegen die Autoschlüssel für die STATT-Autos«, erklärt Carsten Petersen. Dann geht er zum Samowar, den die Brüder gerade einweihen. »Normalerweise trinkt man Kaffee, weil er schneller zu machen ist als Tee. Der Samowar ist eine effiziente Lösung.«

Mit der Effizienz haben es die beiden, besonders Markus, mit 35 Jahren der Jüngere von ihnen und im Unternehmen für Controlling und Finanzen zuständig: »Ich habe Wirtschaftswissenschaften studiert. Dabei war mir aufgegangen, daß Privateigentum als Organisationsform oft versagt. Verstaatlichung kann's ja wohl auch nicht sein. Ich dachte mir, es müßte doch noch etwas Drittes geben zwischen Staat und Privat. Ich habe das dann in der Diplomarbeit erst einmal theoretisch für der Deutschen liebstes Privateigentum, das Auto, durchgerechnet.« Praktisch wurde es, als die drei Brüder Petersen sich gemeinsam einen Fiat 500 kaufen wollten. Carsten Petersen, heute Marketingchef des Unternehmens, erinnert sich: »In meiner WG haben wir uns das Auto immer geteilt. Der Schlüssel hing am Brett, und wenn er nicht da war, war eben auch das Auto nicht da. Wer es zu einer bestimmten Zeit haben wollte, der hängte einfach einen Bestellzettel ans Brett, fertig. Bei uns drei Brüdern wurde es schwieriger, weil wir in drei verschiedenen WGs lebten, so kam uns die Idee, zur Koordination einen Anrufbeantworter einzuschalten. Dann stießen wir darauf, daß der irgendwie gesteuert sein mußte. Und als Markus mit seiner Diplomarbeit ankam, war die Idee zu STATT-Auto geboren.«

Das Prinzip ist einfach: Das Auto steht an einem bestimmten Platz, im Tresor in der Nähe lagert der Schlüssel dafür. Über eine Buchungszentrale (mit einem einfachen Anrufbeantworter ist es heute nicht mehr getan) kann jeder Teilnehmer den Wagen für eine bestimmte Zeit vorbestellen. »Als ich 1988 ein Stipendium für eine Dissertation bekam, haben wir das zwei Jahre lang im Feldversuch ausprobiert«, erzählt Markus Petersen. »Das Experiment bewährte sich, und so haben wir 1990 die GmbH gegründet.« Vor meinem Gespräch mit den beiden hatte STATT-Auto 1340 Mitglieder, danach eines mehr. An zwanzig Stationen in Berlin kann nun auch ich – mein Auto habe ich verkauft – einen von 74 Pkw leihen – vom Kleinwagen bis zum Minibus. Bezahlt wird nach Zeit und gefahrenen Kilometern: Die Stunde kostet je nach Wagentyp zwischen zwei und sieben Mark, pro Kilometer werden 25 Pfennig fällig, dazu kommt ein Mitgliedsbeitrag von zehn Mark im Monat. Die Zahl der Teilnehmer steigt, bis Ende 1994 sollen es 1700 sein. »Dennoch müssen wir nicht entsprechend mehr Autos anschaffen«, sagt Markus Petersen. »Die Leute lernen mit der Zeit, das Auto weniger zu benutzen, die Effizienz steigt« – und das ist ganz im Sinne des Erfinders.

»Ökonomie und Ökologie sind keine Gegensätze«, meint Max Deml. Der 36jährige gibt zweimal im Monat den Wirtschaftsdienst *Öko-Invest* heraus. Jedes Heft hat ein Schwerpunktthema, etwa »Tropenhölzer«, »Geothermische Energie«, »Gen- und Biotechnologie«, aber auch »Schuhe« und »Südafrika im Wandel«. Akribisch suchen Deml und die Autoren von *Öko-Invest* in den jeweiligen Bereichen nach Unternehmen, in die der Naturbewußte guten Gewissens investieren kann, weil sie umweltverträglich produzieren. Der Clou jeder Ausgabe ist das Öko-Depot, rund 50 Aktientitel, deren Kauf und Verkauf Gewinne verheißen, die zwar weniger hoch sind als bei herkömmlichen Fonds, dafür ihren Halter jedoch ruhig schlafen lassen.

Ich treffe Max Deml am Flughafen München-Erding, ausgerechnet dort, in einem *der* Symbole für sinnlose Naturzerstörung und technologischen Größenwahn. Und dann kommt der Öko-Invester auch noch mit *Austrian Airlines*, an deren Hauptversammlungen er in den achtziger Jahren als »kritischer Aktionär« teilgenommen hatte. Seine erste Berührung mit der Welt der Kurse, Indexe und Renditen hatte Deml während seines Psychologiestudiums. Mit einem Freund, der Wirtschaftswissenschaften studierte, wettete er, wer der bessere Spekulant sei. Deml setzte nur auf eine einzige Aktie, Philips, die er nach Gefühl kaufte und verkaufte. Er schlug den Freund um Längen und lernte überdies, daß es für den Aktionär wichtig ist, sich mit dem Produkt zu identifizieren. Denn für die Philips-Aktie hatte er sich hauptsächlich deswegen entschieden, weil er sich jeden Morgen mit dem Philly-Shave das Barthaar stutzte.

In den frühen achtziger Jahren war Deml in der Friedensbewegung aktiv. »Unsere Studentengruppe wollte mit wenig Aufwand eine große Wirkung beim österreichischen Waffenkonzern Steyr-Puch erziehen. Also haben wir uns jeder eine Aktie des Unternehmens gekauft. 1982 besuchten wir erstmals eine Steyr-Hauptversammlung. Ein Waffenhändler aus den USA, der eigens angereist war, um Provisionsansprüche geltend zu machen, reiste gleich wieder ab, als er die 120 Studenten sah.« Als die kritischen Aktionäre älter und berufstätig wurden, tauchte die Frage auf: Wohin mit dem verdienten Geld? Max Deml suchte nach einer Antwort und gründete das »Forschungsinstitut für ethisch-ökologische Geldanlagen« (FIFEGA), dessen einziger Angestellter er selbst ist – mit einer Drittelstelle. FIFEGA erstellt, überwiegend im Auftrag von Öko-Fonds, Gutachten über die Öko-Ethik einzelner Firmen. Dafür hat Deml einen standardisierten Fragebogen entwickelt. Ein »Unternehmensporträt« kostet rund 2000 DM. »Wer bereits jetzt umweltfreundlich wirtschaftet und nur wenig Schadstoffe produziert, hat es in Zukunft leichter als die Konkurrenz, die bei gesetzlichen Grenzwertverschärfungen erst teure Investitionen vornehmen muß, die ihren Gewinn schmälern. Ganz zu schweigen von dem Vorteil, den ein umweltfreundliches Firmenimage beim Absatz der Produkte hat.«

Die Umwelttechnik ist eine der wenigen Zukunftsbranchen, in der die Deutschen international noch konkurrenzfähig sind. Ansonsten sieht es finster aus, ob in der Genforschung, der Computertechnik oder in der Medizin. Im Bereich der Mikroelektronik wurden 1992 in der Bundesrepublik 181 Patente von Deutschen angemeldet, während 831 Japaner am Münchener Patentamt vorstellig wurden. Im eigenen Land ließen sie sich gar 23000 Computerprodukte patentieren. 23000 zu 181! Schon seit Jahren wandern die besten deutschen Forscher ab in die USA oder gehen gleich nach Japan. Damit Deutschland nicht den Anschluß verliert, fördert die Deutsche Forschungsgemeinschaft (DFG) seit 1987 gezielt den wissenschaftlichen Nachwuchs im eigenen Land. Das Gerhard-Hess-Stipendium gewährt jungen Forschern über Jahre hinweg Gelder in Millionenhöhe. Wer einen Antrag stellt, darf nicht älter als 33 Jahre sein. »Wir können es uns einfach nicht leisten, die alle davonlaufen zu lassen«, erklärt Eva-Maria Streier (35) die Förderung der Jungwissenschaftler durch die ansonsten in ihrer Mittelvergabe eher konservative DFG. Einzige Frau und einzige Geisteswissenschaftlerin unter den Preisträgern des Jahres 1993 war Elisabeth Bronfen (36). Ihr Buch »Her Dead Body« stand in Großbritannien wochenlang in den Bestsellerlisten. Als es in Deutschland erschien, bescherte es der Autorin eine Einladung zu Thomas Gottschalks »Late Night Show«, wo sie sich bei Kerzenbeleuchtung und Chopin-Musik neben Dracula-Darsteller Christopher Lee wiederfand. Ihr Hess-Stipendium ließ sie verfallen, weil sie einen Ruf auf eine Professorenstelle nach Zürich annahm, die DFG-Richtlinien jedoch ausdrücklich vorsehen, daß die Forschungsmittel im Inland verwendet werden.

Neue Frauen

Neben dem Hess-Stipendium vergibt die DFG den noch renommierteren Leibniz-Preis. Gisela Anton (38), Mutter von drei Kindern, erhielt ihn 1994 dafür, daß sie *Amadeus* zu *Elsa* brachte. *Elsa*, das ist ein gigantischer Teilchenbeschleuniger, in dem Atome auf die Geschwindigkeit gebracht werden, die es erlaubt, ihre Eigenschaften zu erforschen. *Amadeus*, das ist ein Detektor (»A Matrix Detector Using Scintillator«), mit dem sich die Reaktionen in *Elsas* Innerem messen lassen. *Amadeus* kann das, ohne dafür ein Magnetfeld aufzubauen. Darum ist er erheblich billiger als herkömmliche Detektoren. Die Praxisnähe ihrer Forschung verschaffte Gisela Anton bei ihren männlichen Kollegen Respekt. Nun hat sie drei Millionen Mark zur Verfügung, um in Ruhe forschen zu können.

Wissenschaft ist nach wie vor eine Männerdomäne. Naturwissenschaften sind es erst recht. Doch mehr und mehr junge Frauen machen sich daran, die Vor*herr*schaft zu knakken. Sie profitieren von den Errungenschaften der Emanzipationsbewegung der siebziger und achtziger Jahre. Doch anders als vielen Frauenbewegten ist ihnen das Lamentieren fremd. Sie nehmen sich ganz selbstverständlich das, was ihnen zusteht. An der Männerwelt arbeiten sie sich nicht mehr ab, sondern belächeln sie milde – wie Martine Dornier-Tiefenthaler. Sie überzeugen dadurch, daß sie schlicht und einfach besser sind als ihre männlichen Kollegen – wie Isabelle Baumann. Sie haben gelernt, nach Niederlagen weiterzufighten – wie Margarita Mathiopoulos.

Ihr erster Anlauf zur Macht scheiterte. Die SPD-Sprecherin Margarita Mathiopoulos wurde 1987 von den Genossen verhindert. Heute ist sie Leiterin des Bereiches Kommunikation und Marketing bei der Norddeutschen Landesbank in Hannover. Bis sie im Sommer 1992 diese Aufgabe übernahm, war sie in der Leitung des ASPEN-Institutes tätig und lehrte in Berlin Politik, erst an der Freien Universität, dann an der Berliner Humboldt-Universität. Margarita Mathiopoulos war eine der ersten Westwissenschaftlerinnen, die sich 1990 an eine ostdeutsche Hochschule trauten. Die Politologin erlebte zwei spannende Jahre lang hautnah den Umbruch der ostdeutschen Forschungslandschaft und initiierte an der Universität Unter den Linden einen europäisch-amerikanischen Dialog.

Pünktlich zum vereinbarten Termin werde ich von Frau Bankdirektorin persönlich am Empfang des Hannoverschen Fünfziger-Jahre-Baus abgeholt. Es dauere noch ein wenig, ich möge mich eine Weile gedulden, bittet sie mich. Kaum eine Stunde später ist sie wieder da, und natürlich habe ich überhaupt keine Chance, ihr böse zu sein, weil sie mich sofort um den Finger wickelt. Der obligate runde Tisch im Direktorenzimmer ist unbenutzbar. Aufrecht, sternförmig um den Mittelpunkt gruppiert, stehen Kunstbände, Kataloge, Programmhefte. »Kunst, Kultur und Wissenschaftspromotion gehört auch zu unserem Bereich. Und ich kann mich nur schwer von einzelnen herausragenden Katalogen trennen«, sagt Margarita Mathiopoulos. Dann schlägt sie vor – es ist halb sieben geworden –, daß wir zum Italiener gehen. Mein knurrender Magen und ich stimmen zu.

Bei Pasta und Prosecco werde ich meine erste Frage los:

Wie es um die Sozialdemokratie und die Dreißigjährigen bestellt sei. Als Antwort erhalte ich einen etwa zehnminütigen Exkurs über die letzten fünf Jahre deutscher Geschichte – vom Ende der Bonner Republik, dem Thema, das sie seit 1989 bewegt, über ihre Erlebnisse im Küchenkabinett de Maizières, die Versäumnisse der Kohl-Regierung bis hin zur Schlafmützigkeit der SPD. »Die SPD braucht neue Visionen. Ohne die kann man keine Politik machen, kann man keine Politikverdrossenheit bekämpfen. Die große politische Kunst ist, das Machbare durchzusetzen, ohne aufzuhören, an der Verwirklichung demokratischer Utopien weiterzuarbeiten.« Die Politikwissenschaftlerin sieht sich nicht als Generalistin. Aber wenn es um deutsche und amerikanische Geschichte oder Politik geht, will sie mitreden. Eine Frau, die dazu etwas zu sagen hat und das auch tut – das ist immer noch ungewöhnlich in Deutschland.

Die Nord LB, die drittgrößte deutsche Landesbank, fungiert als Hausbank der Länder Sachsen-Anhalt und Mecklenburg-Vorpommern und als Girozentrale für die Sparkassen dieser Länder. Der Blick der Hannoveraner Banker geht indes noch weiter nach Osten. Sie sind an der Mitteleuropäischen Handelsbank AG beteiligt, die sich vor allem in Polen engagiert. Warum arbeitet Margarita Mathiopoulos dort als Direktorin? »Die Mischung aus Theorie und Praxis, ein Standbein im praktischen Beruf zu haben und ein Standbein in der Wissenschaft, entspricht meinem Naturell, das versuche ich seit meinem 18. Lebensjahr zu praktizieren«, sagt sie. Sie identifiziert sich mit »ihrer« Bank – und hängt ebenso an ihren Studenten, ob in Berlin – West wie Ost – oder an den Universitäten Braunschweig und Hannover, wo sie heute einmal in der Woche Lehrveranstaltungen über amerikanische Außenpolitik und internationale Beziehungen hält.

Als Isabelle Baumann im November 1992 einen Vortrag darüber hielt, wie sie ihren Ehemann Dieter trainiert, meinten ihre Kollegen am Ende, daß sei ja ganz nett gewesen, aber wohl doch ein wenig unwissenschaftlich. Isabelle Baumann nahm die Kritik zur Kenntnis, mehr nicht. Denn sie wußte es besser. »Die Bedeutung der Laktatwerte wird maßlos überschätzt. Viel wichtiger ist es, die Emotionalität der Läufer zu berücksichtigen.« Das heißt auch, daß die Sportler nicht um jeden Preis am Wettkampf teilnehmen. So sagte Dieter Baumann einer langwierigen Verletzung wegen die Teilnahme an der Leichtathletik-WM im heimischen Stuttgart ab, obwohl er wußte, daß das Publikum auf den Lokalmatador gewartet hatte. »Wir standen vor der Frage: Spritze oder Bein hoch. Und Spritze kommt nicht in Frage.«

Als ich vom Interview mit den Baumanns in mein Hotel zurückkomme, läuft im Fernsehen gerade eine Seifenoper über einen Sportarzt und eine verletzte Leistungssportlerin, die am Ende dem ärztlichen Rat folgt und nicht zum Rennen antritt. Vier Stunden zuvor hatte mich Isabelle Baumann an der Wohnungstür begrüßt, war dann wieder ans Telefon geeilt. »Wenn er starten will, soll er das tun. Wie hat er sich denn heute beim Training gefühlt? ... Gut, ja. Also, wenn er der Meinung ist, daß er da starten soll, ich habe keine Einwände.« Alltag einer Bundestrainerin; mit ihren 31 Jahren ist sie eine der jüngsten in Deutschland und eine der schlechtestbezahlten. »1000 Mark im Monat, da fühlt man sich schon verarscht.«

Ende 1993 wurde Isabelle Baumann zur Langstreckentrainerin des Deutschen Leichtathletikverbandes bestellt – für die Männer wohlgemerkt. »Ich wurde ernannt, ohne vorher gefragt zu werden. Dann haben die Funktionäre mich nach meinem Konzept gefragt. Das sollte ich in ein dafür vorgesehenes Heft eintragen. Ich habe denen das leer zurückgegeben. Ich mag keine Konzepte.« Und keine Funktionäre.

Das sagt Isabelle Baumann zwar nicht, zumindest nicht direkt. Aber wenn sie davon redet, daß sie gerne dazu beitragen würde, die Mißstände in der Leichtathletik zu beheben, ahnt jeder, was und wer gemeint ist. »1989 wurde bei uns alles aus dem DDR-Sport übernommen, weil man dachte, man könne so deren Erfolge einkaufen. Jetzt gibt es Bögen zur Auswertung des Trainings, die kommen aus Leipzig, da braucht man ein Mathestudium plus Taschenrechner. Ich habe für meine Athleten einen eigenen Fragebogen. Mich interessiert nicht die Zeit beim Dauerlauf, sondern wie sich einer dabei gefühlt hat.«

Ich stapfe mit Isabelle Baumann durch den Regen talwärts zur Pizzeria neben dem Bahnhof. 1987 lernte sie ihren Mann kennen. Zunächst trainierte jeder für sich. Er bestritt seine Rennen, holte 1988 in Seoul überraschend Silber, sie betreute die jugendlichen Läufer im baden-württembergischen Landessportbund. Die Wende kam 1989. Dieter Baumann verletzte sich, sie sprach mit ihm über Ursachen, Heilung und begleitete ihn, als er wieder zu laufen begann. Seit dieser Zeit ist Isabelle Baumann die Trainerin ihres Mannes. Der größte gemeinsame Erfolg des Paares: Barcelona 1992, die Goldmedaille über 5000 Meter. »Meine Rolle dabei wurde immer heruntergespielt, nach dem Motto: Der Dieter hätte das auch ohne seine Frau geschafft. Darum waren mir die Erfolge, die ich mit anderen Läufern hatte, wichtiger als die mit ihm.«

Dieter Baumann kommt von der Massage. Der Langstreckler ist bei Journalisten und Publikum seines lockeren Mundwerkes wegen beliebt. Er weiß das und genießt das. »Sport ist eine Bühne, das Rennen ein Drama – und ich bin der Schauspieler«, sagt er, um sich dann wieder seiner Pizza Tonno zu widmen. Ob sie dann die Regisseurin sei, frage ich Isabelle Baumann. »Ich weiß nicht. Eigentlich nicht. Trainer sein ist vor allem Dienstleistung, Service«, und der muß ständig verbessert werden. Im Winter 1993 gingen die Baumanns zum Höhentraining nach Kenia. »Wir sind da Pioniere. Die Kollegen haben zwar die Hände über dem Kopf zusammengeschlagen, als sie davon hörten. Aber das haben sie auch getan, als wir vor vier Jahren zum ersten Mal nach Flagstaff in Arizona gefahren sind. In diesem Winter waren über 60 deutsche Athleten dort zum Training.« Isabelle Baumann grinst, schneidet sich von der Pizza ihres Mannes eine Scheibe ab und beißt hinein. Genugtuung.

»Der Mann glaubt, er sei die bessere Hälfte der Menschheit. Aber genau das wird ihm zum Verhängnis, auch wenn es oft lange dauert, bis ihm das klarwird. Bis dahin hat die Frau schon längst erreicht, was sie wollte. Ich finde es ganz besonders nett, daß mir Männer diesbezüglich das Leben leichtmachen. Ich spreche von meinem Beruf, in dem ich in erster Linie Verhandlungsgespräche führen muß. Dabei gilt ja der Grundsatz, daß man den Gegner nicht unterschätzen darf.« Martine Dornier-Tiefenthaler (39) pokerte so lange mit den Daimler-Bossen um die Übernahme der traditionsreichen Dornier-Flugzeugwerke, bis die entnervt das Handtuch warfen und auf die Bedingungen der Unternehmerin eingingen. Für die Spezies des männlichen Managers hat Martine Dornier-Tiefenthaler nur wenig übrig. »Was tut er denn? Er verbringt mit einem Haufen von Leuten des eigenen Geschlechts lange Zeit in Räumen ohne Tageslicht mit schlechter Luft, trinkt dabei viel Kaffee und unterhält sich über eine Menge nutzloser Dinge. Bewundernswert ist allerdings, wie es den Männern gelingt, sich das Image von Vorstandsvorsitzenden zu verschaffen – egal, was sie wirklich tun. Frauen sind einfach schöner, intelligenter und überhaupt die bessere Hälfte der Menschheit«, fährt Martine Dornier-Tiefenthaler fort. »Aber einmal von dieser wichtigen Erkenntnis abgesehen: Wenn wir uns überlegen, welchen Tätigkeiten die Frauen nachgehen, dann steht den

Frauen heute jeder Weg offen. Sie sind diejenigen, die durch die Kindererziehung eine direkt lebensbezogene Aufgabe haben, während die Männer mehrheitlich in einer Kunstwelt leben.« Die Managerin hat vier Kinder.

Cornelia Henkensiefken hat keine. »Mir fehlt bisher einfach der richtige Mann dazu«, sagt die 32jährige Inhaberin einer Frankfurter Promotion-Agentur. Als sie nach dem ersten juristischen Staatsexamen in ein großes Frankfurter Unternehmen einstieg, ärgerte sie bald, daß dort regelmäßige Wochenendarbeit fest eingeplant war. »Das ist mir zu doof«, dachte sie und: »Das kannst du anders und besser organisieren«. Daraufhin gründete sie mit ihrem Partner die eigene Agentur – und arbeitet seitdem nach eigener Aussage um ein Drittel weniger. Das Chanel-Kostüm, das sie anfangs trug, bleibt heute zumeist im Schrank. Der Job macht ihr viel Spaß, aber »die Agentur bringt meine Seele nicht zum Klingen,« sagt Henkensiefken und kokettiert: »Eigentlich ist meine Idealvorstellung ja, mit zwei Kindern an der Pferdekoppel zu stehen«. Womöglich ist es ihr sogar Ernst damit. Aber sie hat keine Eile, in die Idylle abzutauchen. Bei mancher Altersgenossin ist das anders.

In etlichen Gesprächen, die ich für dieses Buch geführt habe, sprachen Frauen um die dreißig von der Angst, keinen Partner mehr zu finden und keine Kinder haben zu können. Wer aufbricht, setzt sich der Gefahr aus, in eine vorgezogene Midlife-crisis hineinzurutschen. Wer sich neuen Erfahrungen aussetzt, alte Bindungen kappt, wird sich zwangsläufig irgendwann einmal ganz erbärmlich allein vorkommen. Frauen erleben das stärker als Männer, allein schon deshalb, weil die biologische Uhr für sie schneller tickt, die Entscheidung für oder gegen Kinder früher fallen muß. So manche nimmt in Torschlußpanik Zuflucht in den Ehehafen. Mit dreißig! Die Revolution frißt ihre Kinder. Die verfrühte

Midlife-crisis ist der Preis des Erfolgs. Die Karriere ist für unsere Generation keine Leiter mehr, sondern ein Aufzug, und die Türen stehen beiden Geschlechtern offen. Daß Frauen Zutritt haben, dafür hat die Emanzipationsbewegung der siebziger Jahre gesorgt. Wo die Karrierechancen steigen, stellt sich jedoch verstärkt die Frage, wie sich das mit dem Privatleben vereinbaren läßt.

Noch sind es vor allem die Frauen, die ihren Beruf aufgeben, wenn die Kinder kommen. Nur wenige haben einen Mann wie Ute Frevert. Herr Frevert hat seinen Job beim Wissenschaftsrat in Köln aufgegeben und kümmert sich um die drei Kinder. Seine Frau hat die bessere Stelle. Ute Frevert ist Professorin, C4, Geschichte der Neuzeit. Das ist nicht irgendein Lehrstuhl, sondern eine *der* Professuren in der Branche. Bevor sie dorthin ging, lehrte die heute 39jährige Frauengeschichte an der FU Berlin, die Stelle kam aus dem Förderplan für Akademikerinnen. Entsprechend verhielten sich die Kollegen – man ignorierte sie. Ute Frevert ist inzwischen gegen derartige Sonderlehrstühle und -veranstaltungen für Frauen. »Brisant wird feministische Forschung erst, wenn sie diese Enklave verläßt und die wissenschaftlichen Diskurse neu definiert.«

Die neuen Frauen begnügen sich nicht mehr mit dem Ghetto der Frauengruppen. Sie wollen überall mitreden, *interdisziplinäres Arbeiten* heißt das Zauberwort. Christiane Woopen (31) ist eigentlich Ärztin. Nach dem Examen arbeitete sie zwei Jahre an der Universitätsklinik in Köln, dann kam die Ehe, zwei Kinder. Während ihres Studiums paukte der Bundestag das Embryonenschutzgesetz durch. »Uns packte damals das Entsetzen darüber, was demnach alles erlaubt sein sollte«, erinnert sich die Medizinerin. Daraufhin initiierte sie ein interdisziplinäres Diskussionsforum. Die Sache versandete zwar, ihr Interesse an der ethischen Dimension der Medizin indes wuchs. Heute betreut Christiane

Woopen beim Cusanuswerk, der Begabtenförderung der katholischen Kirche, einen Mediziner-Workshop. Die angehenden Ärzte befassen sich dabei in drei einwöchigen Seminaren mit den Dingen, die im rein handwerklich ausgerichteten Studium zu kurz kommen, etwa mit der Frage nach dem Verhältnis von Arzt und Patient, anthropologischen Voraussetzungen ärztlichen Handelns und der Rolle des Mediziners innerhalb der Kliniken.

Neue Ethik

Welche praktischen Konsequenzen es haben kann, wenn Ärzte sich um Ethik bemühen, wird am Beispiel von Elke Kleuren-Schryvers deutlich. Die 34jährige hatte eines Tages genug vom Schichtdienst im Krankenhaus, überredete ihren 30 Jahre älteren Mann, noch einmal von vorne anzufangen, und zog in die Provinz. Seitdem hat das Dorf Kervenheim am Niederrhein wieder einen Landarzt, nur daß »er« eine Ärztin ist. Im Jeep fährt sie von Hof zu Hof, versucht, sich Zeit zu nehmen, vor allem für die Kinder und Alten – wie das früher eben ein Hausarzt machte. Das lastet sie aber nicht aus, und so versucht sie, gemeinsam mit anderen Ärzten und organisatorischer Hilfe des *Komitees Cap Anamur* in Benin eine Basisstation mit Krankenhaus, Schule und Trinkwasserbrunnen aufzubauen. »Schließlich habe ich einmal Medizin studiert, um den Menschen wirklich zu helfen, und nicht, um ein paar Wohlstandskrankheiten zu betreuen.«

Daniela Tausch-Flammer (34) kümmert sich um die Kranken, denen nach landläufiger Meinung nicht mehr zu helfen ist. Sie leitet in Stuttgart ein Hospiz, in dem Menschen in Ruhe sterben können. Ich habe bei keinem Interview so viel gelacht wie beim Gespräch mit Daniela Tausch-Flammer.

Dabei war ihr als Kind wenig zum Lachen zumute. Oft war sie krank, zeitweise saß sie im Rollstuhl. »Ich hatte als Kind immer sehr viel Angst. Die habe ich durch die Auseinandersetzung mit dem Sterben verloren.« Der Krebstod ihrer Mutter war der Auslöser dafür, daß Daniela Tausch-Flammer sich Gedanken darüber machte, wie Menschen ihr Leben würdig beenden können. »Aktive Sterbehilfe lehnen wir ab, auch wenn wir oft mit denen in einen Topf geworfen werden. Mir ist das egal, ich bin nicht gegen etwas, ich bin für unser Projekt. Uns geht es darum, daß die Menschen nicht alleine sind, wenn sie sterben.«

Gemeinsam mit ihrem Mann plante Daniela Tausch-Flammer schon Mitte der achtziger Jahre, ein Hospiz einzurichten. »Damals galt es vielen Städten als Makel, ein Hospiz zu haben. Heute ist es ein Makel, keins zu haben.« Bis dahin war es ein langer Weg. Als eine Umfrage ergab, daß die meisten Menschen lieber zu Hause sterben wollen, wurde zunächst ein ambulanter Dienst eingerichtet, der heute von vierzig Freiwilligen getragen wird. Freiwilligkeit dürfe jedoch nicht ausgenutzt werden, sagt Daniela Tausch-Flammer. Die Helfer müßten durch ihr Handeln für andere Sinn für ihr eigenes Leben erfahren. Die promovierte Psychologin hat diese Erfahrung am eigenen Leibe gemacht. »Früher war ich sehr streng mit mir, heute bin ich lockerer. Mein Zeitempfinden hat sich durch die Arbeit mit den Sterbenden völlig gewandelt, die Qualität der Zeit wird eine andere. Es ist ein Paradox: Wer den Tod verdrängt, muß panisch durchs Leben hetzen, getrieben von der Angst, etwas zu verpassen. Wer jedoch täglich damit konfrontiert wird, daß das Leben endlich ist, gewinnt eine große Ruhe und kann auch schwarze Löcher zulassen.«

Sie geriet in ein solches Zeitloch, als vor drei Jahren ihr Mann starb. »Damals habe ich gezweifelt, ob ich noch weiter in der Sterbebegleitung arbeiten kann.« Sie konnte. Eine Woche vor unserem Gespräch wurde das Hospiz eröffnet. »Aufgenommen wird nur, wer maximal ein halbes Jahr zu leben hat.« Was bei jemand anderem zynisch klingen könnte, wirkt bei Daniela Tausch-Flammer so selbstverständlich wie die Wettervorhersage im Radio. Vielleicht ist das so, wenn man täglich mit dem Tod zu tun hat. Und vielleicht gewinnt man dabei jene heitere Gelassenheit, die mehr ist als ein bloßer Gegenpol zur täglichen Trauer.

Im Arbeitszimmer von Daniela Tausch-Flammer kokelt ein Duftkraut in der Schale, eine Kerze brennt, der Tee dampft. »Als ich mit der Sterbebegleitung anfing, wollte ich den Rest der Welt unbedingt überzeugen, daß so etwas dringend nötig ist. Das hat sich gelegt. Jetzt ist mir der einzelne Mensch wichtiger als die Veränderung der Gesellschaft.« Zwei Bücher hat Daniela Tausch-Flammer über Tod und Sterben bereits geschrieben, nun erscheint ein neues, diesmal für Kinder, die einen Elternteil verlieren. »Das hat arg viel Spaß gemacht.« Und dann lacht sie wieder, daß der Tee im Topf überschwappt.

Wir Mauerkinder nehmen die großen Themen der siebziger Jahre auf und bearbeiten sie neu: ökologische Fragen, Frauenemanzipation, Ethik. Dabei versuchten wir, scheinbare Gegensätze unter einen Hut zu bringen: Ökologie und Ökonomie, Familie und Karrieren, das Machbare und das Wünschenswerte.

Als der Protest gegen Kernkraft, Energiekonzerne und deren besinnungsloses Wachstumsdenken aufkam, entwickelte sich die Philosophie des Verzichts und der Verantwortung, Hans Jonas ersetzte Karl Marx, an die Stelle der Menschheitsbeglückungsideale trat die negative Utopie des Vermeidens. Es ging nicht mehr um eine bessere Zukunft, sondern um eine weniger schlechte. »Was für frühere Protestgenerationen – auch die 68er – das Studium der blauen

Wunderbände (der Werke von Marx und Engels, d. Verf.) war, ist heute das Aneignen von Fachwissen über Schadstoffexpositionen, Nanogramme von Dioxinen, Furanen, über Sickerwässer und Fließgeschwindigkeiten. Die Ökologiefrage hat zur Intensivierung der demokratischen Verfahren und damit zur Entideologisierung von Politik wesentlich beigetragen«, schrieb der Altgrüne Udo Knapp 1991. Auf der anderen Seite führte die Ökologisierung der Politik dazu, daß in Amtsstuben und Initiativen ein Wust von Verboten, Verordnungen und Ausführungsbestimmungen erzeugt wurde, um dem besinnungslosen Homo sine sapientia Einhalt zu gebieten. Die Erfahrung hat gezeigt, daß sie zwar den gröbsten Unfug verhindern, eines jedoch nur bedingt zu befördern vermögen: die Suche nach Alternativen.

Entideologisierung, Versachlichung, ökologisches Bewußtsein, alles schön und gut. Skepsis und Ironie – prima. Doch zum Neuen Denken der Mauerkinder gehört ein Drittes: jener calvinistische Pioniergeist, der schon Max Weber als *das* Antriebsrad der amerikanischen Moderne erschienen war. Zum Aufbruch unserer Generation gehört die Lust am Erfinden und Entdecken, die Überzeugung, daß gute Arbeit gut bezahlt gehört, und die unerschütterliche Gewißheit, daß die Geschichte noch nicht am Ende ist. Das ist gefährlich nahe am blinden Fortschrittsglauben. Wir aber haben gelernt: Es ist *nicht* alles machbar. Es gibt Grenzen. Doch die wollen wir ausschreiten. Claus Koch schreibt in seinem Buch über »Das Ende der Natürlichkeit«: »Wer wie Hans Jonas und seine fromme Anhängerschaft auf den Evolutionsgeboten beharrt, um gegen die Technik das göttlich natürliche Menschenbild zu retten, landet nur zu bald bei hilflosen Ressentiments, bei der Reaktion.« Wir wollen lieber Akteure sein. Darum machen sich einige von uns daran, die Gene zu knacken.

Die Genknacker

Wenn der Sozialismus gesiegt hätte, wären sie arbeitslos. Wenn funktioniert hätte, was in den fünfziger und sechziger Jahren in der Biologie der sozialistischen Staatengemeinschaft gelehrt wurde, dann bräuchten wir sie nicht, die Männer und Frauen, die in den Labors zwischen Kasan und Kalifornien die Gene knacken. Wenn Trofim Dennissowitsch Lyssenko recht behalten hätte, dann wäre die Genforschung so ziemlich das Überflüssigste von der Welt, und wir könnten uns viele kostspielige Forschungsprogramme ebenso sparen wie langwierige Diskussionen über Chancen und Risiken der Gentechnik. Wenn, ja wenn. Doch Lyssenko irrte. Seine Theorie, derzufolge ausschließlich die Umwelt darüber entscheide, wie sich das Erbgut entwickelt, war weniger durch Forschungsergebnisse als von dem Wunsche geprägt, im Sozialismus den »neuen Menschen« zu schaffen. Das hörte man gern in Moskau und Pankow, und so hatten all diejenigen einen schweren Stand, die darauf beharrten, die Genetik weiterzuführen, wie sie seit Anfang des Jahrhunderts betrieben worden war. Dennoch gelang es dem Biologen Hans Stubbe, die DDR-Oberen davon zu überzeugen, daß die Akademie der Wissenschaften ein Institut für Genetik brauche. Es wurde in den fünfziger Jahren am Fuße des Harzes in Gatersleben errichtet.

Links: umzäunte Felder. Rechts: ein paar Treibhäuser. Nichts Spektakuläres, manche holländische Gärtnerei ist größer. Zum Campus fehlt der Repräsentationsbau, als Schulkomplex ist das Ganze zu weitläufig, und für eine

Kaserne ist die Atmosphäre zu entspannt. Ich folge dem Schild »Genetik« und gehe an der Büste des Institutsgründers vorbei in die Haupthalle. Am Fuß der Treppe schleudern ein paar Zentrifugen, aus einer offenen Labortür dampft es in den Korridor, riesige Kühlschränke versperren den Weg, junge Frauen sitzen, über Mikroskope gebeugt, an aufgeräumten Schreibtischen. In einem Zimmer unter dem Dach arbeitet Martin Walter Ganal (34). Bevor er nach Sachsen-Anhalt kam, arbeitete er an der Cornell University im Staat New York.

»Als ich 1986 promoviert hatte, gab es in Deutschland nur wenige Möglichkeiten, in der Pflanzengenetik zu forschen, da ging man eben ins Ausland«, sagt der bedächtige Schwabe. Heute sei die Lage besser. Das Institut für Pflanzengenetik und Kulturpflanzenforschung, wie es nun heißt, steht auf der »Blauen Liste« der ostdeutschen Forschungsstätten, die ins vereinte Deutschland herübergerettet wurden. Es wird je zur Hälfte vom Bundesministerium für Forschung und Technologie und dem Land Sachsen-Anhalt finanziert. Weil Martin Walter Ganal außerdem ein Hess-Stipendium der Deutschen Forschungsgemeinschaft erhielt, ist sein Projekt vergleichsweise gut ausgestattet.

Der Biologe bringt mir einen Tee. Der Becher stammt von einem Kongreß und hat den Aufdruck: »Molecular Biology of Tomato«. Genau das ist das Thema der Forschungen von Martin Walter Ganal, genauer gesagt, die »Genetische Kartierung, Klonierung und Charakterisierung von Nematodenresistenzgenen bei der Tomate«. Bisher kann man Tomaten nur mit Pflanzengiften vor schädlichen Würmern schützen. Ganal hofft, sie mit Genen impfen zu können, die sie resistent machen. »Die Tomate ist deswegen ein gutes Forschungsobjekt, weil wir sehr viel über sie wissen«, erklärt er. »Das meiste davon hat der Gründer dieses Instituts, Hans Stubbe, herausgefunden. Wir führen seine Arbeit nun mit gentechnologischen Methoden fort.« Martin Walter Ganal und seine Arbeitsgruppe basteln an molekularen Sonden. Sie sind in der Lage, die Gene zu erkennen, die die Tomaten resistent machen. »Das ist vor allem dann interessant, wenn wir die Resistenzgene auf andere Arten wie etwa Kartoffeln, Karotten oder Tabak übertragen wollen.« Doch so weit sind die Forscher noch lange nicht. »Bis vor kurzem wußten wir nicht einmal, wo die Resistenzgene überhaupt angreifen und wie sie das machen.«

Keiner in der Arbeitsgruppe, die Ganal leitet, ist älter als 40. »Wir haben den Vorteil, daß wir mit der Gentechnologie aufgewachsen sind, für uns ist das selbstverständlich. Wir wissen, wie die Techniken funktionieren, weil wir sie selbst im Labor entwickelt haben. Das ist wie beim Computer. Wenn der abstürzt, sitzen die Älteren hilflos davor, während die Jugendlichen einfach in das Programm hineingehen und ihn selbst reparieren.« Das Institut in Gatersleben hat 400 Mitarbeiter. Es ist der größte Arbeitgeber der Region. Ja, gibt Martin Walter Ganal zu, es sei unproblematischer, in Ostdeutschland zu forschen. »Die überzogene Diskussion im Westen kam auch daher, weil die Leute nichts Besseres zu tun hatten«, sagt er, im Osten zähle vor allem der Erhalt von Arbeitsplätzen. Martin Walter Ganal ist nicht wohl bei diesem Argument. Und deshalb beeilt er sich hinzuzufügen, daß Skepsis gegenüber der Gentechnik durchaus berechtigt sei. »Aber wir dürfen die Chancen nicht verpassen. Und bei den Pflanzen liegen wir ohnehin in der niedrigsten Sicherheitsstufe.«

In den USA sind die Bedenken weitaus geringer. Ende Oktober 1993 schockten Jerry Hall und Robert Stillman vom George Washington University Medical Center die Öffentlichkeit, als sie bekanntgaben, erstmals menschliche Embryonen geklont zu haben. Die beiden nahmen befruchtete Eizellen und zerlegten die Keimlinge in Zellportionen. Diese amputierten Zellen entwickelten sich zu eigenständigen identischen Embryonen. In der Viehzucht ist das Verfahren bereits gang und gäbe. Der Menschenversuch wurde von den beiden Forschern nach einigen Tagen abgebrochen. In Deutschland wäre ihr Experiment von vornherein verboten gewesen: Das Embryonenschutzgesetz stellt Manipulation am menschlichen Erbgut unter Strafe. In einem Land, in dem skrupellose Forscher einst selbstherrlich entschieden, »lebensunwertes Leben« für wissenschaftliche Experimente zu mißbrauchen und zu ermorden, ist das Vertrauen in die ethische Selbstverpflichtung der Wissenschaftler gering. Die Skepsis ist angebracht, denn wer so bedenkenlos handelt wie die beiden US-Wissenschaftler, bestätigt all jene Befürchtungen zwischen Frankenstein und Dr. Caligari, die mit der Gentechnik verbunden sind.

Drei Männer und ihr »Baby«

Ihre Arbeitsplätze befinden sich im Umkreis von 500 Metern an den Instituten der Münchener Universitätsklinik. Ihre Behausungen sind spartanisch: Der eine arbeitet im dunklen Keller der Dermatologie, der zweite in einer handtuchbreiten Dachkammer der Inneren Medizin, der dritte hat seine Mikroskope und Computer auf einer Fläche von drei mal drei Metern im dritten Stock der Neuropathologie aufgebaut. Alle drei sind Mitte Dreißig, alle sehen älter aus, alle sind Mediziner und betreiben Forschung, wie einer von ihnen sagt, »als ärztliche Aufgabe«. Sie haben das gleiche »Baby«: die Gentechnik. Und alle waren ein paar Jahre in den USA, in Harvard oder New York. Denn nur dort fanden sie die Möglichkeiten, um ihr Baby zu päppeln.

»Hier in der Klinik versteht doch keiner, was ich eigentlich mache. Ich selbst habe auch erst in den USA begriffen, welche Chancen sich durch die Gentechnik bieten.« Michael Hallek (34) ist ein ausgeglichener Mensch. In Wollpullover und Cordhose sitzt er mir in seiner Arbeitsstube unter dem Dach gegenüber und berichtet entspannt über seine Arbeit. Doch wenn er auf die Forschungssituation in Deutschland zu sprechen kommt, wird er nervös: »Ich halte das deutsche Universitätswesen für verbrecherisch, die Uni-Kliniken sind miserabel organisiert. Derzeit bin ich von acht Uhr morgens bis um acht am Abend in der Klinik, erst danach kann ich forschen. Das geht meist bis Mitternacht.« Gemeinsam mit Kollegen aus Freiburg und vom Münchener Genzentrum arbeitet Hallek daran, Tumorerkrankungen mit genetischen Methoden zu therapieren.

Tumorzellen können sich deswegen vermehren, weil sie vom Abwehrsystem des Körpers nicht erkannt werden. »Wir wollen sie per Gentransfer so verändern, daß sie für den Organismus wieder kenntlich werden und entsprechend abgesondert werden können. Wir hoffen außerdem, daß der Körper dabei gegen den Tumor resistent wird.« Hallek und sein Team sind nicht die einzigen, die auf diesem Gebiet forschen. »Der Bereich ist extrem kompetitiv. Wer das rauskriegt, hat den Nobelpreis«, sagt Michael Hallek, als wäre es das Normalste von der Welt. »Warum soll ich 250 mittelmäßige Aufsätze abliefern. Es genügt eine Arbeit im Leben, wenn die wirklich gut ist.« Dann springt er auf. »Es ist für den Standort Deutschland unabdingbar, in der Biotechnologie aufzuholen.« Wieder kommt Ärger in ihm hoch. »Auf den Lehrstühlen sitzen doch überall die alten 68er, und die können einfach nicht mit Begabungen und Eliten umgehen. Ich habe hier in kürzester Zeit für mein Projekt zehn Doktoranden gewinnen können. Auch das habe ich in den USA gelernt: Wenn man Forscher in einer bestimmten Dichte zusammenbringt, dann bekommt man deutlich bessere Ergebnisse.«

Fünfeinhalbtausend Mark verdient Michael Hallek mit seinem 16-Stunden-Job, genausoviel wie Manuel Gräber (32). Der hat nur den Vorteil, daß er – wie Martin Walter Ganal – den Hess-Preis der Deutschen Forschungsgemeinschaft bekommen hat und sich für die nächsten Jahre um die Finanzierung seiner Studien keine Sorgen zu machen braucht.

Manuel Gräber ist Neurologe. Am Telefon gibt er sich mißtrauisch. »Gerade wenn es um das Gehirn geht, gibt es viele unsinnige Ängste. Da wird jede Menge Blödsinn geschrieben.« Als ich ihn treffe, erklärt er mir, warum er sich doch zu einem Interview bereit gefunden hat: »Wir müßten viel mehr Werbung für uns machen. In der Erforschung des Gehirns liegen die größten Chancen, gerade weil wir sehr wenig darüber wissen. Da gibt es unglaublich viel zu tun.« Das haben auch die Politiker erkannt. In den USA wurde die *Decade of the Brain* ausgerufen, die G7-Staaten investieren pro Jahr 37 Millionen Dollar in das *Human Frontier Science Program*, das vor allem die Neurologie fördern soll. Manuel Gräber sieht sich in seinem Forscherdrang jedoch behindert: »Wir haben ein desaströses Gengesetz. Die Folge ist eine Schere im Kopf der Wissenschaftler. Der Verwaltungsaufwand ist so hoch, daß bestimmte Versuche gar nicht erst gedacht werden.«

Manuel Gräber versucht den schwarzen Kern des Gehirns zu beleuchten. Bei der Parkinson-Krankheit sterben in dieser Region die Nervenzellen ab. Gräber hofft, sie eines Tages mit Hilfe der Gentechnik wieder zum Leben erwecken zu können. Unter dem Mikroskop zeigt mir der Neurologe eine Gewebeprobe aus der Hirnrinde eines Unfallopfers. »Den Zellen hier fehlen die Synapsen, die Impulse an die benachbarten Zellen weitergeben. Wenn wir sie dank gentechnischer Methoden wieder bewegen könnten, Synapsen zu bilden, wären viele Hirnschädigungen zu beheben.« Manuel Gräber sieht die Gentechnik nur als Hilfswissenschaft für die Neurologie, die, so meint er, die eigentliche Wissenschaft der Zukunft sei.

»Das Hirn ist so komplex, daß jeder Forscher nur für einen winzigen Teilbereich wissen kann, wie er funktioniert. Ohne den Zugriff auf Datenbanken sind wir hilflos. Und auch dann gibt es immer noch vieles, was man zwar erklären kann, ohne es jedoch zu verstehen.« Ich frage, ob in dieser Überforderung nicht eine große Gefahr liege. »Wenn ich heute in ein Flugzeug steige, kapiere ich auch nicht, warum es fliegt. Das ist kein qualitativer Unterschied zur Situation des Wissenschaftlers. Unsere Gesellschaft braucht Wissen.« Nein, von einem *court of science*, einem Wissenschaftsgericht, halte er nichts, sagt Manuel Gräber. »Was wir jedoch brauchen, ist eine öffentliche Diskussion über Werte und Moral in der Wissenschaft.«

Dafür ist Matthias Volkenandt, der dritte aus dem Münchener Bund der Genknacker, prädestiniert. Denn der 36jährige studierte nicht nur Medizin, sondern auch Theologie. In seinem Kellerbüro erklärt der Dermatologe mir, worüber er forscht. Ich lerne, daß sich die Tumorzellen eines *Hautlymphoms* von normalen Körperzellen dadurch unterscheiden, daß ihre genetische Struktur identisch ist. Für die Diagnose heißt das: Wenn in einer Gewebeprobe mehrere gleiche Zellen auftauchen, besteht der Verdacht auf ein Lymphom. *Melanome*, besonders bösartige Hautgeschwulste, sind nicht so leicht zu erkennen. Überdies können sie in den Organen Metastasen hervorrufen, die sich auch dann weiterentwickeln, wenn das Melanom operativ entfernt wurde. Matthias Volkenandt sucht nach der Genstruktur, die die Metastasen verursacht. Dabei bedient er sich der *Polymerase-Ketten-Reaktion* (PCR), deren Erfinder, Kary Mullis, dafür den Nobelpreis bekam. Matthias Volkenandt hat die Technik in New York gelernt. Er erklärt das Verfahren: »Was einen interessiert, ist ja nur ein Milli-Teil des Genoms. Das ist wie die Suche nach einer Nadelspitze im Heuhaufen. Mit genetischen Sonden geht das in wenigen Stunden. Damit man das Gen untersuchen kann, muß man es nun vervielfältigen. Man vergrößert also die Nähnadel so, daß sie am Ende millionenfach größer als der Heuhaufen wird.«

Matthias Volkenandt spricht offen mit seinen Patienten über den Verlauf ihrer Krankheit. Das will er auch weiterhin tun. »Das Problem bei der Gentechnik ist, daß sich die Diagnostik schneller entwickelt als die Therapie. Wenn eine Möglichkeit zur Behandlung fehlt, kann das Wissen um einen genetischen Test sehr belastend sein«, zumal dann, wenn dessen Ergebnis dem subjektiven Empfinden der Kranken widerspricht. »Unter Umständen könnten genetische Analysen auf einen Fortgang der Erkrankung hinweisen, selbst wenn der Patient sich noch gut fühlt und voller Hoffnung ist.« Ein Patentrezept für derartige Situationen hat Matthias Volkenandt nicht. Aber er sucht das Gespräch.

Genetik und Genethik

Matthias Volkenandt ist Mitherausgeber der »Zeitschrift für medizinische Ethik«. Das Blatt ist durch einen christlichen Standpunkt geprägt. Alle fünf Mitglieder des Herausgebergremiums waren Stipendiaten des Cusanuswerkes, der katholischen Begabtenförderung, bei der Christiane Woopen den Mediziner-Workshop betreut. Als 1991 ihre erste Tochter geboren wurde, wollte die Ärztin nicht länger in der Klinik arbeiten. Da bekam sie das Angebot, an einem Forschungsprojekt mitzuarbeiten, das den Stand der Gentechnikdebatte in den Ländern der Europäischen Union zusammenfassen sollte. Das Thema faszinierte sie vor allem, weil eine Kombination von medizinischem Fachwissen und philosophischem Denken gefragt war. »Philosophie hat mich immer schon interessiert. Ich hatte mich nur deswegen für Medizin entschieden, weil mir das handfester erschien«, sagt Christiane Woopen. Jetzt holt sie das Fehlende nach und studiert an der Fernuniversität Hagen Philosophie, Geschichte und Psychologie. »Ich finde es eine Katastrophe, daß die meisten Juristen nicht die ethisch-anthropologischen Hintergründe des Artikels 1 kennen«, moniert sie.

»Menschenwürde ist nicht dasselbe wie die Würde der Person«, erklärt Christiane Woopen. »Jeder Mensch hat diese Würde, unabhängig von seinem jeweiligen persönlichen Zustand. Auch wer im Koma liegt, sich nicht als Person realisieren kann und mithin die personale Würde verloren hat, besitzt immer noch seine Menschenwürde.« Das mag spitzfindig klingen. Aber ohne derart gründliches Nachdenken über ethische und anthropologische Fragen wird die Debatte über die Gentechnik nicht auskommen. Dies war ein Grund dafür, daß Anfang 1994 in Bonn das Institut für Wissenschaft und Ethik ins Leben berufen wurde, an dem Christiane Woopen eine Assistentenstelle hat. Träger des Institutes sind neben den Universitäten Bonn und Essen die Deutsche Forschungsgesellschaft für Luft- und Raumfahrt und die Kernforschungsanlage Jülich. Prompt wurde der Vorwurf laut, es handele sich bei der Neugründung um eine »Ansammlung interessegeleiteter Forscher, die lediglich rechtfertigen, was sie bereits tun und noch tun wollen« (*Frankfurter Rundschau*). Das sei völliger Quatsch, entfährt es Christiane Woopen. »Die Wissenschaftsethik ist lange genug hinterhergeklappert. Außerdem geht es nicht darum, Begriffe zu besetzen, sondern die ethischen Implikationen bestimmter Handlungsweisen zu erläutern.«

Die Ärztin hat sich warm geredet. Ihr Redefluß bekommt

etwas Fiebriges. »Die Ängste, die die Genforschung auslöst, rühren daher, daß es bei uns eine Überbewertung des Gens gibt. Dabei definiert das einzelne Gen noch lange nicht den ganzen Menschen.« Nein, sie habe keine Angst vor der Zukunft, erklärt Christiane Woopen. »Ich bin da fatalistisch. Was entwickelt werden kann, wird ohnehin entwickelt. Ich glaube allerdings an die Selbstbeschränkung der Wissenschaftler.«

Die Erfahrung der Atombombe lehrt das Gegenteil. Manuel Gräber, einer der drei Münchener Genknacker, hatte am Ende unseres Gespräches gesagt: »Es gibt kein gutes oder schlechtes Wissen. Es geht darum, die Anwendungen zu kontrollieren.« Vielleicht ist dies tatsächlich der Punkt, an dem sich die Zukunft der Genforschung entscheidet. Die Frage lautet, ob sich Forschung und das, was mit ihren Ergebnissen geschieht, entkoppeln lassen. Die Wissenschaftsgeschichte kennt kein Beispiel dafür, daß es den Forschern auf Dauer gelungen wäre, sich den Anforderungen von außen zu entziehen, gleich ob sie von Kirchenoberen, Kaisern, Diktatoren, Generälen oder Konzernen an sie herangetragen wurden. Liegt in einer radikalen Trennung der beiden Bereiche die einzige Chance, wenn wir nicht in einer sturen Verweigerungshaltung verharren wollen?

Ulrich Beck schreibt, »Technik modern zu organisieren« heiße, »die Techniker aus dem ökonomischen Systemzwang zu befreien, Technik um der Technik willen! Wobei der Selbstzweifel der Moderne auch die Techniker erfassen müßte. Und auf der anderen Seite eine autonom organisierte Umsetzung der Technik. Erst so wird möglich, was jetzt ausgeschlossen ist: Ja zur Technik zu sagen und nein zu ihrer Anwendung.« Es mag sein, daß die erste Voraussetzung erfüllt wird. Es gibt Anzeichen dafür, daß zumindest die Wissenschaftler unter den Mauerkindern aus den Erfahrungen der Vergangenheit gelernt und den Zweifel als methodisches Prinzip eingebaut haben. Aber eine »autonom organisierte Umsetzung« scheint in der Gentechnik eine blanke Illusion zu sein, im Gegenteil, gerade hier, so meint die Genethikerin Christiane Woopen, löse sich die traditionelle Grenze zwischen wissenschaftlicher Grundlagenforschung und deren Anwendung in rasantem Tempo auf.

Jagd nach Gen und Geld

Gott schuf den Menschen aus einer Handvoll Lehm, so lehrt es die Bibel. »So billig käme der Schöpfer heute nicht mehr davon«, merkte der *Spiegel* an. »Für jede von Adams Leberzellen wären deftige Lizenzgebühren fällig. Teurer noch wäre sein Knochenmark. Und um Evas Großhirn gäbe es womöglich jahrelangen Patentstreit.« Die Jagd ist auf. In den USA begann 1990 das *Human Genome Project.* Bis zum Jahre 2010 soll das gesamte Erbgut des Menschen entschlüsselt werden. Jeder Wissenschaftler, der einen Gencode knackt, tut danach vor allem eines: Er geht zum Patentanwalt. Denn wer das Patent hat, kann daraus Kapital schlagen. »Ob Krebsgene, ob Steuersequenzen im Ergbut oder Gene, die die Embryonalentwicklung kontrollieren: Fast scheint es, als wollten US-Forscher zu jedem neu entdeckten Gen eine zugehörige Firma gründen, die dieses Gen in Geld verwandeln soll.« (*Spiegel*) Satte Gewinne verheißt vor allem die gentechnische Produktion von Medikamenten. In Deutschland ist sie seit kurzem nicht mehr verboten. Der Pharmariese Hoechst beginnt jetzt damit, per Gentechnik Insulin zu erzeugen. Eine Milliarde Mark gibt die deutsche Industrie pro Jahr für die Genforschung aus, drei Viertel davon wandern ins Ausland. Boehringer Mannheim verlagerte sein Management in Sachen Arzneimittel in die USA. Es ist nicht nur der größere Absatzmarkt, der die Unternehmen dorthin treibt. Die Skepsis, die in Deutschland gegenüber der Gentechnik herrscht, hat die hiesige Forschung ins Hintertreffen gebracht.

Dabei boomt die Branche. Marktführer ist das kalifornische Unternehmen Amgen. Es verdient sein Geld vor allem mit Erythropoetin, kurz EPO. Das Medikament regt die Bildung roter Blutkörperchen an. Das erspart nierenkranken Dialysepatienten die häufigen Bluttransfusionen. Amgen gilt in der Börsenbranche als *blue chip*, als sichere Investition mit schönen Renditen. Die Frankfurter Vermögensverwaltung Ceros rief ihre Kunden im September 1993 auf, in »Bio-Aktien« zu investieren, eine vornehme Umschreibung für Aktientitel aus dem Bereich der Gentechnik. Die US-Gesundheitsreform hatte die Kurse ins Trudeln gebracht, jetzt, so war sich Markus Ross (34) sicher, würden sie wieder steigen.

Ross war früher Börsen-Broker, bevor er 1991 in Frankfurt das eigene Unternehmen gründete. Bei den Bio-Aktien hatte er die richtige Nase, bereits einen Monat nach seiner Kaufempfehlung zogen die Kurse kräftig an. Ceros führt ein eigenes Biotech-Depot. Es sind ausschließlich US-Firmen, die darin gehalten werden. »Wir haben sie analysiert nach dem Forschungsaufwand der letzten fünf Jahre im Vergleich zum Aktienkurs, nach finanziellem Durchhaltevermögen, nach der Zahl der Patente, dem Forschungsschwerpunkt und dem Stadium, in dem sich die einzelnen Projekte befinden«, erklärt Markus Ross das Bewertungsverfahren. »Wir rechnen damit, daß der Umsatz bei den gentechnisch hergestellten Produkten sich in den nächsten fünf Jahren verzwanzigfachen wird.« Ross macht keinen Hehl daraus, daß es ihm in erster Linie darum geht, für seine Anleger möglichst viel herauszuholen. Doch er führt mehr als nur finanzielle Gründe an, die für das Bio-Depot sprechen: »Mit Hilfe der Gentechnik werden wir Giftmüll entsorgen, nachwachsende

Rohstoffe produzieren, bislang unheilbare Krankheiten behandeln können. Ohne Gentechnik wird sich die Ernährungslage der armen Länder dramatisch verschärfen, und die Industrieländer drohen an Umweltproblemen, Hungerflüchtlingen und explodierenden Gesundheitskosten zu ersticken. Wer Kapital für die Gentechnik bereitstellt, betreibt ethisches Investment!«

Mit einem eigenartigen Gefühl verlasse ich das Bürgerhaus im Frankfurter Westend, in dem die Ceros residiert. Alles nur Schönrednerei? Oder hat der Mann einfach recht? Ich kann mir die Frage nicht beantworten, doch wozu hatte ich Max Deml kennengelernt, den Experten in Sachen ethisch-ökologischer Geldanlage und Herausgeber des *Öko-Invest*. Zu Hause blättere ich in den Heften, die er mir mitgegeben hat, und richtig, die Nr. 49 hat das Thema »Gen-/Biotechnologie«. Ich bin überrascht, als ich auch hier auf ein klares JA stoße: »Prinzipiell hat die Gentechnik das Potential, eine umfassende Umorientierung der Industrie hin zu biologischen Produktionsverfahren zu ermöglichen, da sie energiesparend und umweltfreundlich sind. Die lange Zeit umstrittene Sicherheitsfrage (Freisetzung) scheint sich mit zunehmendem Wissen zugunsten der Gentechniker zu entscheiden.«

Ulrich Becks Traum von einer »autonom organisierten Umsetzung der Technik« wird sich kaum realisieren. Aber es wäre viel gewonnen, wenn der »Selbstzweifel der Moderne« nicht nur die Techniker, sondern auch die Umsetzer erfaßte. Die Chancen dafür stehen nicht schlecht. Die meisten Unternehmen haben gelernt, daß negative Schlagzeilen – etwa über mangelnden Umweltschutz – auf die Dauer für Miese in der Bilanz sorgen.

Geld wird derzeit vor allem mit gentechnisch erzeugten Medikamenten verdient. Doch es gibt einen zweiten Bereich, der beginnt, ökonomisch interessant zu werden: die

Gendiagnostik. Kay B. Mullis, der Erfinder der PCR – das war die Sache mit der aufblasbaren Nadel im Heuhaufen – bekam, als er 1986 seine Arbeitgeber wechselte, 10000 Dollar Abfindung für seine revolutionäre Erfindung. Sechs Jahre später verkaufte die Firma das Patent für 300 Millionen Dollar an Hoffmann-LaRoche. Die Investition lohnte sich. Denn es gibt derzeit kaum ein gendiagnostisches Verfahren, das ohne die PCR-Reaktion auskommt. Hoffmann-La Roche kassiert stets mit, vor allem bei der pränatalen Diagnostik. Die gentechnische Untersuchung des menschlichen Embryos ist derzeit das umstrittenste Feld der Biotechnologie.

Auf der Suche nach dem Neuen Menschen?

Wo liegen die Knackpunkte bei der pränatalen Diagnose? »Es besteht die Gefahr, daß die Leute eine genetisch bedingte Veranlagung für eine bestimmte Krankheit damit gleichsetzen, daß die Krankheit tatsächlich ausbricht«, erklärt Christiane Woopen, die am Institut für Wissenschaft und Ethik an einem Projekt zur Humangenetik arbeitet. »Weil wir genetische Defekte noch nicht behandeln können, wird Therapie gleichgesetzt werden mit dem Abbruch der Schwangerschaft. Behinderte Kinder und ihre Eltern werden dadurch in Zukunft noch mehr stigmatisiert als bisher. Und es ist nicht auszuschließen, daß der Wunsch nach dem perfekten Kind langfristig die Tendenz fördert, den Genpool gleichzuschalten.«

Ja, sie kenne die Gefahren, sagt Claudia Nevinny (39). Doch das hält die Mutter von vier Kindern nicht vom Bestreben ab, die pränatale Diagnostik serienreif zu machen. »Mit den herkömmlichen Testverfahren haben wir bei ein bis zwei Prozent der Fälle einen Abgang des Embryos. Tausende von gesunden Föten werden dadurch getötet.« Mit einem einfachen Trick kommt sie an die Zellen des Kindes, ohne das Embryo zu gefährden: »Die kindlichen Zellen gehen in das Blut der Mutter über; die Schwierigkeit ist, sie dort herauszufischen.«

Das Reihenhaus in einem Münchener Außenbezirk hat bunte Farbflecken an der Wand. Es sei auch schon vorgekommen, daß eines der Kinder aus dem Fenster geschissen habe, zum Unwillen der Nachbarn, erzählt Claudia Nevinny. Mit ihrer Nickelbrille, dem blauen Pulli und dem bedruckten Halstuch würde sie gut in eine Landkommune passen. Wir sitzen am Eßtisch und trinken Tee, immer wieder toben die Kinder herein. Ihr Elan ist nicht verwunderlich. Denn die Mutter ist Energie pur. Als die Chemikerin Kind Nummer drei und vier bekam, war sie zu Hause – und langweilte sich fürchterlich. So begann sie, nebenher Medizin zu studieren – »das ist nicht anspruchsvoll«. Das klinische Wissen hilft ihr, seit sie wieder im Labor arbeitet: »Die Verkrüppelung der Drosophila-Fliege hat mich auf Dauer nicht interessiert. Klinische Forschung ist viel spannender. Als Medizinerin kann ich nun mitreden und bin nicht nur die Laborratte.«

Unser Gespräch wird jäh unterbrochen. Der Jüngste kommt die Treppe herunter und erklärt stolz, er habe in die Badewanne gepieselt. Sagt es, legt sich auf ein Fell am Boden, zieht die Decke über sich und schläft ein. »Ich finde, wir sollten die Leute befähigen, ihre Entscheidung für das Kind individuell zu treffen«, sagt Claudia Nevinny. Allerdings gebe es Grenzfälle. Sie berichtet von der Frau, die mit 40 Jahren noch ein Kind bekommen wollte, weil sie hoffte, daß mit dessen Knochenmark ihre älteste Tochter gerettet werden könne. Die Genanalyse ergab jedoch, daß das neue Kind als Spender nicht in Frage kommen würde. Der behandelnde Arzt verschwieg das Ergebnis der Diagnose.

Wenn heute in den Labors genetische Strukturen aufgebrochen werden, löst das ähnliche Ängste aus wie einst die Entfesselung des Atoms. Angst muß nicht unbedingt der schlechteste Ratgeber sein. Die Verfassung der USA geht davon aus, daß der Mensch des Menschen Wolf sei und man ihm deshalb durch Gesetze Einhalt gebieten müsse. Die Menschen sind schlecht. Die Welt ist es auch. Es gilt, das Beste daraus zu machen. Aber eben etwas daraus zu machen. Es ist vielleicht das zentrale Geheimnis der amerikanischen *success story*, nicht bei blankem Pessimismus stehenzubleiben.

1968 ging es um Utopien, um den Glauben an eine bessere Gesellschaft. Die 78er waren vor allem dagegen: gegen Kernenergie, gegen Marschflugkörper, gegen Tierversuche. Als das Dagegensein nichts half, machte man in *no future*. Und wem das zu blöd war, der entdeckte das persönliche Glück am persönlichen Computer. Klingt alles nicht gut, ist es aber. Denn wer aus jeder Zeit das Richtige für sich behielt, der ist in den Neunzigern kritisch, neugierig und mit Know-how versehen. Genau auf diese Mischung kommt es an.

The party is over: Zeitgeist ade

Im November 1989 traf man sich zu früher Stunde im Neonlicht des Münchener Nachtcafés, einem der Treffs, die in den späten Achtzigern *hip* waren: Michael Rutschky, Alt-68er aus Berlin 61, Matthias Horx, Alt-78er aus Frankfurt-Bokkenheim und Gertrud Höhler, Dauer-Ministeraspirantin aus Paderborn. »Zeitgeist – Was ist das?« – darüber wollten wir diskutieren. Es hätte alles so schön sein können. Herr Rutschky ließ seine Texte schon einmal damit beginnen, daß er daran erinnerte, wie es war, damals in den Sechzigern, als es zum guten Ton gehörte, in der öffentlichen Badeanstalt Adornos »Minima Moralia« zu lesen. Herr Horx hatte derlei progressiver Attitüde abgeschworen und »Das Ende der Alternativen« herausposaunt. Frau Höhler hingegen sah im konservativen Milieu durchaus Alternatives und pflegte – wie Herr Rutschky es ausdrückte – »in gewissen Abständen immer wieder ungefähr dasselbe gesellschaftskritische Buch zu veröffentlichen«, zu dem Herr Rutschky dann anmerkte, er fände »so etwas peinlich, um nicht zu sagen: ekelhaft«. Es hätte mithin eine richtig schöne kontroverse Diskussion werden können, wie Redakteure und Moderatoren sie lieben. Indes: Der »Zeitgeist« war vom Zeitgeist überholt worden, drei Wochen nach dem Fall der Mauer war sich die Runde schnell einig: Sowohl der Begriff als auch die damit verbundene Lebenshaltung seien *démodé* – und wie sehr, wurde deutlich, als noch während der Aufzeichnung die Nachricht vom Attentat auf den Chef der Deutschen Bank, Alfred Herrhausen, durchsickerte. Frau Höhler, die

Deutschlands mächtigsten Mann gut gekannt hatte, verließ die Runde. Die Wirklichkeit hatte uns wieder, und wir ahnten, daß nach einem Jahrzehnt postmoderner Party nun wieder Blut, Schweiß und Tränen fließen würden.

»Die wilden Achtziger«, so hatte Matthias Horx sein Buch über eine »Zeitgeistreise durch die Bundesrepublik« betitelt, die er 1987 unternommen hatte. Im nachhinein erscheinen jene Jahre weitaus weniger wild, als uns seinerzeit dünkte. Horx selbst hatte einen Mechanismus beschrieben, der die Achtziger zu einem Jahrzehnt der Beschaulichkeit machte: die *Zeitgeistmaschine*: »Sie hat nur ein einziges Prinzip: *Erzeuge von jedem Trend das Gegenteil.*« Die *Zeitgeistmaschine*, so Horx, sei eine »miese, unsichtbare dialektische Ratte.« Sie beraube uns der utopischen Ideen und verstecke sie im Untergrund. Dort ruhten sie sanft, anstatt die Gesellschaft zu verändern. »Der Zeitgeist, das ist jener immerwährende Profanisierungstrick, der aus hehren Absichten wurschtige Sprüche, aus tiefempfundenen Utopien Karikaturen und aus Idealen platte Mode macht.«

Toll, was der *Zeitgeist* so alles konnte. Jetzt, da er sich ängstlich ins Nirwana zurückverkrochen hat, fragen wir uns, welche klar bestimmbaren gesellschaftlichen Faktoren es waren, die den achtziger Jahren das Leitmotiv bescherten, mit dem der amerikanische Soziologe Paul Feyerabend in die Geistesgeschichte einging: »Anything goes.«

Erinnern wir uns: Anfang der achtziger Jahre hatte die Nation Schiß. Die Stationierung atomarer Mittelstreckenraketen in Europa machte uns angst und bange. »Fürchtet euch nicht« hieß das Motto des evangelischen Kirchentages in Hamburg 1981, doch statt auf die himmlischen Heerscharen vertrauten die jugendlichen Teilnehmer lieber auf farbenkräftige Meinungsäußerungen, lila Halstücher standen für den Protest gegen das Wettrüsten der Supermächte. Während man im kirchlichen Milieu versunken auf Papphockern saß, sich ganz fest an den Händen hielt oder Friedensnetze spann, artikulierte sich der Unmut der Jugendlichen in den Vorstädten und Altbauvierteln mit der Parole »No future.« Aus England war der Punk in die Keller geschwappt, wer eine Gitarre halten konnte, schlug darauf ein, durch die Klassenzimmer krochen die Ratten, die kahlköpfigen Primanern von der Schulter gehüpft waren.

Die Bewegung machte vor der Mauer nicht halt. »Ich bin jetzt dreißig Jahre auf der Erde und nicht freiwillig hier.« So beginnen die autobiographischen Aufzeichnungen des Ostberliner Gitarristen und Sängers Key Pankunin, die 1993 unter dem Titel »Keyn Kampf« erschienen. Der Klappentext apostrophiert seine Musik als »Trashfood-Punk'n'Roll«. Der Punk in der DDR war im Rock verwurzelt, im Westen war das anders. Dort gehörte die Rockmusik seit Mitte der siebziger Jahre zum Establishment. Wer anders, subversiv sein wollte, mußte sich davon absetzen. So entstand Punk, so entwickelte sich HipHop, so wurde Techno kreiert. In Ostdeutschland galt die westliche Rockmusik noch bis weit in die Achtziger hinein als staatsgefährdend. Erst in den letzten Jahren der DDR durften die Springsteen, Dylan und Cocker in Berlin-Treptow oder Dresden spielen. Die Ostpunker mußten sich nicht vom Rock distanzieren.

Heute sind in der ganzen Musikszene Grenzen abhanden gekommen. Das *sampling* vermischt die Stile zum akustischen Höllencocktail. Erfunden haben das die DJs in den Kellern von London und Berlin. *Techno* heißt das Gebräu, das mir nach spätestens einer Stunde Herzflimmern und Magenweh bereitet. Die Plattenaufleger avancierten zu Stars. Sven Väth (30) kassiert bis zu 15 000 Mark pro Abend. »Ein Popstar der neuen Art« sei der Frankfurter, schrieb der *Spiegel*. »Er weiß nicht, wie man eine Gitarre richtig hält, und beherrscht auch sonst kein Instrument; er kann keine Note lesen, und eine Bühne betritt er äußerst selten. Dafür weiß er, wie Sampler und andere Computer funktionieren; er kann ein Unternehmen führen; und er hat ein jahrelang trainiertes Gespür dafür, welche Stücke auf der Tanzfläche explodieren.« Wenn die Kids in den Großstädten abtanzen, ist das der letzte Abgesang auf die Partytime der Achtziger – mit der Musik der Neunziger. Wer heute einen Hit landen will, produziert ihn in mehreren Versionen, je nach Zielgruppe wird mal dieser, mal jener Stil zitiert.

Ich, ich, ich

In den achtziger Jahren bekamen die Gesellschaften in Ost und West jenen letzten Individualisierungsschub, der die industrielle Moderne zu ihrem Abschluß brachte – und die Postmoderne hervorrief. Deren Leitspruch, eben jenes »Anything goes«, lasen wir so: Jeder suche sich sein Milieu, seine Bezugsgruppen. Das große Ganze interessierte uns nicht. »Anything goes« hieß aber auch: »Nichts ist unmöglich«, zumindest nicht für den Konsumenten. (Obwohl die Werbung in den Achtzigern stets mit dem Zeitgeist einherzuschweben suchte, dauerte es eigenartigerweise zehn lange Jahre, bis die Toyota-Leute daraus einen Spot machten.) Die *Zeitgeistmaschine* hätte somit das »Anything goes« als dialektischen Gegensatz zum *no future* ausgespieen.

In jenen Jahren blühte der »Betroffenheitskult« (Cora Stephan). Es ging nicht mehr um Politik, es ging um Selbstverwirklichung. Natürlich ging es *auch* um Politik. Aber es steckte keine Ideologie dahinter. Die Zukunft »der Gesellschaft« wurde uns egal. Wir bekamen den Hintern nur hoch, wenn das Politische ins Private einbrach, wenn die Umgehungsstraße an *unserem* Garten vorbeigeführt werden sollte, *unsere* Seminare überfüllt waren, *unsere* Laubfrösche verendeten. Und Tschernobyl! Der Kampf gegen die Kernkraft war 1986 nahezu erlahmt – bis der GAU in der Ukraine uns daran erinnerte, daß die Reaktorsicherheit mehr mit unserem Frühstück auf dem Balkon zu tun hatte, als uns lieb war. Die SPD beschloß flugs, alle Kernkraftwerke abzuschalten, falls sie an die Regierung käme – und war ob diesen Leichtsinns wenig später heilfroh, daß die Wähler ihr weitere Oppositionsjahre bescherten. Die alten Aktivisten gingen wieder auf die Barrikaden, die neuen Mütter flohen panisch mit ihren Kindern nach Gomera. Wir lebten »zwischen Bekker und Becquerel« (Bernd Guggenberger). Geändert wurde dadurch nichts. Das wollte auch keiner. Denn im Grunde war die Welt ja in Ordnung.

So waren sie, die achtziger Jahre. Jeder konnte alles sagen, und keiner scherte sich darum. Und während ich in München vor mich hin studierte, wurden die Anlässe zur ehrlichen Entrüstung von Jahr zu Jahr seltener, zumindest erschien es mir so. Wichtiger war es ohnehin, das eigene Leben in die richtige Form zu bringen. Man trug Turnschuhe und Tennissocken, wir diskutierten über Kino statt Kommunismus, und im Biergarten machte man in Bohème. Ach, was fühlten wir uns dekadent: Sonntags nicht zur Kirche gehen; die Wochenenden durchgemacht im Café Johannis in Haidhausen, wo die Jukebox bis heute Schlager der fünfziger Jahre spielt und der Papst von der Wand grüßt, danach zum Frühstück nach Salzburg. Nach Salzburg! Derlei pflegte man en passant beim Drink zu erwähnen, Hauptsache man war cool. Mit der angestrengten Beiläufigkeit, mit der wir unseren Tequila bestellten, kümmerten wir uns auch um das, was man »Beziehung« zu nennen begann. Der Ausdruck gefiel uns, weil er so schön distanziert war, ganz anders als das Therapiedeutsch der Gruppengänger. Es verschwand, je mehr die Achtziger ihrem Ende entgegengingen, bis man nicht einmal mehr lachen mochte, wenn jemand am Stammtisch ein »Das macht mich jetzt aber unheimlich betroffen, du« einwarf.

Die achtziger Jahre waren ein großes Null-ouvert-Spiel. Die Karten waren verteilt, und jeder wußte, was der andere auf der Hand hatte. Anstelle einer Außenpolitik hatte die Bundesrepublik einen herumfliegenden Pikbuben mit großen Ohren. Das reichte aus, da die Blöcke in Ost und West auf absehbare Zeit zementiert schienen. Im Inneren der westlichen Staaten blühte der Wohlstand, Grand Hand sozusagen; daß man dabei – allen voran die USA mit ihrem Präsidentendarsteller – zu wenig in den Stock gedrückt hatte, kümmerte keinen. Das Defizit von morgen interessierte nicht, Hauptsache, das Spiel lief. Und es lief gut, verdammt gut. Die Dealer der großen Trusts zogen durch die Lande und kauften, was zu kaufen war, zogen die Trümpfe heraus und machten den Rest des Ladens dicht. Wer nicht rausflog, machte in *young urban professional*. Zwanzigjährige Yuppies saßen in den Großraumbüros der Broker und zockten, was das Zeug hielt.

Dann kam der Schwarze Montag, der Börsencrash vom 19. Oktober 1987. Der eine oder andere mochte sich überreizt haben. Aber das Spiel ging weiter. Wir hatten den Glauben an das Fortbestehen der Blöcke und die Hoffnung, daß der Wohlstand auf Pump noch eine Weile währen möge. Und zu Glaube und Hoffnung hatten wir das dritte: die Liebe, Liebe zu uns und unseresgleichen. Vorbei die Zeiten, in denen sich jeder für alles Elend der Welt verantwortlich fühlte. Uns war klar, *daß* vieles falsch lief. Wir ahnten in etwa, *was* falsch lief. Aber wir wußten auch, daß niemand eine Karte im Ärmel hatte, die eine Lösung für nur *eines* der drängenden Probleme verhieß.

Die Entdeckung des Zynismus

Im heißen Sommer des Jahres 1983, kurz bevor ich zum Studium ging, lag ich tagelang auf der Terrasse des elterlichen Hauses und fraß zwei lilafarbene Bände in mich hinein, die »Kritik der zynischen Vernunft« von Peter Sloterdijk. Danach war ich reif für den Aufbruch in die große, weite Welt. Ich wußte nun: Es herrscht das »aufgeklärte falsche Bewußtsein«. (Es herrscht bis heute.) Wir handeln wider besseres Wissen. (Wir tun es bis heute.) Ein jeder hat zu sehen, wo er bleibt. (Auch wenn er dabei gelegentlich die Übersicht verliert.) Also wurschtelte ich mich durch. Das taten sie alle. Weil keiner wußte, wo es langging, konzentrierten wir uns auf das einzige, was uns halbwegs vertraut war: uns selbst. »Ich, ich, ich« war der Schlachtruf der Achtziger.

So funktionierte sie, die *Zeitgeistmaschine*, im Westen wie im Osten. Denn ohne Glaube, Liebe, Hoffnung – Blockdenken, Individualisierung und Wohlstand auf Pump – funktionierte auch der Sozialismus nicht oder das, was davon übriggeblieben war. Besonders der Rückzug ins Private war in der DDR noch extremer als im Westen. Der Preis dafür war eine kollektive Schizophrenie. Ungerührt ließ man am Arbeitsplatz die Parolen und frisierten Erfolgsmeldungen der Planwirtschaft über sich ergehen, um nach spätestens acht Stunden Hammer und Zirkel fallen zu lassen und sich mit Hacke und Schaufel dem »Grundstück« oder »Schrebergarten« zu widmen. Das taten die Älteren. Die Jüngeren trafen sich zu Gesprächskreisen in Wohnzimmern, zu Konzerten in Kellern, zum Bier im Jugendclub. Hauptsache, man wurde in Ruhe gelassen.

Dem zynischen »aufgeklärten falschen Bewußtsein« setzte Peter Sloterdijk die »Hundephilosophie« des Kynismus entgegen, als deren Verkörperung er Dionysos in der Tonne präsentierte. Das paßte uns gut ins Konzept: ironisch und sinnlich, polemisch und genießerisch, das alles im Bewußtsein, auf der richtigen Seite zu stehen, damit ließ sich leben. Nur dumm, daß die Grenzen zwischen dem bösen Zynismus und dem guten Kynismus so verschwommen waren.

Nehmen wir die BILD-*Zeitung*. In den Siebzigern war die Sache für einen anständigen jungen Journalisten einfach: Das war ein Schweineblatt, für das man gefälligst nicht arbeitete. Aber nun, in den Achtzigern, fand ich, daß es vielleicht nicht schaden könne, dort auch einmal hereinzuschauen, der Erfahrungen wegen und natürlich mit kritischer Distanz. Also: Drei Monate bei der BILD-*Zeitung*, nach zwei Monaten war ich ganz gut im Erfinden von Geschichten, alles nicht so schlimm und nur ein Spiel, ich betrieb das Handwerk schließlich kynisch mit »k« und betitelte den Praktikumsbericht keck »Ich war nicht Hans Esser«. Das schien mir intelligent, witzig und reflexiv bezogen auf den linken Diskurs. (Unter dem Decknamen »Hans Esser« hatte sich Günter Wallraff in den siebziger Jahren in eine BILD-*Zeitungs-Redaktion* eingeschlichen.) Dennoch war die BILD-*Zeitung* nicht sonderlich »angesagt«, wie das damals hieß. Das wurde sie erst in der schwarzrotgoldenen Zeit des Spätherbstes 1989, als wir täglich staunend die Kioske umlagerten, um zu begutachten, welche poetische Wendung den einheitstrunkenen Schlagzeilenredakteuren des Massenblattes heute wieder eingefallen war.

In den Achtzigern sorgten andere Presseerzeugnisse für Furore. Der träge dümpelnde Zeitschriftenmarkt wurde aufgemischt, als die Macher der alternativen Stadtblätter, die seit den späten Siebzigern von Hinterhofkollektiven auf Umweltpapier gedruckt wurden, sich entschlossen, doch lieber Kohle zu machen, statt die Welt zu verändern, Reportagen über Stallone und Prince spannender fanden als Berichte über Karottenzucht und Solifond und die grauen

Schmuddelhefte zu glänzenden Trendmagazinen im Vierfarbendruck hochtunten. Daß dennoch in keiner Ausgabe der *kritische* Beitrag über die Penner unter den IsarMainElbSpreebrücken fehlen durfte, war einerseits Relikt aus vergangenen Tagen, diente andererseits zur Beruhigung der Leserschaft, der die Lektüre das wohlige Gefühl verschaffte, Genuß und Engagement unter einen Hut gebracht zu haben.

Das Erfolgsrezept wurde flugs von Blättern wie *Tempo*, *Wiener* und *Prinz* kopiert und auf den überregionalen Markt übertragen: Die *Zeitgeist*-Postillen waren geboren – und mit ihnen ihre Protagonisten. Matthias Horx schrieb sich durch mehrere der neuartigen Publikationen hindurch. Im *Spex* gab Diedrich Diedrichsen das Trüffelschwein der populären Musik und fegte in rasantem Schweinsgalopp zwischen Politik und Ästhetik, Rap und Raps, Kohl und Cola hin und her. Und schließlich gab es noch jene Seite in *Tempo*, über die zu reden heilige Pflicht war bei den Partys der goldenen Achtziger: »Hundert Zeilen Haß« von Maxim Biller. Heute heißt es schlicht: »Die Maxim-Biller-Kolumne«, der Name ersetzt das Programm.

Das Ende der Party

Die Zeit der *Zeitgeister* ist abgelaufen. In einem Anfall von Selbsterkenntnis formulierte Maxim Biller im November 1992: »Die stolzen Achtziger haben sich verkrochen, und erst recht ihre Meinungsführer und Vorzeigepublizisten von einst. (...) Macht nur weiter so, Achtzigerveteranen. (...) Ihr habt es, genauso wie Eure schlappen 78er-Geschwister, doch gar nicht anders verdient!« Neue Bescheidenheit hat die Helden des Zeitgeistes erfaßt, es blieb ihnen auch gar nichts anderes übrig. Biller meditiert brav »über junge Eltern, alte

Träume und das Ende der Weltrevolution« (November 1993), Matthias Horx macht in seriös und bietet die Dienste seiner Trend-Agentur der Industrie an. Diedrich Diedrichsen schreibt kaum noch für Magazine, sondern ist – wie die *Süddeutsche Zeitung* anmerkte – »als General Schwarzkopf des Pop für Vorträge, Werbeagenturen und Großbanken als Edel-Outlaw zu mieten«. Die verbliebenen Yuppies lesen in den Neunzigern nicht mehr *Tempo* oder *Spex*, sondern *Max*, eine Art *Quelle*-Katalog für den unverbesserlichen Lifestyler. Nur, daß die Zeiten nicht nach Lifestyle sind.

Der Zeitgeist ist verweht. Game over. Die letzten Exemplare der aussterbenden Zockerspezies durchstreifen noch den Osten Europas und machen ihre Schnäppchen. Ihre Tage sind gezählt. Die Zukunft gehört nicht den hemdsärmeligen Machern, die in den Hotelbars zwischen Krakau und Kasachstan ihre Geschäfte tätigen. Die Unternehmer der Neunziger sitzen am Schreibtisch in Leipzig oder Frankfurt am Main und kommunizieren über DATEX-P-Leitung mit ihren Geschäftspartnern in Vilnius, Singapur oder Schanghai. Wenn es etwas gibt, das bleibt aus den achtziger Jahren, dann ist es der Computer.

Die wahre *Zeitgeistmaschine*

Zugegeben: Wir waren anfangs skeptisch. Die unbefangene Neugier unserer jüngeren Geschwister auf das, was man mit den magischen grauen Kisten alles anstellen kann, blieb uns lange fremd. Eher widerwillig vertauschten wir die Schreibmaschine mit dem PC. Aber irgendwann kriegten wir die Kurve, vergaßen, was der Gewerkschaftssekretär uns über Solidarität mit den Kollegen in der Setzerei erzählt hatte, ignorierten, was im *Öko-Test* über die Strahlengefährdung durch Bildschirmarbeit stand, gewöhnten uns an das leise

Summen im Arbeitszimmer und gewannen es lieb wie das Blubbern der Kaffeemaschine. Seitdem schreiben, redigieren und umbrechen wir an IHM, komponieren Musik und schneiden Filme auf IHM, kalkulieren und kommunizieren mit IHM, programmieren IHN, beherrschen IHN, revolutionieren IHN.

Bill Gates ist einer von uns. Bill Gates? Genau, der Bill Gates, der 1980 für IBM das Betriebssystem MS-DOS entwickelte, dann auf eigene Rechnung *Windows* kreierte und heute bei einem Privatvermögen von mehr als sieben Milliarden Dollar als reichster Mann der Welt gilt. Bill Gates ist 38. Und er hat noch eine Menge vor. Gerade ist er dabei, IBM endgültig aus dem Softwaremarkt zu verdrängen. Vizepräsident Al Gore läßt sich von ihm beim Abendessen beraten, wie die Informations-Highways der Jahrtausendwende aussehen müssen – und wie man sie vor Falschfahrern, Wegelagerern und Datenräubern schützt. Wenn Bill Gates von Seattle nach Washington fliegt, sitzt er in der Touristenklasse. Dafür stattete er sein neues Haus mit hochauflösenden Bildschirmen an den Wänden aus, auf die er rund eine Million verschiedene Motive aus der privaten Datenbank projizieren kann.

Die deutschen Bill Gates' sind weniger reich und weniger mächtig. Aber sie haben den gleichen Elan. Andreas Poliza wollte eigentlich einmal ein Anzeigenblatt gründen. Dafür schrieb er ein Programm, das die Annoncen plazierte, Seiten umbrach und abrechnete. Ein Verlagshaus war interessiert, nicht am Anzeigenblatt, aber an der Software. Mit zunächst 49, heute 75 Prozent beteiligten sich die Zeitungsverleger an der Gründung der P.INK Software Engineering GmbH & Co. Mit fünf Mitarbeitern begann das Unternehmen. Der Durchbruch kam, als die Mauer fiel. Innerhalb eines Wochenendes stellt P.INK die altehrwürdige *Leipziger Volks-*

zeitung vom Bleisatz auf elektronischen Satz um. Die Branche staunte, die Zeitungshäuser in Ostdeutschland orderten Aufbauhilfe, die BILD-*Zeitung* stieg auf Polizas Programme um, *Focus* überließ sein Betriebssystem gleich von Anfang an P.INK. Die Software von P.INK kann alles, was ein Verlag braucht, mittlerweile hat die Firma 80 Mitarbeiter und einen Jahresumsatz von 26 Millionen DM. Das erreicht man nicht mit guten Programmen allein, die Kunden wollen beraten werden, wie man sie anzuwenden hat. »Die Marketingabteilung haben wir aufgelöst«, sagt Andreas Poliza, inzwischen 33 Jahre alt. Statt dessen gibt es vier Abteilungen für Kundenbetreuung. Wichtigstes Prinzip: Jeder Anwender soll es vom Kauf bis zur Serviceleistung mit denselben Leuten zu tun haben. Das sorgt für die richtige Chemie, erspart lange Erklärungen und hilft obendrein, Hierarchien abzubauen. Jede Abteilung hat einen Leiter, obendrüber sitzt der Chef, fertig.

Was P.INK für die Printmedien ist, soll FAST für das Fernsehen werden. Es begann mit einem Zweimannunternehmen in einer WG, einer der beiden Männer ist Jörg Adelstein (28). Ich treffe ihn im »Schinkenpeter«, einem Lokal im Münchener Westend, in dem das Bier frisch gezapft ist und die Schinkenbrote die Größe von Tischtennisschlägern haben. Adelstein entschuldigt sich für Anzug und Krawatte. »Geschäftstermin.« Vor ihm auf dem Tisch liegt eine große, altmodische Kladde, in die er sich Notizen macht. »Kein Notebook?«, frage ich. »Nö, ist doch viel praktischer, hier kann ich reinmalen und Diagramme zeichnen«, sagt Adelstein und zeigt mir gleich eins.

1985 entwickelte der damalige Mathematikstudent gemeinsam mit seinem Freund, dem heutigen FAST-Chef Matthias Zahn, einen Kopierschutz für Software. Dieser *Security*-Bereich macht bis heute zwei Drittel des Unternehmensumsatzes aus, der seit 1985 von 300 000 DM auf 50 Millionen im Jahr 1993 kletterte. 18 Millionen davon verdiente FAST im Bereich Multimedia, dem zweiten Standbein, das seit 1989 entwickelt wurde. Zunächst bauten die Bitbastler den Grafikcomputer *Screen Machine*, dann die *Video Machine* – ein komplettes Fernsehstudio im PC-Format.

»Wenn ich schon einen Schritt tue, dann lieber einen großen«, sagt Jörg Adelstein. Mit diesem Motto sei er aus der niedersächsischen Provinz nach München gegangen, darum habe er das Mathestudium geschmissen, so sei die Entscheidung gefallen, in den Grenzbereich von Video und EDV einzusteigen. Die Kladde wird aufgeklappt, zwei sich überschneidende Kreise erscheinen auf dem Papier. »Da, wo die Schnittmenge liegt, sind wir. Die Kreise bewegen sich jedoch aufeinander zu. Das heißt: Wir wissen nicht, wie lange wir in dieser Nische bleiben können und wann die Großen uns fressen.« Darum bricht Adelstein schon wieder zu neuen Ufern auf. »Mein Grundprinzip lautet: Aktive Bewegung. Ich will für eine bestehende Technologie die richtige Anwendung finden, das heißt: einen Markt.« Doch wohin die Reise diesmal geht, verrät er nicht.

Wenn es sie gäbe, die Horxsche *Zeitgeistmaschine*, irgendwer von den schnellen Jungs – noch ist die Computerwelt eine Männerdomäne – hätte sie in Seattle oder Palo Alto, Hamburg oder München zusammengestöpselt und mit flinken Fingern programmiert. Womöglich *ist* der PC die *Zeitgeistmaschine*. Denn die Diskurse der achtziger Jahre hatten stets mit der Revolution zu tun, die die Apples und Ataris, Macintoshs und Hewlett Packards an Schreibtischen und in Hirnen auslösten. Erst als am Computer das legendäre Apfelmännchen gezeichnet war und jeder sehen konnte, daß auch im größten Kuddelmuddel Ordnung herrscht, konnte die Chaostheorie so populär werden, daß die Wissenschaftsredakteure über Jahre hinweg zu tun hatten. Erst als die Prototypen der *Cyber-space*-Handschuhe uns in virtuelle Welten entführten, verstanden wir annähernd, was wir da Mitte der achtziger Jahre eigentlich diskutiert hatten, als wir uns Baudrillard und Lyotard und die Simulation des Simulacrums um die Ohren gehauen hatten. Was wäre die strukturalistische Textanalyse ohne ihre Software, was die Luhmannsche Systemtheorie ohne ihre Analogien in der vernetzten Computerwelt? Wie soll die postindustrielle Gesellschaft des Daniel Bell anbrechen, wenn nicht dadurch, daß ihre Mitglieder ihre Arbeit zu Hause am PC verrichten?

Vieles, was sich seit Mitte der achtziger Jahre unter dem Sammelbegriff der *Postmoderne* tummelte, wurde erst möglich durch den Siliconchip. Die industrielle Moderne hatte unter dem Paradigma des Fortschritts gestanden, *das Neue* war ihr oberster Wert. An seine Stelle setzten die Postmodernisten das *Zitat*. Beliebig zitieren zu können setzt jedoch voraus, beliebig zitieren zu *können*, das heißt: Der Kanon muß verfügbar sein. Dazu bedarf es der entsprechenden Speicherkapazitäten und Zugriffsmöglichkeiten oder, anders gesagt: Hardware und Software müssen stimmen. Der PC hat die postmoderne Ära eingeläutet.

In den achtziger Jahren schien es jedenfalls so. Gegen das Wort von der *Postmoderne* hat Ulrich Beck den Begriff der *reflexiven Modernisierung* gesetzt. Vorbei der Glaube, es dürfe, die Hoffnung, es werde, der Liebeswunsch, es könne so weitergehen wie bisher. »Die Modernisierung raubt kraft ihrer Verselbständigung der industriegesellschaftlichen Modernisierung ihre Grundlagen und Koordinaten.« Die Risiken, die sie produziert, sind für die Moderne mit ihren eigenen Mitteln nicht mehr steuerbar. Das hatte man in Bitterfeld, Senftenberg und Wolfen schon in den achtziger Jahren begriffen. Nur mit dem Unterschied, daß man diesen

Prozeß auf den sozialistischen Strang des Modernisierungsprozesses beschränkt glaubte. (Heute wissen wir es besser.) Christoph Dieckmann beschreibt zwei Möglichkeiten, sich dazu zu verhalten. Eine quasi-postmoderne, Motto: Man *»weiß alles und glaubt an nichts.«* Oder jene unheilbar moderne Haltung, die den *»Staat immer noch ernsthaft behandelt. Nach uns tat das niemand mehr.«* Die jungen ostdeutschen Intellektuellen waren die letzten Mohikaner der Moderne in der DDR. Ihre Ernsthaftigkeit war gespeist aus dem Bewußtsein, daß die Geschichte noch nicht an ihr Ende gekommen ist. Sie sollten recht behalten. Das Schicksal, das viele in den Achtzigern abgeschafft wähnten, hat uns wieder. *The party is over.*

Unternehmer braucht das Land

»Dirk Schmidt kostet die Gnade seiner späten Geburt sichtlich aus. Seine Jugend hat ihn davor bewahrt, jenes Trauma zu durchleben, das als ›Schwarzer Montag‹ in die Börsengeschichte einging. Als am 19. Oktober 1987 die Kurse in freiem Fall nach unten sausten, war er noch in der Banklehre. ›Diese jungen Leute damals‹, sagt der Berufsanfänger im dezent dunklen Anzug, ›sind aus Unerfahrenheit in den Crash gegangen.‹ – ›Diese jungen Leute‹, so doziert er weiter, ›waren geblendet durch immer höhere Kurse.‹ Dachten wohl, das gehe immer so weiter. Nein, mit den Nachwuchskapitalisten der Vor-Crash-Zeit, die ihren Reichtum mit schnellen Sportwagen, erlesen modischer Kleidung und dem Flair teurer Duftwässer protzig zur Schau stellten, will der Twen wirklich nicht in einen Topf geworfen werden. Damals in den Boomjahren kauften seine Altersgenossen von ihren Jahresgehältern – oft 300000 Mark und mehr – elegante Wohnungen, Kunst und Yachten. Die Börsenyuppies von heute empfinden solche Angebereien als unfein. Wer als smarter Jungbanker etwas auf sich hält, fährt mit dem Fahrrad zur Börse. Dirk Schmidt – er hofft in seinem ersten Berufsjahr auf sechsstellige Verdienste – erzählt gern von seinem bescheidenen Appartement. Sein Kleinwagen ist japanischer Herkunft, und im Urlaub reiste er mit dem Rucksack durch die Türkei.«

Es war das ZEIT-*Magazin*, das 1990 zuerst von der Trendwende bei den deutschen Jungbörsianern berichtete. Zunächst waren es lediglich die Attitüden, die sich änderten.

Jetzt, Mitte der Neunziger, ist eine neue Managergeneration herangewachsen, die sich nicht nur äußerlich von den Yuppies der achtziger Jahre unterscheidet. »Mit Grausen denkt Jan Grothe an seinen letzten Job zurück. Die starre Firmenphilosophie ließ ihm keinerlei Freiraum. So mußte er jeden Morgen Punkt halb neun im Büro erscheinen, obwohl er häufig bis nachts um zwölf durchackerte. Für völlig unwichtige Entscheidungen brauchte er das Okay von oben, und sogar die Kleidung war vorgeschrieben. Täglich mußte er sich in einen korrekten Anzug mit Hemd und Krawatte zwängen. ›Ich fühlte mich wie in einer Rüstung‹, stöhnt er heute noch. Die strengen Regeln schlugen ihm auf die Arbeitsmotivation. ›Ich arbeite nicht nur wegen des Geldes, sondern auch aus Leidenschaft.‹ Geld scheffeln, um sich damit repräsentative Statussymbole leisten zu können, gehört nicht zur Lebensphilosophie der neuen Managertypen wie Jan Grothe.« Derlei steht heute nicht mehr im ZEIT-*Magazin*, das mit jedem Monat dünner wird, weil die Anzeigen ausbleiben. Geschichten wie diese finden sich in Publikationen wie *!Forbes*, das sich Anfang 1994 die Dachzeile zulegte: »Das Wirtschaftsmagazin der neuen Business-Generation.«

Wer nach gemeinsamen Kennzeichen der Mauerkinder in Nadelstreifen sucht, der stößt darauf, daß nur wenige von ihnen auf direktem Wege in die Wirtschaft steuerten. Während denjenigen, die in den achtziger Jahren heranwuchsen, Vokabeln wie Performance, DAX und Cash-flow spielend von den Lippen kamen, war es in unserer Jugend Ende der siebziger verpönt, sich auch nur annähernde Kenntnisse im Finanzwesen anzueignen. Wir hatten die Gewißheit, daß die Konzerne – und es existierten für uns ausschließlich Konzerne, daß es andere Unternehmen geben könnte, lag jenseits unserer Vorstellungskraft –, daß diese Konzerne also danach strebten, uns alle in den Würgegriff zu nehmen. Mit dem

Reich des Bösen auf der anderen Seite des Sparkassentresens wollten wir sowenig wie möglich zu tun haben. Das war im Westen. Und in Ostdeutschland war ohnehin klar, daß der Kapitalismus die Welt zugrunde richten würde.

Irgendwann in den achtziger Jahren ahnten wir, daß die Dinge womöglich so einfach nicht waren, wie es uns FDJ-Sekretäre und 68er Lehrer erklärt hatten. Wir wurden neugierig. Vorsichtig hoben wir das erste Geld von den Sparkonten ab und legten uns Aktien zu. Dann, nach dem Studium der Germanistik und Soziologie, klopften wir in den Marketingabteilungen der Unternehmen an, und wenn wir Glück hatten, gar nebenher ein wenig Betriebswirtschaft oder Jura gehört hatten, fanden wir, die Zeichen der Zeit im rechten Moment erkennend, dort einen komfortablen Unterschlupf. Anfangs plagte uns womöglich noch das schlechte Gewissen, und beim Abendessen mit den ehemaligen Kommilitonen verstiegen wir uns zu abenteuerlichen Rechtfertigungstiraden für unseren Pakt mit dem Klassenfeind, doch das legte sich.

Mit der Zeit dämmerte uns, daß es vielleicht von Vorteil war, nicht allzu früh und allzu kritiklos den Weg in ein Unternehmen gefunden zu haben. Weil wir von draußen kamen, fiel uns eher auf, wo etwas im argen lag. Und weil wir gelernt hatten, die Dinge zu hinterfragen, begannen wir, den Laden umzukrempeln, nun gut, nicht gleich den ganzen Laden, aber das Büro, die Abteilung. Es gibt keine besseren Unternehmensberater als uns Mauerkinder. Unternehmensberater, das waren in den achtziger Jahren jene ungemein wichtigen jungen Herren mit dem MBA-Abschluß in der Tasche, die man auf den Inlandsflughäfen auf dem Weg von ihrem zweiten zum dritten Termin traf, die stets herangezogen wurden, wenn eine Story über karrieregeile Singles zu schreiben war und die meist nach zwei, drei Berufsjahren das Handtuch warfen.

Die Unternehmensberater der Neunziger sind anders. »Wir sind Spätberufene in Sachen Wirtschaft. Wir hatten kein selbstverständliches Interesse dafür wie etwa die Generation nach uns. Dennoch haben wir uns auf den Weg ins Management gemacht«, sagt Christian Veith (35) von der Boston Consulting Group in Düsseldorf. Die Niederlassung wurde 1982 eröffnet. Die Zahl der Mitarbeiter wächst jährlich um rund ein Drittel, darum braucht die BCG ständig neues Blut. Bernd Waltermann (34) ist Recruiting Manager, er ist zuständig dafür, daß der richtige Nachwuchs ausgewählt wird. Mir fällt auf, daß die beiden Herren eine identische Sitzhaltung haben: die Beine übereinandergeschlagen, diagonal zur Sitzfläche, ein Arm lässig über die Lehne gelegt. Es ist eine saloppe Korrektheit, die die beiden ausstrahlen. Trotz seiner grauen Haare und der tiefen Stirnfalten wirkt Bernd Waltermann jungenhaft. Das Klischeebild vom gestreßten Berater ist ihm zuwider. »Wer hier dreimal erzählt, er arbeite 80 Stunden in der Woche, der wird mitleidig angeguckt. Natürlich arbeiten wir viel, aber Arbeit ist kein Wert an sich. Einmal im Jahr machen wir das Büro für ein paar Tage dicht und treffen uns irgendwo. Beim letzten Mal waren bestimmt 60 Kinder dabei.« Familie ist Bernd Waltermann ebenso wichtig wie der Beruf. »Die Scheidungsrate unserer Berater liegt, soweit ich das beurteilen kann, bei Null. Und wem es wirklich mal zu viel wird, der kann ein *leave of absence* nehmen, eine Zeitlang aussteigen, um den Kopf frei zu kriegen.«

Die Querdenker

Ende 1993 startete eine Künstlergruppe in Berlin-Prenzlauer Berg ein kapitalistisches Experiment. In der kleinen Galerie »O zwei« wurden einen Monat lang *Knochen* verkauft,

Geldscheine, die von Künstlern aus dem Kiez entworfen und gedruckt wurden. Mit dem Kunstgeld konnte in den Kneipen und Läden zwischen Kollwitz- und Helmholtzplatz bezahlt werden. Der Clou: Die *Knochen* wurden von Woche zu Woche weniger wert. »Schwundgeld« heißt das Prinzip, »damit soll sichergestellt werden, daß das Kapital nicht bei den Banken landet, sondern daß es jeder nach seinen Bedürfnissen ausgibt«, sagt der Dichter Bert Papenfuß-Gorek (37), einer der Initiatoren des Projektes. »Wir haben allerdings die Erfahrung gemacht, daß nur rund ein Fünftel der Scheine in Umlauf gebracht wurde. Die spekulieren alle auf den Kunstmarkt.« Offensichtlich ist der Sammeltrieb des Menschen ausgeprägter, als man denkt. Dennoch: Einen Versuch war es wert, alle haben eine Menge Spaß gehabt und wie, wenn nicht durch Experimente, sollte man sonst herausfinden, was die Geldscheinbesitzer mit ihrer Kohle wirklich anfangen wollen?

Experimentierfreudigkeit zahlt sich aus. In einem aufwendig gemachtem Heft der Boston Consulting Group, das an Hochschulabsolventen adressiert ist, heißt es über die Unternehmensberater von morgen: »Sie brauchen die Neugier des Reporters und die Unbestechlichkeit des Empirikers, die analytischen Fähigkeiten eines Wissenschaftlers – und die Einsicht, daß zuviel Vernunft unvernünftig sein kann, weil sie keine Überraschungen beinhaltet. Deshalb brauchen Sie auch die schöpferische Kreativität eines Künstlers und etwas vom visionären Denken eines Gründervaters oder Alternativen. Und das ist erst der Anfang.«

Querdenken ist inzwischen auch bei den Unternehmen gefragt. »Die holen uns als *Entkruster*, weil sie wissen, daß wir unkonventionelle Vorschriften machen. Das ist für sie weniger riskant, als wenn sie die Querdenker im eigenen Betrieb hätten«, sagt Antonella Mei-Folter (34), Geschäftsführerin der Münchener BCG-Niederlassung. »Wir sind ziemlich ausgeflippt«, beschreibt sie ihre Mitarbeiter. »Das kommt, weil ich selbst die Anarchie liebe und gerne die Regeln breche. Als Italienerin tue ich mich damit leichter als die Deutschen.« Anders als ihre zurückgelehnten Düsseldorfer Kollegen sitzt sie vornübergebeugt am Tisch und fixiert mich derart, daß ich meinen Blick über die Dächer von München lenke, um dem Augenpaar zu entkommen. Ich habe keine Chance. Die Stimme fängt mich wieder ein, ein Organ zwischen Gianna Nannini, Grace Jones und Basic Instinct. Nein, sie habe nichts dagegen, wenn man sie als attraktiv bezeichne, sagt Antonella Mei-Folter. »Wir empfangen die gleichen Signale wie jedermann. Wir interpretieren sie nur anders. Das ist eine Frage der Kombinatorik.« Mehr über die Kunst der Unternehmensberatung will sie nicht verraten. »Geschäftsgeheimnis.«

Der Schweigsame

Geheimniskrämerei pflegt auch der Kölner Verleger Benedikt Taschen. Der 33jährige Arztsohn gibt sich sperrig. Seit einer Stunde sitze ich ihm an seinem Schreibtisch gegenüber, und mein Block ist nahezu leer. Mühsam tröpfeln die Antworten. Vielleicht ist es einfach zu früh, 11 Uhr vormittags, vor zwölf erscheint Taschen sonst selten im Verlag. Vielleicht hat er einfach keine Lust. Aber vielleicht ist er auch einfach so. »Ich kann mich häufig nicht klar und verständlich ausdrücken, nur kryptisch.« Das sagt er nicht mir, sondern der Kollegin von der ZEIT. Überhaupt, man könnte ja mal nachgucken, was die anderen über ihn geschrieben haben.

»Als ein Mannheimer Buchhändler maulte, schon allein der Transport der Bücherflut in den Laden sei für seine Angestellten nicht zumutbar, spendierte der fixe Verleger den strapazierten Kollegen einen Body-Building-Kurs im nächsten Fitneß-Studio«, schrieb das *Lufthansa-Magazin*. Dazu muß man wissen, daß der Taschen-Verlag den Händlern nur abgepackte Kartons liefert, keine Einzelexemplare. 250 bis 1000 Stück pro Halbjahr müssen die dann verkaufen. Bislang lagen die Taschen-Bände immer in Stapeln herum. Auch das schrieb der Verlag vor. Jetzt hat ein ostdeutscher Designer Metallregale in den Grundfarben gestylt, damit die Kassen in den Buchhandlungen nicht mehr so zugemüllt aussehen. Noch einmal das *Lufthansa-Magazin* über Benedikt Taschen: »Ihn treibt, wie er gern zugibt, ein Wechsel zwischen Unruhe und Lethargie.« Der Unternehmer begann mit 14000 Magritte-Bänden, die er für einen Dollar pro Stück erwarb und binnen zwei Monaten für 9,95 DM verkauft hatte. So wurde vor zehn Jahren aus dem Comic-Händler der Verleger, der sein Geld bis heute vor allem mit preiswerten Kunstbüchern verdient. Derzeit hat der Verlag 70 Mitarbeiter, bringt jährlich 40 Titel heraus, die in 22 Sprachen erscheinen und in rund zehn Millionen Exemplaren über die Ladentische gehen – in etwa, denn genaue Zahlen rückt der schweigsame Verleger nicht raus. »Alle drei Sekunden verkaufen wir ein Buch.« Das sagt nicht Benedikt Taschen, derlei knackige Sprüche kämen ihm nicht über die Lippen. Für das Entertainment hat er seine Leute wie etwa den französischen Starphotographen, der ihn und seine Cheflektorin für den '93er Katalog ablichtete: der Verleger auf einem Bistrostuhl, neben ihm auf einer Stele die Lektorin und Lebensgefährtin – nackt.

Der Verlag, der mit Picasso, Dalí und Gauguin groß wurde, geht heute neue Wege. Er beschränkt sich nicht länger auf Bücher, sondern vermarktet die Kunst auch auf Postkarten und Postern. Nach Architektur und Erotik hat Taschen nun die Tier- und Naturfotografie entdeckt. Ob das weichgezeichnete Bilder von Mädchen auf der Pferdekoppel würden, frage ich in der Hoffnung, den Verleger aus der Reserve locken zu können. Der Versuch gelingt. »Es gibt keine Naturbücher der neunziger Jahre, die wollen wir machen,« sagt er, greift dann hinter sich und zieht einen Band vom Stapel auf der Fensterbank. »Sehen Sie, alle Farben, alle Formen, Strukturen, die auch in der Kunst da sind, gibt es schon in der Natur.«

Aber halt, jetzt sind wir schon mitten im Gespräch, wenn man es denn so nennen will. Doch zuvor seien die Räumlichkeiten gebührend gewürdigt. »Eine Mischung aus Büro und Museum« sei der Firmensitz, ein Bürgerhaus in Köln, schrieb *Ambiente*. Allgemein gelobt wird die Kantine, sowohl was die Ausstattung als auch die Speisen anbelangt. Kein Berichterstatter kommt ohne den Verweis auf den Türgriff in Form eines Donald-Duck-Kopfes aus, und auch der Raum mit den Werken von Jeff Koons findet zumeist Erwähnung. Das alles wird mir gezeigt von der Pressedame des Verlages, während des Rundganges huscht immer wieder einmal ihr Chef vorbei, »Komme gleich«.

Dann sitzen wir endlich in seinem Büro am Schreibtisch, hinter ihm eine seltsam verbogene Straßenlaterne, neben ihm das Foto mit der geliebten Lektorin. Von der Straße dringt permanent Autolärm durch das halboffene Fenster. Benedikt Taschen fummelt an einem Anspitzer herum. Ob seine billigen Bücher ein Beitrag zur Demokratisierung der Kunst seien, will ich wissen. »Wenn andere diesen Rückschluß ziehen, ist das deren Sache.« Fummeln am Anspitzer. »Wenn die Leute Spaß daran haben, finde ich es okay.« Immer noch Fummeln am Anspitzer. »Das ist mir ehrlich gesagt zu blöd, darüber zu sprechen.« Er wechselt das Werkzeug, nimmt jetzt einen Kugelschreiber zu Hilfe. »Es ist ja unerträglich, was in der Buchbranche für ein Blödsinn geredet wird.« Das Blei ist raus. Er beginnt zu spitzen. »Dabei geht es allen nur ums Geld.«

Ich lege einen Zahn zu. Ich habe gelesen, er sei oberflächlich. »Mein Wissen ist unstrukturiert.« Pause. »Ich glaub' nicht, daß ich oberflächlich bin, ich glaub', das Gegenteil.« Taschen tippt auf das Keyboard zu seiner Linken. »'tschuldigung, da war gerade eine Nachricht für mich, aber fragen Sie nur.« Er tippt weiter. Ich frage nach seiner Rolle im Verlag. »Um noch mal auf das ›oberflächlich‹ zurückzukommen: Das kann ich selbst nicht beurteilen. Oder doch. Also: Wenn Sie unbelastet denken können, ist das ein Vorteil.« Ich frage erneut nach seiner Rolle im Verlag. Taschen beginnt, Dreiecke auf ein Post-it zu malen, das in seinem aufgeschlagenen Kalender liegt. Als er sich vorbeugt, ist die Halskette zu sehen, die vor der Brust baumelt. »Mein Job ist der eines Impresarios, das ist es, was ich kann, verschiedene Leute zusammenbringen.« Gekritzel. »Das ist es auch, was der Verlag macht: ganz verschiedene Dinge zusammenbringen.« Unvermittelt greift er zum Telefon und bittet eine Sekretärin, einen 100000-Dollar Scheck bereitzustellen. Löst er gerne Probleme? »Das interessiert mich nicht unbedingt.« Pause, Gekritzel. »Mein Prinzip ist eher, die Dinge in Frage zu stellen.« Gekritzel. »Das ist eine philosophische Frage: Will man sehen, was es sonst noch so gibt auf der Welt oder nur das, was man bereits kennt.« Ich gebe auf und sage Dankeschön. Da schaut er plötzlich mit großen Augen auf: »Ich spreche nicht gerne über mich. Ich habe genug Selbstbewußtsein, um mir einzubilden, daß ich das nicht nötig habe.« Und dann fragt er ohne einen Funken Ironie: »Macht man das denn nicht auch so als Unternehmer?« Ich weiß es nicht, im Verlag weiß es auch keiner, weil niemand über gesicherte Erkenntnisse im Unternehmertum verfügt. Das Durchschnittsalter der Mitarbeiter liegt hier bei 30 Jahren, genau wie bei den Unternehmensberatern von Boston Consulting oder den Fernsehmachern des Privatsenders RTL.

Im gleichen Alter waren die 68er noch Studenten, Referendare, Berufsrevolutionäre. Die Protagonisten der Mauerkinder sind Freiberufler, Unternehmer, im schlimmsten Fall Politiker. Der Grund: Obwohl die Gesellschaft ingesamt älter wird, sind die Zugangschancen für uns Jüngere größer als seinerzeit. Das verdanken wir nicht zuletzt den 68ern. Doch die sehen ihren späten Erfolg mit Skepsis. Gunter Hoffmann, einer von ihnen, schrieb in der ZEIT: »Die APO des Jahres 1992 bilden nicht wie 1968 Studenten, sondern in erster Linie Bürgersleute, die sich in ihren Gewohnheiten und Zukunftsplänen bedroht fühlen.« Herr Hoffmann irrt. Womöglich sind wir ja biedere Bürgersleute. Aber alte Gewohnheiten können uns gar nicht bedroht genug sein. Zukunftspläne sind dazu da, über den Haufen geworfen zu werden.

Markus Petersen, der das STATT-Auto erfand, erklärt: »Die Entscheidung für STATT-Auto war ein bewußter Bruch mit der vorgezeichneten Karriere: Banklehre – Studium – Ausland, bis dahin war ich. Danach wäre Unternehmensberater oder so gekommen. Ich wollte aber lieber selbstbestimmt arbeiten.« Bruder Carsten pflichtet bei: »Bei mir war es genauso. Ich habe Philosophie und Literatur studiert, vorher Sozialarbeit in einem selbstverwalteten Projekt gemacht. Seit dieser Zeit weiß ich, daß ich nicht gut mit Vorgesetzten wie etwa den Leitern wissenschaftlicher Institute kann.« Soviel zum Thema »Zukunftspläne«. Auch in puncto »alte Gewohnheiten« sind die Brüder Petersen gute Gewährsmänner. »Ziel von STATT-Auto ist es ja gerade, die Leute aus dem alten Trott zu reißen«, sagt Markus Petersen. Daß er selbst in Bequemlichkeit verfällt, steht nicht zu befürchten, heckt er doch ein Projekt nach dem anderen aus. »Das Umsteigen auf öffentlichen Plätzen muß neu strukturiert werden. Wenn man heute im Wartehäuschen auf den Bus wartet, sieht man Autos, Autos, Autos. Wir wollen zeigen, daß es auch anders geht.« Darum tüftelt er an einer »Mobilstation«, die es erlaubt, vom Fahrrad auf den Bus oder vom Auto in die U-Bahn umzusteigen, ohne daß der Wartende mit Lärm und Gestank belästigt wird.

STATT-Auto ist die Mutter des Car-Sharings in Deutschland; die meisten Nachahmer kamen nach Berlin, um sich einen Tag lang beraten zu lassen, dann zogen sie ab, ein paar Blaupausen im Gepäck. Das improvisierte Verfahren befriedigte die Petersens nicht. So hoben sie zusammen mit Schweizer Kollegen die Balance, eine Franchising GmbH, aus der Taufe. Indem sie Idee und Beratung als Komplettpaket verkaufen, springt für beide Seiten mehr heraus: Die einen werden reell bezahlt, die anderen haben einen dauerhaften Ansprechpartner. Die ersten Franchise-Nehmer gibt es in Amster-, Rotter- und Potsdam, außerdem in Berlin-Hohenschönhausen und -Marzahn, »da ist die Bevölkerungsdichte hoch, und es wohnen viele junge Familien dort – ein idealer Markt.«

Dagmar Theben macht ebenfalls in Franchising. Wir treffen uns im Szene-Café im Prenzlauer Berg. Die Geschäftsführerin unterscheidet sich äußerlich nicht von den Romanistikstudentinnen am Nebentisch. Nach dem Studium wollte die Betriebswirtschaftlerin gerne »irgend etwas im Umweltbereich machen«. So kam sie als Vorstandsassistentin zur Lösch Umweltschutz AG, die mit Müllentsorgung rund 200 Mio. umsetzt. »Vieles von dem, was die machen, hat mich nicht so sehr interessiert – Klärschlämme und dergleichen. Ich war neugierig darauf, wie sich der Umweltschutz den Kunden am besten vermitteln läßt. Die Menschen sind nun einmal bequem. Man muß ihnen entgegenkommen.«

In der Lösch AG gab es den Deckelsack, Mülltüten aus

umweltfreundlichem Polyäthylen, auswasch- und recycelbar, mit einem Deckel gegen Geruch. »Es hatte sich nur noch keiner so richtig Gedanken gemacht, wo die Deckelsäcke überall angewendet werden können.« Heute gibt es sie in allen Größen und Ausführungen, von der Brechtüte für den Flieger bis zum Großcontainer. Doch mit dem Sack alleine ist es nicht getan. »Wie kann ich die Kunden überzeugen, ihn sinnvoll einzusetzen, und wie kann ich sie am besten betreuen? Während meines Studienaufenthaltes in den USA hatte ich mich mit Franchising beschäftigt. Das schien mir die beste Lösung.« Dem Vorstand auch, so wurde die Septicont Franchising GmbH gegründet und die damals 25jährige zur Geschäftsführerin ernannt.

»Die Franchisenehmer erhalten bei uns Schulung, Produkte und Logistik. Wir haben kein Patentrezept, sondern versuchen, mit den Entsorgern vor Ort zusammenzuarbeiten. Ziel ist es, daß so viele Wertstoffe wie möglich wiederverwertet werden.« Damit die Speiseabfälle aus den Restaurants nicht auf der Kippe landen, reiste Dagmar Theben wochenlang umher und besuchte Landwirte, die das Zeug verfüttern. Die Köche und ihre Helfer werden motiviert, indem sie eine Rückvergütung erhalten, die um so höher ist, je mehr sortiert wird. »Wir zahlen das nicht an die Unternehmen, sondern an die Mitarbeiter. Denn die sind es schließlich, auf deren Hilfe wir angewiesen sind.« Das ist nicht immer zur Freude der Unternehmer, wie etwa bei jenem Gastronomen, dessen Belegschaft sich von der Ausschüttung ein Radio für die Küche zulegte, das seitdem unablässig dröhnt.

Die besten Ideen kommen Dagmar Theben, wenn sie allabendlich über die westfälischen Äcker reitet. Die Zeit nimmt sie sich. Bei ihrer Suche nach Anwendungen für den Deckelsack wurde sie jetzt in Krankenhäusern fündig. »Ich bin einfach in ein Krankenzimmer gegangen und habe den

Mülleimer auf dem Boden ausgeleert, um zu sehen, was da so alles drin ist und wie man das am besten trennen kann.« Für die Kindergärten ließ sie einen Pappmachéhalter in Gestalt eines Känguruhs fertigen. Am liebsten wäre ihr, wenn man sich international darauf einigen könnte, die Müllsäcke nach Farben zu standardisieren. »Dann wüßten die Menschen, was sie in welchen Beutel werfen müssen, ohne vorher lange zu überlegen.«

Wie für den schnellen Softwaremann Jörg Adelstein, der für bestehende Computersysteme neue Anwendungen suchte und fand, ist es auch Dagmar Thebens Prinzip, lieber etwas auszureizen, was es schon gibt, als ewig an etwas zu basteln, das dann keiner haben will. Letzteres ist besonders in Deutschland verbreitet. Die nahezu unverkäufliche Mercedes-S-Klasse ist das beste Beispiel dafür. Inzwischen hat Daimler reagiert und wirbt für die verschiedenen Varianten der neuen C-Klasse mit dem Slogan: »Und welches Auto dürfen wir für *Sie* bauen?«

König Kunde

Helmuth von Grolman (32) war früher bei der Daimler-Tochter AEG für den Marketingbereich zuständig. Er kennt die Probleme. »In Deutschland denkt man immer vom Produkt her. Wir tüfteln und tüfteln, darin sind wir Weltmeister. Vom Markt her zu denken, da müssen wir noch viel lernen.« Jürgen Hess (32) und Jürgen Pollock (38) wollen mit ihrer New Yorker Soho Advertising und Public Relations deutschen Agenturen den Einstieg in den US-Markt erleichtern. »Deutsche Firmen denken immer, daß *Made in Germany* für sich spricht. In Amerika ist der Schein aber genauso wichtig wie das Sein.« Nicht nur in Amerika.

»Wir leben in einer Schnäppchengesellschaft, wir müssen

also den Leuten das Gefühl vermitteln, ein Schnäppchen gemacht zu haben. Wir verkaufen nicht das Produkt, sondern das Lebensgefühl«, sagt Helmuth von Grolman. Um das zu tun, machte er sich vor zwei Jahren selbständig. Er verhandelt nun mit denen, die seinen früheren Job machen. »Unser Kunde ist nie das Unternehmen, sondern der Marketing-Mann mit all seinen Interessen innerhalb des Unternehmens. Wenn er meine Idee als seine verkauft, ist mir das nur recht. Ich möchte nie, daß die sich selber was aus den Fingern saugen müssen. Denn schließlich war es *seine* Idee, uns zu beauftragen. Wenn ein Problem auftaucht, sage ich dem Kunden also nicht: ›Da ist ein Problem‹, sondern präsentiere ihm mehrere Lösungen, unter denen er dann wählen kann.« Dann erzählt er stolz die Geschichte von jener Bank, die Werbebroschüren drucken und an 250 ausgewählte Führungskräfte verschicken wollte. Grolman: »Wer hat denn noch die Zeit, Broschüren zu lesen? Das landet direkt im Papierkorb.« Darum ließ er von Hand persönliche Briefe an die Zielgruppe schreiben – die Rücklaufquote war überdurchschnittlich hoch.

Das Fünfmannunternehmen des Helmuth von Grolman befindet sich in einer alten Fabrik im Frankfurter Vorort Oberrad. Auf ein teures City-Büro verzichtet er, um die Fixkosten niedrig zu halten. In letzter Zeit hat er ein zweites Standbein entdeckt, »Personality-PR«. Wer in die Öffentlichkeit strebt, dem vermittelt er ein Forum, sei es ein Fachpublikum, seien es Presse, Funk und Fernsehen. Helmuth von Grolman ist ein leidenschaftlicher Kommunikator. »Ich will durch Kommunikation etwas bewegen. Ich hatte mal die Idee mit dem Aids-Truck. Da sollten HIV-Infizierte mit einem LKW Hilfsmittel nach Bosnien bringen, gesponsert von verschiedenen Unternehmen.« Wachrütteln sollte die Aktion, Aufmerksamkeit schaffen für die Betroffenen, Motto: »Aids-Engel bringen Hoffnung in die Welt.«

Das ist zynisch. Helmuth von Grolman kalkuliert damit. »Ein berechneter Zynismus ist der Motor dieser Idee.« Er bleibt nicht bei der klassischen Marketing-Beratung stehen. »Wir schreiben nicht nur Konzepte, sondern kümmern uns auch um deren Umsetzung. Im Grunde sind wir für das jeweilige Projekt Unternehmensberater, Marketing-Abteilung und Dienstleister in einem.« Das klingt einfach. Wer das Geschäft kennt, weiß, daß der Ansatz neu ist.

In den achtziger Jahren holte man sich für viel Geld einen Unternehmensberater ins Haus, ließ den seine Analysen machen und ein Papier erstellen, das dann ungelesen in der Schublade verschwand und nur dazu herhalten mußte, die ohnehin geplanten Personalentscheidungen, sprich: Entlassungen, zu legitimieren. Heute gehe es um mehr, erklärt Unternehmensberater Bernd Waltermann von der Boston Consulting Group. »Wir betreiben mittlerweile eine Art Prozeßmanagement. Bei ABB habe ich sogar die Umzugspläne selbst geschrieben. Dieser Wandel war von den Kunden gewünscht. Die wollen lieber eine achtzigprozentige Lösung umgesetzt wissen als eine hundertprozentige in der Ablage vergammeln zu lassen.« Das hat zur Folge, daß die Unternehmensberater heute andere Mitarbeiter einstellen als noch vor zwei, drei Jahren. »Früher brauchten wir die intellektuellen Highflyer, heute suchen wir Typen, die mit den Kunden klarkommen. Das sind zumeist Leute, die schon Industrieerfahrung haben, und die sind schwer zu finden.«

Die neue Unternehmensphilosophie

Unterwegs auf einer meiner Recherchen für dieses Buch sitze ich Anfang 1994 im Zug neben einer Gruppe von Eisenbahnern. Lautstark wird über die Folgen der Bahnreform debattiert. Die und die Abteilung gehörten sowieso dichtgemacht, der und der müsse entlassen werden, *mobbing* in Reinkultur. Mit einem Mal wird mir klar, wie wichtig es ist, daß die Mitarbeiter eines Unternehmens wissen, warum und mit welchem Ziel umstrukturiert wird.

Die Unternehmensberater der BCG beherzigen das seit langem, sagt Bernd Waltermann. »Wir haben keine fertigen Konzepte bereitliegen. Dadurch besteht zwar die Gefahr, daß wir gelegentlich das Rad neu erfinden. Der Vorteil ist, daß wir kundenspezifisch arbeiten. Der weitaus größte Teil der Ergebnisse kommt aus der Zusammenarbeit mit den Kunden; dadurch sind die natürlich stärker motiviert, das auch umzusetzen.«

Britta Steilmann (28) wurde 1993 zur »Öko-Managerin des Jahres« gekürt. Den Titel verdiente sie sich mit ihrer Modekollektion, bei der sie versucht, die Gewebe frei von Pflanzengiften zu halten und umweltschonend zu produzieren. Anfang 1994 zog es sie von den weichen Stoffen in die harte Männerwelt des Fußballs. Britta Steilmann diente sich dem Bundesligisten Wattenscheid 09, dessen Hauptmäzen ihr Vater ist, als Managerin an. Der Verein stieg ab. »Das Sportliche interessiert mich nur am Rande. Ich weiß nur, daß man durch gezielte Maßnahmen in der Fanpolitik oder ein aktiveres Vereinsleben die sportlichen Erfolge verbessern kann. Wenn die Mannschaft vor mehr Zuschauern spielt, dann ist die Motivation auch bedeutend höher«, sagt Britta Steilmann.

Da ist es, das Zauberwort »Motivation«, entsprungen aus dem Vokabular der Selbsterfahrungsgruppen der siebziger

Jahre, wieder und wieder gepaukt in Managerkursen unter kalifornischer Sonne, aber irgendwie in Vergessenheit geraten in den windstillen Achtzigern, als alles wie von alleine zu laufen schien. Es war die Zeit, als die Konzerne begannen, sich neue Imperien zusammenzukaufen. »Synergie« hieß die Parole, unter der beispielsweise Edzard Reuter daranging, aus dem Automobilbauer Daimler einen »Technologiekonzern« zu basteln. Jetzt steht er vor den Trümmern des halbfertigen Hauses und hat nicht einmal das Geld für den Abriß der Ruine. Ehrlich gesagt habe ich das mit der »Synergie« nie ganz verstanden. Heute spricht kein Mensch mehr davon. Statt nach außen zu blicken, die Unternehmen auszubauen und zusammenzulegen, sieht man nun zunächst einmal, daß man das eigene Haus ordentlich bestellt, *business reingineering* nennt sich so etwas dann.

Dahinter verbirgt sich oft nicht mehr als knallharte Rationalisierung. Beispiel Puma. Seit Mai 1993 hat der Sportartikler aus Herzogenaurach einen 30jährigen Chef. Der heißt Jochen Zeitz und schreckt vor drastischen Maßnahmen nicht zurück. 400 Mitarbeiter wurden entlassen, 35 Prozent der Belegschaft. Beispiel Porsche. In den letzten Jahren stürzten die Verkaufszahlen der Edelkarosse im freien Fall – von 50000 Stück im Jahre 1985 auf 12000 im vergangenen Jahr. Nun sitzt Wendelin Wiedeking in Zuffenhausen am Steuer – und ist dabei, es herumzureißen. Das heißt auch hier: Kündigungen am Fließband. Von 8500 Beschäftigten sollten nur 6100 ihren Arbeitsplatz behalten, und von denen bleibt keiner auf der Stelle. Produktionsprofis aus Fernost durckämmen die Herstellung, suchen nach Kostenballast, überholten Abläufen und lähmenden Befehlshierarchien. Und genau da liegt der Punkt, der Manager wie Wendelin Wiedeking oder Jochen Zeitz von denen unterscheidet, die glauben, mit Entlassungen alleine könne man ein Unternehmen gesundschrumpfen.

»Die Erfahrung der Nachkriegszeit zählt nicht mehr. Heute muß man die Zukunft richtig einschätzen können, um etwas zu bewegen«, sagt Jochen Zeitz. Doch bewegen kann nur, wer selbst beweglich ist, so lautet die neue Lehre. Das größte Trägheitsmoment verursachen Hierarchien. Mitarbeiter werden demotiviert, wenn sie stets auf Entscheidungen »von oben« warten müssen, bevor sie den Schraubenschlüssel ansetzen oder den Verkaufsplan ausdrucken dürfen. Die Eigeninitiative stirbt ab. *Think big*, das bedeutet allzu oft: *think slow* – nichts für die Herren Wiedeking und Zeitz. Bei Porsche mußte in der Produktion jede dritte Führungskraft den Platz räumen, von sechs Ebenen im Management verschwanden zwei, bei Puma krempelte Jochen Zeitz die gesamte Organisation um und gliederte sie in vier »Profit-Center« auf, deren Mitarbeiter nun auf eigene Verantwortung handeln. In solchen Strukturen ist kein Platz für den patriarchalischen Unternehmer alter Prägung. »Ich bin ein Teamplayer, ich brauche die Informationen und Meinungen der Mitarbeiter. Mit einsamen Entschlüssen kommt man heute nicht weit«, sagt Jochen Zeitz.

»Moderner Manager = Moderator.« Diese Gleichung hatte auch Jörg Adelstein von der Münchener Softwarecompany FAST in seine Kladde gemalt. »Programme schreiben, das können andere besser als ich. Mein Job ist es, die Leute miteinander ins Gespräch zu bringen. So kann einer den anderen hinterfragen. Ich glaube, es ist typisch für unsere Generation, daß wir eine ständige Rückkopplung über das suchen, was wir gerade tun. Mir selbst macht es großen Spaß, meine eigenen Fehler aufzuspüren.«

Der Message-Man

Der Mann steht ständig unter Strom. Als ich mit Martin Schoeller von der Villa in München-Solln, in der die Unternehmensgruppe Schoeller ihren Sitz hat, hinab zum Isarufer gehe, erzählt der 38jährige, daß er sich als Hobbyphilosoph verstehe. Dann quetscht er mich aus, will alles genau wissen über das Buch, an dem ich arbeite. Erst hinterher erfahre ich, daß er das Risiko der Werksspionage ausschließen wollte. Mittagessen in einer bayerischen Edelbeiz. »Die erste *message*, die ich Ihnen mitgeben möchte, ist ...« Der Mann hat missionarischen Eifer, hat sich etwas zurechtgelegt für den Journalisten. Während er redet, spielt Martin Scholler unentwegt mit dem Besteck, dem Salzstreuer, der Brille. Der Mann steht unter Überdruck.

Im Verlauf des Gesprächs wird mir ein wirtschaftswissenschaftlicher Exkurs über die neue Rolle des Unternehmers zuteil. Ich referiere: »Der Unternehmer ist nicht mehr Patriarch, sondern Mandatsträger. Er trägt sein Mandat, solange die Eigenkapitalquote und -entwicklung ausreicht. Das Eigenkapital gibt ihm bei Schieflage maximal zwei Jahre für die notwendigen Kurskorrekturen. Der Einzelunternehmer ist innovativer und entwicklungsfreudiger als die Großindustrie, weil er stärker motiviert ist und schneller reagieren kann. Er muß mehr Know-how haben als Eigentum, da die Ressourcen (früher das Privileg der Eigentümer) nur in Abhängigkeit des Know-hows verfügbar werden. Das klassische Eigentum löst sich immer mehr auf zugunsten einer differenzierten Zuordnung von Rechten und Pflichten verschiedener Leistungsträger, die an der gleichen Sache arbeiten.«

Überspitzt gesagt, entwickelt Martin Schoeller eine Theorie von der Auflösung des Eigentums zugunsten einer sich immer differenzierter organisierenden Gesellschaft. »Das hat nichts mit Ideologie zu tun, sondern geschieht automatisch, durch evolutionäre Entwicklung der Marktwirtschaft.« Er nennt das Beispiel der Maschinenfinanzierung in der Schoeller-Niederlassung in Schwerin: »Der Maschinenhersteller hat sich vertraglich verpflichtet, einen Schadensersatz zu zahlen, wenn die Produktion aufgrund von Maschinenfehlern stillsteht, und die Maschinen bei der Unterschreitung einer Mindestleistung zurückzunehmen. Der Staat hat ein Drittel der Anschaffungskosten übernommen, weil wir Arbeitsplatzgarantien gegeben haben. Die Maschinen sind nicht gekauft, sondern geleast, ›gehören‹ also eigentlich der Leasingfirma. Und ich als Unternehmer habe mich um Aufträge zu kümmern, damit die Dinger ausgelastet sind. Ich frage Sie nun: Wer ist der Eigentümer?«

Ich kann gerade mit den Schultern zucken, dann fährt Martin Schoeller fort: »Die Folge ist, daß für den Unternehmer nicht mehr die klassischen Ressourcen – Produktionsmittel, Kapital, Grund – entscheidend sind, sondern Knowhow und Kommunikationsfähigkeit. Erkennen – kombinieren – überzeugen heißt die Parole. Das kommt unserer Generation sehr entgegen. Denn wir haben es gelernt, im Team zu arbeiten.« Ich atme erst einmal durch und rekapituliere die Unternehmensgeschichte. Groß geworden ist die Schoeller Plast mit der Herstellung von Getränkekisten. Dann, Ende der achtziger Jahre, begann Bundesumweltminister Töpfer ernst zu machen mit dem Kampf gegen die Einwegverpackung. Wie hatte Martin Schoeller gesagt? »Wir waren high alert auf das Thema, das war die Chance des Lebens. Damals machten wir 40 Millionen Umsatz, heute sind es über 300. Unser Prinzip: Return is cheaper than remake.«

Martin Schoellers Idee einer Mehrweg-Ökokiste für die Supermärkte, funktionierte. Immer mehr Handelsketten steigen auf die abfallfreie Verpackung um.

Die Schoeller Plast hat Niederlassungen in acht Ländern, neu darunter sind die Standorte Polen, Ungarn und die Tschechische Republik. Schoeller läßt da produzieren, wo es billig ist, aber unter strikter Berücksichtigung von Qualität und Kundennähe. Transportkosten zwingen zur dezentralen Produktion. »Ich bin absolut dafür, daß in den Entwicklungsländern die Löhne schnell angehoben werden«, beugt er kritischen Fragen vor. »Nur so wird auch in diesen Ländern die Nachfrage geschaffen. Auf Dauer lohnt es sich nur, dort zu produzieren, wo auch konsumiert werden kann. Nur so wächst in diesen Ländern eine Infrastruktur, nur so wird Know-how vermittelt, und nur so können sie sich wirklich entwickeln.« Bis es soweit sei, solle jedoch der Markt der hochindustrialisierten Länder durch Zölle vor Billigimporten aus dem Osten geschützt werden. »Wir brauchen ein sozio-ökologisches Steuersystem.«

Martin Schoeller weiß auch schon, wie: »Ich meine nicht Protektionismus. Aber unsere ökologischen und sozialen Errungenschaften sind durch die Verlagerung der Produktion nach Osteuropa gefährdet und können nur auf diese Weise erhalten werden. Die Zölle könnten wir dann den Ländern sukzessive erlassen, die entsprechende Umweltgesetze verabschieden und Mindestlöhne einführen. Somit wird nicht nur der notwendige Schutz für die Umwelt und das Sozialsystem geschaffen, sondern auch ein Anreiz für die Entwicklungsländer, möglichst schnell diese beiden wichtigen Ziele in Angriff zu nehmen.«

Die Selbsthelfer

In Osteuropa haben viele aufgehört, auf Hilfe aus dem Westen zu hoffen. Nicht anders ist es in den alten deutschen Ländern, die oft fälschlich als die »fünf neuen« bezeichnet werden (was sind schon fünfundvierzig Jahre Nordrhein-Westfalen gegen die jahrhundertelange sächsische Geschichte?) Zwischen Stralsund und Zittau nehmen immer mehr Selfmademen und -women ihr berufliches Schicksal in die eignen Hände. Oft haben sie gar keine andere Wahl, weil sie in einem Alter auf die Straße gesetzt werden, in dem man nur schwerlich einen neuen Job findet. Folgerichtig ist der Existenzgründer in Berlin und Brandenburg im Schnitt 41 Jahre alt und damit sechs Jahre älter als im Westen. Uwe Teuchert (32) ist einer von denen, die den Altersschnitt nach unten drücken. Er organisierte zu DDR-Zeiten Rockkonzerte. Danach reiste er als Vertreter für Rotkäppchen-Sekt durch die Lande. Als der Vertrieb pleite machte, lieh er sich Geld bei Freunden und übernahm den Laden. Seitdem arbeitet Teuchert auf eigene Rechnung. Er und seine Mitarbeiter bringen Ostprodukte an die Einzelhändler, neben dem Schaumwein aus Freyburg vertreibt er den Kräuterlikör Wilde Sau aus Bockau und Biere aus der Sachsenquell-Brauerei in Kamenz; auch Westkunden wie die oberpfälzische Höselbräu gehören zu seiner Klientel. Uwe Teuchert, der Händler mit Hochprozentigem, kann einen besoffen reden. Das hat er nicht im Marketing-Seminar gelernt. Das kennt er noch aus der Zeit, als er die Bauern auf Rügen überzeugen mußte, doch bittebitte das Open-air-Konzert auf dem Acker zuzulassen. Wer das Organisieren einmal gelernt hat, der verlernt es nicht.

Während Uwe Teuchert Händler für Händler abklappert, geht Ramona Oteiza (35) den umgekehrten Weg und läßt die Interessenten zur Ware kommen. Ihre Scot Messe & Marketing GmbH organisierte 1991 zum ersten Mal die *Ostpro*, eine Messe, auf der ausschließlich ostdeutsche Unternehmen ihre Waren präsentierten. »Die Nachfrage war riesengroß«, erinnert sich Ramona Oteiza, »seitdem veranstalten wir die

Messe zweimal im Jahr.« Die Besucher kommen vorwiegend aus Ostdeutschland.

Ganz auf den Westmarkt setzt hingegen das Hallenser Unternehmen Sonotec. Im Keller eines alten Bürgerhauses sitzen die Diplomphysiker Hans-Joachim Münch (38) und Santer zur Horst-Meyer (39). Früher arbeiteten die beiden beim VEB Ultraschalltechnik Halle. Ihre Versuche, den alten Direktoren marktwirtschaftliches Denken beizubringen, scheiterten. Und die westlichen Firmen, die ihnen Angebote machten, wollten zumeist nur ihre Produkte im Osten verkaufen. Die zwei Wissenschaftler wollten es aber lieber umgekehrt und mit einer eigenen Entwicklung den westdeutschen Markt erobern. Sie hatten sich noch zu DDR-Zeiten die Patente für eine kleine Handsonde gesichert. Sie ermöglicht es dem Arzt, eine Kieferhöhlenvereiterung festzustellen, ohne den Patienten auch nur zu berühren. Mit dem Patent für diese Erfindung im Gepäck verabschiedeten sich die beiden Sonotec-Macher aus dem ehemals volkseigenen Betrieb und machten sich selbständig. Inzwischen beschränken sie sich nicht mehr auf die Medizintechnik. Überall dort, wo etwas gemessen wird, können ihre Sonden eingesetzt werden. Sie nutzen die Nischen, die die großen Hersteller lassen oder für die jene schlicht zu unflexibel sind. Dabei kommt ihnen zugute, daß sie in Zeiten der Materialengpässe gelernt haben, sich zu behelfen. Unkonventionelle Lösungen und Ideen sind besonders im Osten Deutschlands gefragt. Hier geht es nicht mehr darum, einzelne Arbeitsplätze zu erhalten oder *ein* Unternehmen vor dem Ruin zu retten, sondern ganze Regionen vor der Verödung zu bewahren. Vorbei ist die Zeit, als Junk-bonds und Spielermentalität angesagt waren. Gefragt sind nunmehr Verantwortung und Kreativität.

Nischensucher

Wer in den Neunzigern gleich nach Schule oder Studium einen Job findet, der hat Glück gehabt. Die Rezession trifft auch die Nachwuchsakademiker mit voller Wucht. Vor allem die Studiengänge, die in den achtziger Jahren als zukunftsträchtig galten und einen entsprechenden *run* erlebten, produzieren Arbeitslose en masse: Mediziner, Ingenieure, Naturwissenschaftler und Ökonomen. Bernd Andersch (38) gibt Bewerbungskurse für studentische Berufseinsteiger. Er weiß: »Die größten Chancen werden Leute haben, die Begeisterung für ihre Arbeit zeigen und Pioniergeist entwikkeln. Für die Masse der Verlegenheitsstudenten, die auf einen bequemen Job mit sicherem Einkommen spekulieren, sind die Aussichten dagegen schlecht.«

Wer heute an die Universität geht, für den empfiehlt es sich, Koreanisch oder Chinesisch zu lernen, denn dort, da sind sich die Experten ausnahmsweise einig, liegen die Märkte der Zukunft. Für uns Mauerkinder kommt der Rat zu spät. Wir machen mit Phantasie wett, was uns fehlt, und erproben völlig neue Berufe, in der Hoffnung, daß sich jemand finden wird, der unsere Dienste in Anspruch nimmt.

Franziska Diel (30) etwa hätte nach dem Medizinstudium auf der Straße gestanden, wenn sich nicht die Möglichkeit geboten hätte, als *Gesundheitsplanerin* die Fortbildung von afrikanischen Ärzten zu organisieren. Hans Joachim Neuerburg (36) arbeitete neben dem Volkswirtschaftsstudium als Reiseleiter. Heute ist er *Sportberater.* »Am Anfang war es irre schwer, Aufträge zu bekommen«, weil keiner mit seiner Tätigkeit etwas anfangen konnte. Doch jetzt stehen ihm die Anfragen »bis Oberkante Unterlippe«. Alpengemeinden wollen wissen, wie sie ihre Pisten umweltverträglich gestalten können, Sportlehrer wollen fachkundig begleitet werden, wenn sie paddeln gehn, Übungsleiter suchen Unterstützung beim Skikurs.

Es sind Nischen, die Franziska Diel und Hans Joachim Neuerburg gefunden haben. Aber gerade das macht die Stärke eines Unternehmers aus. Das wird auch in Zukunft so sein. Wer hätte schon gedacht, daß die klobigen Rechenmaschinen der siebziger Jahre einmal auf Aktenkofferformat zusammenschrumpfen werden. Was heute als Nische erscheint, kann morgen schon eine Großindustrie sein.

Medien, Märkte, Macher, Mächte

Es war kurz nach sechs Uhr, als das Faxgerät ansprang. Sechs Uhr *morgens*. Ich erwartete eine Nachricht aus New York und sprang aus dem Bett. »Große Chancen bei Multimedia-Aktien in den USA«, ließ mich die Ceros Vermögensverwaltung aus Frankfurt wissen, deren Chef, Markus Ross, ich wenig zuvor wegen seines Depots von Gentechnik-Aktien befragt hatte. Nun hätten seine Analysten, so ließ er mir zu inakzeptabler Stunde mitteilen, die Entwicklung im Multimediabereich untersucht. Die Studie könne kostenlos angefordert werden. »Es folgen sechs Seiten.« Ich ging erst einmal wieder ins Bett.

Ich hasse Telekommunikationsterror in den Morgenstunden. Das Frühstücksfernsehen ist mir ein Greuel. Was soll ich denn noch alles – Schrippe in der Linken, Kaffeetasse in der Rechten, neben dem Teller die Zeitungen, im Ohr Lutz Bertram und das »ultimative Morgenmagazin für den mündigen und aufgeklärten Zeitgenossen in dieser Region« – das muß reichen. Bei mir bleibt die Kiste aus, noch. Denn wenn sich bewahrheitet, was ich an jenem Morgen an Stelle der *Süddeutschen* las, das Fax der Vermögensverwaltung nämlich, dann werde auch ich schon bald gar nicht anders *können*, als bereits morgens den Monitor einzuschalten, weil ich ohne ihn nicht mehr lebensfähig wäre.

Ich werde meinen Kontostand am Bildschirm abfragen, die Theaterkarten für das Wochenende bestellen und mir das umstrittene Tor, von dem ich in der Montagsausgabe gelesen habe, noch einmal ansehen, und zwar nicht in der Totalen, sondern von der Hintertorkamera. Das werde ich steuern können, weil mir das Glasfaserkabel zu jeder Zeit zu jeder Information Zugang verschafft. Seit in den USA die Telefongesellschaften die TV-Networks übernehmen – und umgekehrt –, ist klar, wohin die Reise auf dem Kommunikations-Highway geht. Ich muß nicht mehr in die Redaktion fahren, sondern werde mich per Telekonferenz zuschalten (Picture Tel Corporation, Umsatzplus 1993: 30 %). Auch meine Filme kann ich zu Hause schneiden, wobei ich die Videomaschine des Jörg Adelstein – des Computermannes mit der Notizkladde – bevorzugen werde und nicht den US-Konkurrenten Avid (Umsatzplus 1993: 117 %, Gewinn pro Aktie 1993: 0,38 Dollar). Wenn ich doch einmal unterwegs bin, kann ich per *Virtual Phone Service* (Comverse Technology, Gewinn pro Aktie 1993: 0,65 Dollar) in der *Mailbox* nachfragen, was es Neues für mich gibt, egal wo ich unterwegs bin; »mehrere chinesische lokale Telefongesellschaften haben dieses System bereits gekauft«, weiß Ceros. Und nie mehr wird mich das Surren des Faxgerätes am Morgen wekken. Denn Faxe empfange ich dann am Bildschirm und nicht mehr auf Papier.

Die Medienmacher

»Ich bin 32. Und ich bin der Boß.« So betitelte die Programmzeitschrift *rtv* eine Titelstory über die jungen Männer des deutschen Fernsehens. *Toughe* Reporterinnen, schöne Moderatoren oder fröhliche Plattenplauderer waren immer schon jung, smart, aufstrebend. Doch die *rtv*-Geschichte machte auf ein anderes Phänomen aufmerksam, und das war neu: Die Mauerkinder haben in die Leitungsetagen der TV-Sender Einzug gehalten, Georg Kofler (36) führt die Geschäfte von PRO 7, Dieter Hahn (32) tut das beim Deutschen Sportfernsehen, Karl-Heinz Jungbeck (32) beim Kabelkanal. Alle drei Programme gehören zur Kirch-Gruppe, bei den Bertelsmännern sieht es nicht anders aus. Marc Conrad (33) ist Programmdirektor des Branchenführers RTL, Christoph Mainusch (31) hat diesen Job beim kleinen Bruder RTL 2, der frühere RTL-2-Chef, Gerhard Zeiler (38), wurde im März zum Intendanten des öffentlich-rechtlichen ORF gewählt, wenn auch nur provisorisch.

Daß die Herren so früh in Führungspositionen gelangten, liegt vor allem daran, daß Ende der achtziger Jahre für die privaten Sender binnen kurzer Zeit Personal gebraucht wurde und man nur bedingt Kollegen von ARD und ZDF abwerben konnte und wollte. »Es ist schwer, gute Mitarbeiter zu finden, die nicht öffentlich-rechtlich verdorben sind. Da kann man nur junge, unverbrauchte Leute nehmen«, sagt Marc Conrad. »Früher verstanden sich die Journalisten als Lehrer der Nation, als Sozialarbeiter oder Pädagogen. Heute ist Fernsehen Dienstleistung. Ich kann mich nur am Zuschauer und seinen Bedürfnissen orientieren.« Die Wahl von Gerhard Zeiler zum Generalintendanten des ORF zeigt, daß auch die öffentlich-rechtlichen Sender vermehrt auf die Macherqualitäten der Jüngeren setzen. Das ist besonders in den neuen ostdeutschen Anstalten der Fall. Beim Ostdeutschen Rundfunk Brandenburg ist kaum ein Abteilungs- oder Redaktionsleiter älter als vierzig, während sich ein paar Kilometer weiter beim Sender Freies Berlin nach wie vor die müden Mauergreise tummeln. Wenn der SFB ein rostendes Schlachtschiff ist, so gilt das ZDF in der Branche als unbeweglicher Tanker. Ausgerechnet dort engagierte man im Herbst 1993 einen neuen Unterhaltungschef, dem man vor wenigen Jahren wahrscheinlich noch nicht einmal ein Volontariat angeboten hätte: Fredy Kogel (32). Seine Stimme kannte ich aus meiner Münchener Studienzeit, als er seine Hitparadensendung mit einem »Keep the fire burning« zu beenden pflegte. Nach dem juristischen Staatsexamen wechselte Kogel zum Privatradio und war Chef zweier Stationen, bevor er Producer für das Fernsehen wurde und die eigene Firma »Bis es Euch gefällt« gründete.

Wieder muß ich früh aus dem Bett. Um sieben Uhr dreißig solle ich in sein Hotelappartment kommen, hatte Kogel am Telefon gesagt. Ich läute pünktlich an der Tür am Ende des Hotelflurs. Der Mieter öffnet in Jeans, T-Shirt und Socken. Die Augen sind gerötet, er habe noch bis um halb vier an der neuen Wolfgang-Lippert-Show gearbeitet, erklärt Kogel. Nun, vier Stunden später, sieht er mich erwartungsvoll an, während er hinter dem Schreibtisch steht. Dort bleibt Kogel während des gesamten Interviews und sortiert Unterlagen, die linke Hand greift sie von einem Stapel, ein Blick, dann wird das Papier mit rechts auf einen von vier wachsenden Haufen sortiert. Das hindert ihn nicht, meine Fragen in monotonem Stakkato zu beantworten, im Gegenteil, bisweilen geht es ihm nicht schnell genug, er unterbricht mich dann mit einem »Das ist alles Quatsch!« oder »Lachhaft« und fordert energisch, ich möge bitte ein konkretes Beispiel geben. Nach vierzig Minuten ist alles gesagt, um zehn nach acht bin ich wieder draußen.

In der Croissanterie am ZOO-Palast ordne ich meine Notizen. Die Fernsehmacher seines Alters, steht da, würden schneller und brutaler entscheiden als frühere Generationen. Ich sehe Fredy Kogel wieder hinter dem Schreibtisch stehen. »Bei dem Streß kann man den Job nur eine Zeitlang machen, wer daran klebenbleibt, schadet dem Sender.« Weiter unten steht in meinem Block: Krise der Unterhaltung? Die sei künstlich herbeigeredet, hatte Kogel geantwortet, »sehen Sie sich einmal die alten *Dalli-Dalli*-Sendungen an, das ist doch Steinzeit. Richtig ist, daß man Unterhaltung nicht neu erfinden kann, das ist wie eine Tonleiter, die endlich ist.« Veränderungen habe es lediglich gegeben, weil das soziokulturelle

Umfeld – er hatte wirklich »soziokulturelles Umfeld« gesagt – sich gewandelt habe. »Früher genügte das Fünf-Mark-Schweinderl. Heute findet man Leute, die senkrecht die Wände hochgehen. Davon leben wir bei *Wetten, daß*.« Das Aushängeschild des ZDF ist eine der wenigen Sendungen, die Acht-bis Achtzigjährige gleichermaßen anspricht. Ansonsten richten sich die Anstalten mehr und mehr an genau definierte Zielgruppen, weil die Werbung das so will. »Es ist für die Privaten viel leichter, ein Programm zu machen, das die gewünschte Zielgruppe genau trifft. Ich habe im ZDF rund 40 Prozent mehr an bürokratischen Hemmnissen, als ich sie etwa bei RTL hätte. Aber gerade das ist der Kick.«

Es gehört zu den gängigen Klagen auf Akademien in Bad Boll, bei selbsternannten Wahrern des öffentlich-rechtlichen Systems und in Kulturredaktionen, daß die Medien zum Marktplatz verkommen seien. Als ob das etwas Neues wäre! Das Lamento ist mindestens 100 Jahre alt. Damals entstand neben den Gazetten, die sich alleine der *Liberté, Egalité, Fraternité* verpflichtet wähnten, die regionale Generalanzeigerpresse, deren Verlegern es weniger um Gesinnung als um die Maximierung des Profits ging. Anders als die sozialistische Journalistik es lehrte, hat dieser Umstand der Presse kaum geschadet, neben der Boulevardpresse verkaufen sich die Abonnementszeitungen bis auf den heutigen Tag prächtig. Problematisch wird die Angelegenheit lediglich dadurch, daß sich die Zeitungs- und Zeitschriftenverleger in Deutschland im Verein mit dem Filmhändler Leo Kirch und dem Medienmulti Bertelsmann auch das private Fernsehen unter den Nagel gerissen haben. Und was aus dieser Konstellation entstehen kann, wenn ein mächtiger Medienmann politische Ambitionen entfaltet, zeigt der unheilvolle Blitzkrieg, den Silvio Berlusconi um die Eroberung des italienischen Wählers entfesselte – und gewann.

Die privaten Programmacher leiden zunehmend unter den Einflußversuchen der Verlage. RTL-Programmdirektor Marc Conrad: »Ich halte es für verhängnisvoll, daß Presse und Fernsehen bei uns derartig verflochten sind. Die Printleute fürchten die Fernsehkonkurrenz für ihre Druckerzeugnisse. Darum versuchen die massiv, den Aufbau lokaler Stationen zu verhindern, weil ihnen dadurch Anzeigen verlorengingen. Schon jetzt dürfen wir nicht so aggressiv werben, wie wir gerne würden, damit wir die Zeitschriften nicht noch mehr schädigen. Da gehen uns bestimmt 500 Millionen jährlich durch die Lappen. Die Fernsehmacher meiner Generation werden sich das auf Dauer nicht gefallen lassen. Ich bin absolut für eine Deregulierung des Medienmarktes.«

Der Vorstoß des RTL-Mannes erwischt mich kalt. Ich hatte bereits zusammengepackt, als Conrad mit seiner Tirade gegen die Verleger begann. »Was meinen Sie, was ich hier erlebe, wenn junge Produktionsfirmen mit neuen Programmideen kommen. Da wird so lange gehandelt und gefeilscht, bis die Verlage mit ihren Produktionstöchtern auch beteiligt sind.« Ich frage sicherheitshalber, ob das zitierfähig sei. Immerhin war es erst zwei Tage her, daß der Chefredakteur des Senders gehen mußte, weil er in einem Branchendienst das Nest RTL beschmutzt hatte. Doch Marc Conrad nickt. Selbstverständlich dürfe ich. Da wollte einer offensichtlich etwas loswerden.

An der Abberufung des Kollegen Chefredakteur war Programmdirektor Conrad nicht ganz unbeteiligt. Vom »Mobbing auf höchster Ebene« schrieb *Focus*, der *Spiegel* wußte zu berichten, daß Conrad hausintern den Beinamen »Stalin« trage. Das soll »Stalin« sein? Jener freundliche kleine Mann im Sessel gegenüber? Das soll der Schlachtenführer napoleonischen Ausmaßes sein, der nicht mehr weiß, »wie viele Sendungen er schon exekutiert hat« (*Spiegel*), wie viele Mitarbeiter entlassen?

Als ich zum Interview erschien, war Stalins Büro leer. An der Wand hing ein Foto von Henri Cartier-Bresson, das einen kleinen Jungen zeigte. So ähnlich muß Klein-Marc ausgesehen haben. Auf dem Schreibtisch lag ein Billigkalender, kein FILOFAX, sondern einer für 9,95 DM. Dann kam Marc Conrad, und ich fragte nach der Auseinandersetzung mit Exchefredakteur Helmut Lesche. Der war von Radio Bremen geholt worden und hatte RTL (Branchenjargon: »Rammeln, Töten, Lallen«) ein seriöseres Informations-Outfit verpaßt, war aber genau deswegen, so war zu lesen gewesen, mit Marc Conrad in Konflikt geraten. Conrad konterte: »*Ich* habe die Informationsoffensive vorgeschlagen, um an eine andere Klientel heranzukommen. In meinem letzten Fünfjahresplan habe ich das ideale Programmschema für die neunziger Jahre entworfen, da stand das alles drin.« Während ich mich fragte, ob die Planwirtschaft bei RTL Einzug gehalten hat und wie das zusammengeht mit dem Konzept, »erfrischend anders« zu sein – »erfrischend anders« kommt bei Marc Conrad in jedem dritten Satz vor, wenn er über den Sender spricht –, hatte mein Gegenüber längst weitergeredet: »... nicht ewig Yuppie sein. Auch ein Sender muß irgendwann erwachsen werden. Anders hielten das die Mitarbeiter auf Dauer hier nicht aus. Wir haben den *Stanglwirt* am Samstagabend herausgenommen und dafür Hape Kerkeling herein. Das kostet uns zwar Quote, bringt aber ein besseres Image bei den unter 50jährigen. Im Sommer, wenn die Jüngeren sowieso wieder im Biergarten sind oder beim Surfen, werden wir für die Älteren, die zu Hause sitzen, auch wieder Volkstümliches senden. Aber wir müssen langfristig niveauvollere Programme machen, um für die Werbekunden interessanter zu sein.«

Den jungen, solventen Fern-Seher wollen sie alle. Sie wollen ihn in dem Alter, in dem er die Marken fürs Leben wählt und erstmals über genug Geld verfügt, sich seine Träume erfüllen zu können. Sie wollen uns Mauerkinder. Ob Sender und Marketingstrategen damit auf Dauer richtig liegen, bezweifle ich. Wo der einzelne alle paar Jahre Stile und Moden ändert, ist die Markenbindung weitaus geringer als früher, die Treue währt selten ein ganzes Leben. Das momentane Befinden entscheidet. Von daher wäre es sträflich, die Generation über fünfzig nicht ausreichend mit Programmen zu versorgen und zu bewerben, zumal unsere Gesellschaft immer älter wird. So manches Rentnerehepaar beschließt, den Ruhestand mit einer Generalüberholung zu beginnen. Da ist noch Musike drin. In Berlin gibt es bereits Radio 50plus, die erste Hörfunkstation für ältere Leute. Aus Asien erreicht uns die Kunde, daß der flächendeckend ausgestrahlte TV-Kanal Star TV auf Alkohol- und Zigarettenwerbung verzichtet. »Wir müssen Rücksicht auf die verschiedenen Religionen in unserem Sendegebiet nehmen«, erklärt Chairman Richard Li (28), der mit seinem Sender von Hongkong aus die halbe Menschheit erreicht. Der Fernsehkunde ist König.

Selten so gelacht: Der deutsche Film

Der DDR-Spielfilm war über Jahre hinweg ein Trauerspiel. Die Filmkunst der DEFA wurde zwar in West wie Ost gerühmt, ihre Drehbuchautoren und Regisseure arbeiteten sich indes ab an den Mühlen der Kulturzensur in der DDR. Währenddessen verkam das westdeutsche Kino zur Lachnummer. Da mochten der Bundesinnenminister und seine Länderkollegen das Filmschaffen fördern, so sehr sie wollten, in die Lichtspielhäuser hätten sie die Zuschauer schon höchstpersönlich prügeln müssen. Keiner ging hin. Als der erste Film der Münchener Regisseurin Katja von Garnier (28) startete, fuhr sie mit dem Moped von Kino zu Kino, um die Reaktionen zu beobachten. Vor einem Schaukasten entdeckte sie ein Pärchen, das die Wahl hatte zwischen ihrem Streifen und einem US-Thriller. »Das Mädchen wollte gerne in unseren Film, aber der Junge sagte: ›Bist du verrückt, das ist doch ein deutscher Film!‹ Sie sind in den amerikanischen gegangen.«

Katja von Garnier ist eine der RegisseurInnen, die dafür sorgen, daß sich das ändert. Ihr Erstling »Abgeschminkt«, ursprünglich ein Übungsfilm für die Münchener Filmhochschule, hatte eine dreiviertel Million Zuschauer. »Ich glaube, unter den jungen Filmemachern im Moment einen frischen Wind zu spüren, der sich einfach mehr am Publikum orientiert«, sagt die Jungregisseurin. Der deutsche Autorenfilm der siebziger Jahre hatte sich vor allem dadurch ausgezeichnet, daß es dort nichts zu lachen gab. Seit den Tagen von Heinz Erhardt blieb der Humor den Produzenten der Lederhosenfilme vorbehalten – oder das, was man in dieser Abteilung unter Humor verstand. Das änderte sich Ende der achtziger Jahre.

Die Vorreiterin machte Doris Dörrie mit ihrem »Männer«-Film. Danach ging es Schlag auf Schlag. Pia Frankenberg schilderte in»Brennende Betten« die Verwicklungen in einer Zweck-WG; Detlev Buck führte in »Karniggels« in die Sorgen und Nöte eines Landpolizisten ein, um dann in seinem zweiten Werk anzudrohen: »Wir können auch anders«. Die Ost-Odyssee eines Brüderpaares war der komischste deutsche Film seit langem. Dabei kommt er ohne laute Knalleffekte aus. Das kommen die deutschen Regisseure alle. Anders als beim Teutonenhumor à la »Mainz bleibt Mainz« schwingen sie nicht die grobe Keule, sondern das Florett. Zugegeben: Helge Schneider in »Texas – Doc Snyder hält die Welt in Atem« ist nicht jedermanns Sache, und was Hape Kerkeling auf der Leinwand veranstaltet, scheint mitnichten »Total normal« – bis der Zuschauer irgendwann kapiert, daß es der ganz normale Wahnsinn ist, der ihm da vorgeführt wird.

Es ist der älteste Komödiantentrick der Welt, daß das Publikum über sich selbst lachen muß, ohne es zu merken. In Katja von Garniers Film »Abgeschminkt« gibt es die wunderschöne Szene, in der *sie* auf *seinen* Anruf wartet und mit dem unschuldigen Telefonapparat die tollsten Dinge anstellt, auf daß es endlich klingeln möge. Ich hielt die Darstellung für ein wenig übertrieben. Nachfragen bei Freundinnen ergaben: Nein, haargenau so sei es; man habe Tränen gelacht. Es ist gewiß kein Zufall, daß einer Filmemacher*in* der Erfolg mit »Abgeschminkt« gelang. »Es gibt so viel Komisches und Ironisches über Frauen zu erzählen. Witzige Frauenfilme – klingt schon wie ein Widerspruch in sich – sind ja in Deutschland bisher eher selten. Alles war so entsetzlich schwerblütig«, sagt Katja von Garnier.

Es muß nicht immer Lachen sein. Hauptsache, ein Film bewegt die Zuschauer. Das vermochte das deutsche Kino zwanzig Jahre lang nicht. Jetzt ist es aufgewacht und wird zum Exportartikel. Der Bayer Hanz Zimmer (36) ist einer der gefragtesten Filmkomponisten Hollywoods. »Thelma und Louise«, »Driving Miss Daisy« und »Greencard« hat er vertont, »Rain Man« brachte ihm einen Oscar, und im »Geisterhaus« rührte er mich zu Tränen, als die Liebenden sich in der Nacht des Wahlsieges suchen und finden: Während er schon auf dem Rednerpodium steht, läuft sie durch die feiernde Menge, dazu erklingen dumpfe Trommeln, darüber ein Thema zwischen Mahler und »El condor pasa«, dann kommen sie zueinander, fünfhundert Leute verließen mit roten Augen das Kino International.

Bindemittel der Gesellschaft

Der Einfluß der Medien auf alle Lebensbereiche wird in den neunziger Jahren weiter zunehmen. Es entspricht dem weitverbreiteten Kulturpessimismus, dies unter Hinweis auf die Verflachung des Programms ausgiebig zu beklagen. Doch wer bewußt fernsieht, wird das Gegenteil feststellen. Nehmen wir den politisch interessierten Zeitgenossen. Früher gab es einmal in der Woche ein Politmagazin der ARD, einmal im Monat sendete das ZDF »Kennzeichen D«; das Löwenthalsche »ZDF-Magazin« mochte sich der aufgeklärte Zeitgenosse ebensowenig antun wie Schnitzlers »Schwarzen Kanal« im Fernsehen der DDR. Heute finde ich an jedem Tag mindestens zwei längere politische Informationssendungen, Reportagen, Gespräche in den Programmen.

Oder *Sport*. Was haben wir gelitten, D. und ich, wenn wir jeden Samstag masochistisch *Gutenabendallerseits*-Faßbender vor uns sahen und noch ein Bier extra nehmen mußten, um die faulen Metaphern und lieblosen Bilder der *Sportschau* ohne bleibenden Schaden in der Kickerseele zu überstehen. Heute gehört der Fernsehkran hinter dem Tor selbst beim Spiel zwischen Empor Brandenburg und Vorwärts Frankfurt dazu.

Schließlich: das Einwirken der Politiker auf Hörfunk und Fernsehen. Der schädliche Einfluß der Parteien auf die öffentlich-rechtlichen Medien ist hinreichend bekannt. Weil ihnen der nicht reichte, setzten vor allem CDU und CSU Anfang der achtziger Jahre auf das Privatfernsehen, getrieben von der Hoffnung, daß die in der Regel eher konservativen Verleger es ihnen schon recht machen würden. Sie wurden bitter enttäuscht. Mit Propaganda läßt sich kein Geld verdienen.

Eine Talk-Show im öffentlich-rechtlichen Fernsehen hatte vor gar nicht allzu langer Zeit *ausgewogen* besetzt zu sein, zwei links, zwei rechts. Es ist eines der Erfolgsgeheimnisse einer Sendung wie »Talk im Turm«, sich um derlei Grundsätze nicht zu scheren. Ich habe dort *keinen einzigen* Versuch des Senders erlebt, politisch Einfluß zu nehmen. In öffentlich-rechtlichen Anstalten ist die Willfährigkeit hingegen tief verwurzelt. Als der Ostdeutsche Rundfunk Brandenburg vor den Kommunalwahlen des Jahres 1993 eine kleine Sendereihe startete, war im Vorspann ein Zeitungsausschnitt zu sehen, in dem das »Bürgerbündnis« erwähnt wurde. Die anderen Parteien protestierten, die Sequenz wurde herausgeschnitten.

»Vielleicht denken wir weniger politisch als die älteren Kollegen«, sagt Tewe Pannier über sich und seine Generation. Der 32jährige ist stellvertretender Chefredakteur bei SAT.1. »Aber darum sind wir auch weniger politikhörig. Gerade das hat den Privaten in der letzten Zeit zu einem enormen Glaubwürdigkeitssprung verholfen.« Reinhard Mohr beschreibt die Veränderung durch das private Fernsehen so: »Die aktuellen Programme von RTLplus und SAT.1 akzentuierten eher noch den linksliberalen *mainstream*. Ihre vorwiegend jungen, dreißig- bis vierzigjährigen Mitarbeiter verkörperten gerade jenes entideologisierte Bewußtsein, das die Welt weder utopisch erlösen noch wertkonservativ verklären, sondern beschreiben und verstehen will: Eine neue Generation von ebenso pragmatischen und geschäftstüchtigen wie kritischen Journalisten betrat die Rundfunk- und Fernsehstudios.« Ob dadurch, wie Mohr meint, die Medien in den Status einer »Vierten Gewalt« rücken, wage ich zu bezweifeln. Ein derart statisches Modell greift nicht in einem Gesellschaftssystem, das funktioniert, indem es die rivalisierenden gesellschaftlichen Gruppen und ihre Konflikte auszubalancieren versucht. Die Medien sind in diesem Prozeß weniger ein feststehendes Kontrollorgan als ein *Bindemittel*, das Fakten, Personen und Interessen zueinander führt, die ansonsten in getrennten Sphären verblieben.

Diese Bindefunktion haben die bundesdeutschen Medien in den achtziger Jahren sowohl in den innerstaatlichen Prozessen wie auch in den zwischenstaatlichen Angelegenheiten zunehmend übernommen. Die außenpolitische Bedeutung der Medien wurde zuletzt deutlich bei den Moskauer Putschversuchen, die ohne die permanente Anwesenheit westlicher Journalisten auf dem Roten Platz gewiß einen anderen Ausgang genommen hätten. Durch ihre bloße Präsenz nahmen vor allem die Rundfunkanstalten die Interessen der gesamten westlichen Welt weit nachhaltiger wahr als alle Diplomaten. Ein Beispiel dafür, wie die Medien auf der innenpolitischen Bühne ihre Bindefunktion im gesellschaftlichen Interessenausgleich immer aktiver wahrnehmen, lieferten die Auftritte der Herren Alexander Schalck-Golodkowski und Markus Wolf vor den Kameras einschlägiger Talk-Shows, lange bevor ihre Angelegenheiten in parlamentarischen Untersuchungsausschüssen verhandelt wurden. Auch die Konflikte der Straße wurden in die Studios verlagert. »Der in den Medien geführte Meinungsstreit über alle wichtigen Probleme ersetzte mehr und mehr die Straßenschlacht als kommunikativen Ort der Konfliktaustragung«, schreibt Reinhard Mohr. »So avancierte die Talkshow in den achtziger Jahren zu *dem* symbolischen Ort der gesellschaftlichen Auseinandersetzung.« Das gilt für die Neunziger genauso, zumindest für ihre erste Hälfte.

In einem alten Brauhaus in Berlin-Prenzlauer Berg läßt Ulrich Meyer (33) seine *Einspruch*-Gäste aufeinander los, SAT.1-Eigenwerbung: »Ulrich Meyer – die neue Generation des kritischen TV-Journalismus.« Gepflegter als bei Meyers Krawallshow ging es bei Roger Willemsens *0137* in Premiere zu, bevor er zum ZDF wechselte. Willemsen (36), von Hause aus Germanist mit einer Vorliebe für erotische Literatur, versucht Distanz zum Medium zu halten. »Da werden Blut, Samen und Tränen in einer Weise platt gewalzt, daß einem der Mensch insgesamt schon wieder völlig läppisch wird«, mokierte er sich über das RTL-Vorabendmagazin *Explosiv*. Und über dessen Moderatorin Barbara Eligmann (31): »Das Ablesen vom Teleprompter mit einem ganz bestimmten unbewegten Gesichtsausdruck und dem mittelmäßig erfolgreichen Versuch, dabei die Contenance zu wahren, das wird zukünftig jeder Dritte von der Straße können. Für mich sind die Werbeunterbrechungen interessanter als die Zwischenmoderationen.« – »Barbara Eligmann findet viel zuwenig Beachtung. Und wenn einer sagt, iiih, BILD-*Zeitung* fürs Fernsehen, dann sag' ich: Stell erst mal so'n Ding auf die Beine, Redaktionsleitung und Moderation. Und das täglich, bei drei Wochen Pause im Jahr. Täglich ist der Tod auf Rädern«, sagt Margarethe Schreinemakers (35). Die niederrheinische Quasselstrippe ist die derzeit erfolgreichste Talkerin im deutschen Fernsehen. Die männlichen Sprechmeister hängt sie locker ab, sowohl was die Zuschauerzahlen – im Schnitt fünf Millionen – als auch die Dauer der Sendung angeht: Mit einer Dreiviertelstunde begann es, inzwischen sind es zweieinhalb.

Medien von morgen

In den Neunzigern betritt ein neuer Moderatorentyp via Mattscheibe die deutschen Wohnzimmer, einer, der das Medium ernst nimmt, so ernst, daß er es mit den eigenen Mitteln schlägt. Für meine Eltern war das Abfragespiel eines Hans-Joachim Kulenkampff am Wochenende Pflicht gewesen. In den Neunzigern ließ Hape Kerkeling (34) zur gleichen Sendezeit in der ARD singen, daß das ganze Leben nur ein Quiz sei. Damit persiflierte er einerseits die Mechanismen der Spielshows aus der Steinzeit des Fernsehens und machte andererseits deutlich, daß die Grenze zwischen Realität und Virtualität schon längst verschwommen ist. Kerkeling wechselte zur privaten Konkurrenz, dafür überließ das Erste den heiligen Samstagabend Harald Schmidt (36). Der möbelte die matte Versteckte-Kamera-Show *Verstehen Sie Spaß?* auf, indem er die Titelfrage gnadenlos wörtlich nimmt und sich über das Publikum hermacht, auf daß ein jeder an die Grenzen der eigenen humoristischen Belastbarkeit getrieben werde. Darüber hinaus hangelt sich der schlechte Geschmack auf zwei Beinen in seiner Late-Show *Schmidteinander* mit Partner Feuerstein kalauernd durch Zeit und Raum, bewirft die Kamera krachend mit Zeitungsschnipseln und läßt den lang angekündigten Interviewgast einmal durch das Bild gehen – das war's dann.

Die Anarchisten vor der Kamera führen die alte Journalistenweisheit ad absurdum: »Ironie im Fernsehen kommt nicht.« Das gilt nicht mehr, ob in der Unterhaltung oder Information. Friedrich »Schmunzel« Küppersbusch (33) *zakt* sich cool durch das Wochengeschehen, pflegt in seinen Moderationen das Sprachspiel und irritiert seine Gäste schon einmal dadurch, daß er sie am Ende eines Redeschwalls sekundenlang anschweigt. Das sichert ihm die Aufmerksamkeit der Zuschauer. Denn es ist selten, daß jemand in Fernsehen oder Hörfunk freiwillig die Klappe hält. Im Gegenteil: Es wird geredet, geredet, geredet.

Aus den USA übernahmen die deutschen Sender das *Talk-Radio*. Das Prinzip ist einfach: Anruf genügt – und der Hörer wird zum Sender. Die Moderatoren, Radioritter der Nacht, plaudern mit ihren Anrufern über das Abenteuer Leben, vornehmlich in seinen extremen Varianten zwischen Klaustrophobie, Kannibalismus und Kinderschändung.

Nr. 1 der Redekünstler in und um Berlin ist Jürgen Kuttner mit seinem *Sprechfunk* auf FRITZ, dem ORB-Jugendradio. Bei Nuschel-Kuttner wird über Liebesspiele mit dem Staubsauger, das DDR-Kinderbuch »Timur und sein Trupp« oder Imbißbuden in der brandenburgischen Provinz geredet, bei denen es Döner mit Sauerkraut gibt. Jürgen Kuttner kam vom DDR-Jugendradio DT'64 zu FRITZ. Manche seiner Kollegen konnten sich »in andere Berliner Sendestationen einschleusen. Ihr salopper Stil gilt mittlerweile sogar in öffentlich-rechtlichen Sendeanstalten als originell und wird nachgeahmt«, schrieb die *Frankfurter Allgemeine Zeitung* anerkennend.

Der Erfolg der Sabbelsender hat womöglich damit zu tun, daß es ein steigendes Bedürfnis nach »echten Geschichten« gibt. Wenn schon das Fernsehen das Leben ersetzt oder zumindest ein unveräußerlicher Bestandteil des Alltags ist, so wollen die Zuschauer dort nicht nur große Politik sehen oder Seifenopern aus der Welt der Happy-few, sondern ihre eigene Lebenswelt wiederfinden. Lange galt das ungeschriebene Gesetz, daß genau *dies* ein Quotenkiller sei. Die »Lindenstraße« beweist das Gegenteil. Nun wäre das nichts, was unbedingt eine neue, positive Qualität bedeutet. Aber die gewandelten Erwartungen der Zuschauer bieten den Machern eine Chance, die noch nicht hinreichend erkannt worden ist. Wer aufmerksam die Kinowerbung der letzten Jahre verfolgt hat, wird eine eklatante Veränderung in der Machart feststellen. Herrschte Ende der achtziger Jahre noch die Videoclipästhetik mit hyperschnellen Schnitten, Unschärfen, Zeitlupen und Reißschwenks vor, so werden in den Neunzigern wieder einfache Geschichten in ruhigen Bildsequenzen erzählt. Die Werbung für die *Levis 501* hat es vorexerziert, seit dem Megaerfolg des Konzeptes ziehen die anderen nach.

Die Medienmacher haben das Vertrauen in Bilder und Geschichten wiederentdeckt. Das hat womöglich mit dem europäischen Umbruch zu Anfang der Neunziger zu tun. Was damals als GROSSE GESCHICHTE begann, zerfaserte in viele *kleine erzählungen*, die es zu notieren, aufzunehmen, ins Bild zu bannen gilt. Die schöne alte Reportage erlebt eine Renaissance. Bei allen Fernsehsendern gehört es mittlerweile zum guten Ton, eine feste Reportagereihe im Programm zu haben, ob die nun *ARD exclusiv*, *24 Stunden*, *Die Reporter* oder schlicht *Die Reportage* heißt. Cordt Schnibben schreibt: »Die neue Generation der Bilderjäger – aufgewachsen in einer Fernsehwelt, abgeklärt wie Leichenbeschauer, bezahlt von Fernsehverkäufern – sieht Geschichten mehr ästhetisch als ethisch. Da Gefühle – und seien es verlogene – besser zu verfilmen sind als Gedanken, reizen diese neuen Macher Tränen mehr als Giftfässer.« Schnibben verweist zu Recht auf die Gefahren des Genres. Doch es geht nicht um *Reality-TV*, um Fernsehen, das nur so tut, als ob, sondern um authentische Geschichten – und die Wahrheit, die *dahinter*liegt. In einer Zeit, in der das Flimmern der Mattscheibe den Schein des Lagerfeuers ersetzt hat, tritt der Reporter an die Stelle des Märchenerzählers. *Tausendundeine Nacht* – der Titel für ein Reportagemagazin ist noch frei.

Märchen sind oft grausam. Reportagen sind es auch. Seit in England zwei Schuljungen ein Kleinkind auf ähnliche Weise ermordeten, wie sie es zuvor im Fernsehen gesehen hatten, seit in den USA Kids einen Hausbrand legten und sich nachher auf die MTV-Comicfiguren aus der Serie *Beavis and Butt-Head* beriefen, seit in den Schulen bei Prügeleien die Messer gezückt werden, erlebt die Diskussion um Gewaltdarstellung im Fernsehen, die beinahe so alt ist wie das Medium selbst, einen neuen Höhepunkt. Doch die Tendenz hat sich geändert. Wurde früher vor der Abstumpfung durch das Fernsehen gewarnt, so liegt nun der Akzent mehr auf einer diffusen »Sehnsucht nach dem Positiven« (Matthias Horx). Als ich R. von meiner Arbeit am vorliegenden Kapitel erzähle, sagt sie, ich müsse unbedingt die Forderung nach einer Quote hineinschreiben: 50 Prozent gute Nachrichten, 50 Prozent schlechte. Ich werde sie enttäuschen. Medien sind kein Ort zur Planerfüllung, sondern eine Bastion des Positivismus. Sie sollen zeigen, was der Fall ist.

Ich gebe zu: Ich bin befangen. Das Gerede von Gewalt in den Medien nervt mich, weil ich es leid bin, bei jeder Recherche das Lied von den bösen Journalisten zu hören. Natürlich sind wir zu einem guten Teil selbst schuld daran. Daß auf die eigene Selbstkontrolle nur bedingt Verlaß ist, weiß ich allzugut. Journalisten machen Fehler. Das ist nun einmal so. Aber entscheidend ist etwas ganz anderes: daß die Menschen befähigt werden, mit dem Angebot, das die Medien ihnen machen, adäquat umzugehen. Es ist eines der größten Versäumnisse der Bildungspolitik, daß es nicht schon längst ein Fach »Medienerziehung« an den deutschen Schulen gibt. Mediennutzung ist eine Kulturtechnik, deren Erlernen bislang dem Zufall überlassen bleibt. Das werden wir uns spätestens dann nicht mehr leisten können, wenn die »interaktive Fernsehwelt« begonnen hat, die Strippenzieher, *Networks* und Vermögensberater uns verheißen. Kinder müssen lernen zu kommunizieren.

Meine Kusine M. will davon nichts wissen. Was die Schule denn noch alles leisten solle, echauffiert sich die 68erin. Und außerdem solle ich mir bloß nicht einbilden, daß die Kids sich daran hielten, wenn man ihnen beibringe, nur so und so lange in die Glotze zu starren. Ich habe M. geantwortet, daß es darum nicht gehe. Fernsehen sei kein Feind, den man klein halten müsse, sondern eine Fähigkeit, die man erst dann kontrollieren könne, wenn man sie beherrsche. Ich wußte, daß M. mich nicht verstehen würde.

»Es kommt darauf an, den kompetenten und selbstbestimmten Umgang mit den Medien zu lernen und zu vermitteln«, sagt Lothar Wolf. Er ist Leiter des MedienPädagogischen Zentrums im Land Brandenburg. Medienpädagogik als Schulfach? Nein, so weit sei es noch nicht. Aber seine Leute fahren bereits mit einem Medienmobil von Schule zu Schule. Es ist mit Aufnahme- und Schnittkapazitäten ausgestattet. »So lernen die Schüler im Rahmen von Projektwochen, wie Medien funktionieren.« Überdies schreibt das MPZ Wettbewerbe für *Videokids* aus und bildet die Lehrer darin fort, den *Computer als Unterrichtsmittel* so selbstverständlich einzusetzen, wie die Schüler ihn zu Hause schon lange benutzen.

Wir Mauerkinder sind die erste Generation, die mit dem Fernsehen groß wurde. Wir sind die Mitbegründer des Privatfunks in Deutschland. Unsere ideologischen Vorbehalte sind darum vergleichsweise gering. Fernsehen – ja bitte, aber verbunden mit einer Pädagogik, die den Nachwachsenden das Medium vermittelt. Medien als Markt – warum nicht, wenn es hilft, den Einfluß der Politiker auf den Rundfunk einzudämmen. Denn ins Handwerk lassen wir uns ungern pfuschen, weder von Parteien noch von Verlegern. Medien sind für uns kein Instrument zur Volkserziehung, sondern das Bindemittel der Demokratie, das einzelne und Gruppen miteinander kommunizieren läßt. Gelegentlich reden wir uns um Kopf und Kragen, im besten Falle erzählen wir Geschichten aus dem Leben. Wir amüsieren uns nicht zu Tode. Aber der Bierernst der journalistischen Weltverbesserer ist uns fremd. Und wir sind neugierig auf das nächste Jahrtausend, wenn das Nahsehen beginnt.

1989 – Was bleibt?

Der Landtag weinte. Im Dezember 1993 trat der Ministerpräsident von Sachsen-Anhalt Werner Münch samt seinen Ministern Perschau, Schreiber und Rehberger zurück, die wie er selbst aus Westdeutschland importiert waren. Das Quartett hatte sich eine knappe Million zuviel Gehalt bewilligt. Nach dem Rücktritt geriet die Landes-FDP in eine Zerreißprobe. Während die Landtagsfraktion dem CDU-Mann Christoph Bergner in den Sattel helfen wollte, machte sich der Parteivorstand für Neuwahlen stark. Die Vorständler drohten den Abgeordneten: Wer für Bergner stimme, der werde sich auf der Liste für die nächste Wahl ganz hinten wiederfinden. Auftritt Konrad Breitenborn, ein bis dato unbekannter Hinterbänkler, ein Historiker mit Vollbart und zu engem Anzug, ein Bürgerrechtler wie aus dem Bilderbuch der Revolution. In der Wahldebatte ging er an das Podium des Magdeburger Landtages und machte die Pressionen öffentlich: »Was ist Demokratie noch wert, wenn für politisches Wohlverhalten ein günstiger Listenplatz in Aussicht gestellt wird?« Unter Tränen fuhr er fort: Die Ideale, für die man 1989 auf die Straße gegangen sei, würden so in den Dreck getreten. Die Parlamentarier packte kollektive Ergriffenheit, CDU-Kandidat Bergner wurde von Weinkrämpfen geschüttelt – und zum neuen Ministerpräsidenten von Sachsen-Anhalt gewählt.

Mit einem Mal war er wieder aus der Flasche, jener vielbeschworene »Geist der Revolution von 1989«, den viele schon abhanden gekommen glaubten. Er verschwand danach ebenso schnell, wie er aufgetaucht war. Bis in den Westen war er ohnehin nie so richtig vorgedrungen. Und wenn, dann empfand man ihn als lästig und trauerte der guten alten westlichen Teilrepublik nach. »Schön war die Zeit, als wir das alles nicht brauchten: weder Politik noch Staat noch Staatsmännisches; als wir uns ganz zivil auf dem Straßenfest der örtlichen Bürgerinitiative an selbstgebrautem Apfelwein und der edlen Vorstellung berauschen mochten, wir könnten von der engeren und etwas weiteren Region gleich ins Traumland Europa überwechseln, ohne den lästigen Umweg über so etwas wie einen Nationalstaat nehmen zu müssen, gar noch einen deutschen« (Cora Stephan). Ich erinnere mich, noch im Sommer 1990 ganz ähnlich gedacht zu haben. Dabei hätte ich es besser wissen müssen.

In meiner Studienzeit hatte ich mein Faible für die DDR entdeckt. Ich besaß keine Verwandten dort, hatte keinerlei Kontakte nach »drüben«. Dann kam jener graue Novembertag, an dem mein drittes Semester begann. Die Kommilitonen kamen aus den Ferien und berichteten: vom Trekking im Himalaya, der Boomtown Singapur, den Weiten Australiens, den sozialen Konflikten in Rio. Ein jeder schwor Stein und Bein, das sei es, darauf wolle man sich in der demnächst beginnenden journalistischen Karriere konzentrieren. Ich begann fieberhaft in meinem Gedächtnis zu kramen, welch exotisches Terrain ich mir erwählen könne. Unbekannt mußte es sein, unzugänglich, den Geschmack von Bedrohung und Abenteuer haben. So kam ich auf die DDR. Ich wollte dort ein Semester lang studieren, bewarb mich für den deutsch-deutschen Kulturaustausch. Beim ersten Mal scheiterte ich an der Auswahlkommission West, beim zweiten Mal an den Einreisebehörden Ost, mittlerweile war es Mai 1989 geworden, auf ein drittes Mal wollte ich es nicht ankommen lassen und besorgte mir eine Einladung bei Freunden von Freunden von Freunden. Die waren ausgerechnet

Studentenpfarrer, ausgerechnet in Leipzig, und mein Besuch war ausgerechnet im Oktober 1989. Dann fiel die Mauer.

In den folgenden Monaten war ich häufig in Ostdeutschland. Wir hatten besonders schlau sein wollen und den *Talk im Turm*, der im Januar 1990 startete, in ein Bonner Hotel gelegt, dorthin, wo die Musik spielte – so dachten wir. Die Folge war, daß wir jede Woche aufs neue zwei Tickets von Berlin-Tegel nach Köln-Bonn zu buchen hatten, um die Bürgerrechtler, Kombinatsdirektoren, Parteibonzen, Militärs und Stasileute einzufliegen, die wir für die Quasselrunde brauchten. Im März hielt es uns nicht mehr am Rhein. In der Woche vor der Volkskammerwahl sendeten wir eine Elefantenrunde mit den Vertretern der Ostparteien aus dem Palasthotel. Am Wahlabend selbst war nur noch ein Saal im Westberliner Esplanade zu bekommen, in dem der Schriftsteller Martin Walser zigarrerauchend seiner Freude über den Wahlsieg der CDU Ausdruck verlieh. Der Schauspielerin Angelica Domröse hingegen kamen ob des Ergebnisses die Tränen.

Im Juli ging es in die Sommerpause. Während in Bonn und Berlin heftig über die deutsche Vereinigung verhandelt wurde, begab ich mich in den Urlaub und sinnierte, wie unser postmaterialistisches Bewußtsein über die Wirren zu retten sei, die uns die Assoziierung Ostdeutschlands bescheren würde. Von der Art waren die Gedanken vieler, die wie ich ihre Ferien an den vertrauten Plätzen in der Toscana oder in Südfrankreich verbrachten. Was waren wir für Idioten! In jenen Sommermonaten wurde über die nächsten zwanzig Jahre der Republik entschieden. Im August 1990 verabschiedete sich die Linke aus dem politischen Diskurs. Und die wenigen Intellektuellen, die im Lande geblieben waren, befaßten sich nicht mit wirtschaftspolitischen Fragen, sondern stritten über Christa Wolf.

Von der Auseinandersetzung wird noch zu reden sein. Das

Buch, um das es seinerzeit ging, trug den lapidaren Titel: »Was bleibt«. Punkt. Schon bald wurde in der öffentlichen Diskussion aus dem Punkt ein Fragezeichen, wurde immer öfter gefragt, was geworden sei aus den Ideen des Aufbruchs von 1989. Die *Frankfurter Allgemeine Zeitung* übertrug es ins Englische und stellte mit ihrer Serie »What's left?« vieles von dem in Frage, was uns als unveräußerlicher Bestandteil der politischen Kultur der Bundesrepublik erschienen war.

Wer sich heute auf Spurensuche begibt, der findet, daß nicht mehr allzuviel geblieben ist von der Aufbruchstimmung des Jahres 1989. Der Zauber des Anfangs ist in den Ministerien, Behörden und Parlamenten der ostdeutschen Bundesländer dem *business as usual* gewichen. Kaum einer sitzt noch am Tisch aus Zeulenroda, die vergilbten Vorhänge sind verschwunden, die Grünpflanzen entsorgt, die Kaffeemaschine blubbert nur noch selten im Büro; zwischen Computern und unter punktgenau gesetztem Halogenlicht herrscht jene freundlich-kühle Sachlichkeit, die aus dem Westen importiert wurde.

Und der *mündige Bürger*, jenes Wesen, das – so will es die Legende – im Herbst 1989 zum Leben erwachte? »Heute geben die ihre Verantwortung wieder an der Garderobe ab. Wir haben so viele Möglichkeiten zur Bürgerbeteiligung, die meisten bleiben leider ungenutzt«, sagt Wolfgang Pohl (40), parteiloser Bürgermeister von Frankfurt/Oder. Das ärgert ihn, sein Elan ist dadurch nicht zu bremsen. Ihn beflügelt, daß er der einzige Rathauschef einer brandenburgischen Großstadt ist, der auf Anhieb wiedergewählt wurde – und das mit einer satten Zweidrittelmehrheit. Wolfgang Pohl trägt Schwarz, schwarzes Hemd, schwarze Hose, schwarze Schuhe, dezente Krawatte, kein Jackett. Für Wortspiele über die Kleidungsfrage ist keine Zeit, der Oberbürgermeister ist in Eile, vor und nach mir drängeln sich die Besucher, er sei *immer* in Eile, sagt er, überall sei etwas zu regeln, zu besprechen, zu entscheiden; das wirkt sich auf die Sprechgeschwindigkeit aus, Dieter Thomas Heck ist ein Schweigemönch im Vergleich zu Wolfgang Pohl.

»Ich war vor 1989 kein Widerständler. Die meisten von uns waren das nicht. Aber wir haben die Aufbruchsituation genutzt. Aus dieser Zeit ist uns geblieben, daß wir Probleme parteienübergreifend lösen. In der Kommunalpolitik wäre es doch Blödsinn, wenn die Parteien auf Biegen und Brechen versuchen würden, sich voneinander abzugrenzen.« Wolfgang Pohl bereitet die Ratssitzungen mit Vertretern aller Parteien vor. Vielleicht läuft es darum in Frankfurt/Oder besser als anderswo in Ostdeutschland. Neben seinem Amt als Oberbürgermeister hat Wolfgang Pohl einen Sitz im Potsdamer Landtag. Sein Schwerpunkt liegt jedoch in der Kommune. »Ich empfinde das nicht als Verlust. Das hat allerdings mit unserer Lage an der Grenze nach Polen zu tun, die besondere Anforderungen stellt, aber auch Gestaltungsspielraum läßt.« Er geht zum Schreibtisch und holt einen Brief. Gestern sind drei polnische Studenten zusammengeschlagen worden, Pohls Amtskollege aus Slubice auf der anderen Seite der Oder hat scharf reagiert, zu scharf, wie Wolfgang Pohl findet. Denn ansonsten kommt man gut aus miteinander. Die Viadrina, die Frankfurter Europa-Universität, an der Polen und Deutsche gemeinsam studieren, bereitet wenig Probleme. Auf das Projekt ist der Oberbürgermeister sichtlich stolz. »Wenn wir die nicht so schnell durchgeboxt hätten, würden wir noch in zehn Jahren darauf warten.«

Die Mühlen der Bürokratie, das hat er gelernt, mahlen in der Bundesrepublik genauso langsam wie im Parteiapparat der SED. Anfangs, so erinnert er sich, habe er im Vertrauen auf die Erfahrungen der Westdeutschen vieles übernommen, ohne es zu hinterfragen. »Daher kommt es, daß wir 40 Ämter hatten. Inzwischen haben wir die Zahl auf 30 reduziert und werden das noch weiter vereinfachen.« Am Westen stört ihn, daß die Demokratie zur reinen Repräsentation verkommen sei. »Hier im Osten ist das bürgernäher. Die Politikstrukturen in der alten Bundesrepublik würde ich schon gerne aufbrechen und die einmal aus ihrer Westruhe rütteln.«

Ob das gelingt, ist zu bezweifeln. Es sind nur Petitessen, die aus der DDR in die Bundesrepublik herübergerettet wurden: *Sandmännchen* und grüner Pfeil, die Beispiele sind bekannt. Bei meinen Interviews in Parlamenten und Unternehmen ist mir aufgefallen, daß ein Ostmöbel klammheimlich Eingang in die Büros der Republik gefunden hat: der *runde Tisch*. Nur zwei von über fünfzig Gesprächspartnern verschanzten sich hinter ihrem Schreibtisch. Manche haben überhaupt keinen, sondern arbeiten an der kreisförmigen Platte, an der auch die Mitarbeiter Platz nehmen, bei anderen ergänzt sie die Abstellfläche für Computer, Akten und Telefon; auffällig ist es allemal, wie viele der Mauerkinder über runde Tische verfügen. Entsprechend ist der Gesprächsstil: offen, locker, auf Dialog angelegt. Ich empfinde es als wohltuend, ganz normal reden zu können. Es ist nicht nur, daß wir einer Generation angehören und damit eine gemeinsame Sprache sprechen, bis hin zum Vokabular, sondern es ist das Gefühl, daß wir es endlich geschafft haben, die Steifheit und Verkrampfung aus den Amtsstuben und Büros der Republik zu vertreiben, die dort ihr letztes Refugium hatten. Der *runde Tisch* ist dafür ein Symbol, so wie er einst stellvertretend für den vermeintlichen Sieg der Bürgerbewegung über die Parteikader stand.

Für drei Monate, vom Januar bis zum März 1990, wurde die DDR de facto von jenen regiert, die Tag für Tag im Schloß Niederschönhausen saßen. Wenn der Runde Tisch den Ministerpräsidenten herbeizitierte, dann sprang Herr Modrow.

Aus jener Zeit sind uns Namen im Gedächtnis geblieben: Ingrid Köppe vom *Neuen Forum*, die Frau mit den tiefblauen Augen und dem roten Strubbelhaar; Christoph Matschie von der Ost-SPD, der damals schon aussah, als käme er direkt aus Erich Kästners »Fliegendem Klassenzimmer«, und sein Parteifreund Thomas Krüger, über den *Spiegel*-Reporter Matthias Matussek im Mai 1990 schrieb: »Es ist nicht das scheußlich gerippte tintenblaue Kunststoffsakko, in dessen Brusttasche ein Dutzend billige Plastikkugelschreiber beulen. Auch nicht der blaurote Primanerschlips über weißer Hemdenbrust. Nein, es ist dieser zerfranste, wuchernde, russisch-orthodoxe Siebziger-Jahre-Vollbart, der jedem Westprofi signalisiert: Dieser Typ wird dir auf die Nerven gehen.«

Knapp vier Jahre später. Thomas Krüger ist gerade aus dem Urlaub gekommen. Braungebrannt tritt er mir entgegen, hellrotes Sakko, schrille Krawatte mit Äpfeln und Zitronen, und der Bart, der ist schon lange gestutzt. Krüger ist Berliner Jugendsenator mit bundespolitischen Ambitionen. Der Gang vor seinem Büro sieht aus wie ein Jugendclub in Marzahn. »Das war der erste Preis bei einem Graffiti-Wettbewerb: Einmal dem Senator eins sprühen zu dürfen.« Eigentlich hatte Thomas Krüger vorgeschlagen, daß wir uns bei ihm zu Hause treffen; das wäre zwar praktisch gewesen, weil wir in der gleichen Straße wohnen, hatte mich gleichwohl stutzig gemacht. »Ich habe oft Leute bei mir zu Hause«, klärt er mich auf. »Einmal im Monat lade ich verschiedene Träger aus den freien Wohlfahrtsverbänden zur sogenannten Sofarunde ein. Da kriege ich alle, die ich brauche, auf einen Schlag, das erspart mir manchen Weg. Die Zusammensetzung wechselt, ich hole mir immer den einen oder anderen Querschläger dazu, der eine Diskussion provoziert. Bei Wein und Salzgebäck läßt sich das meiste lockerer und einfacher besprechen als in langwierigen Sitzungen. In DDR-Zeiten haben wir uns immer in irgendwelchen Wohnzimmern getroffen – zu Lesungen, Performances, Diskussionen. Auch die Wessis mögen das inzwischen. Auf dem Sofa haben wir schon manche wichtige Entscheidung getroffen.«

Ich sitze mit Thomas Krüger am (natürlich runden) Tisch in seinem Senatorenbüro, er hockt halb in der Tür, eingerahmt von der Bücherwand; der linke Fuß wippt, die Hände reden mit – man spürt seine Vorliebe für das Schauspiel. Zu DDR-Zeiten trat er in Kirchen und Wohnzimmern auf. »Wenn ich aus der Politik aussteige, würde ich gerne ein richtig großes Theater leiten.« Im politischen Geschäft sieht er eine Menge Parallelen zur Schauspielerei. »Politik hat für mich viel mit Lust zu tun. Ich habe Lust am Streit mit Heckelmann und Kleemann (dem Innen- und Schulsenator). Aber er muß schön inszeniert sein.« Thomas Krüger ist gerne Politiker. Zur Zeit liest er viel über Chaostheorie. »Ich bin wie ein glückliches Teilchen, das einen Anstoß gekriegt hat. Ich habe 1989 eine Chance ergriffen, die mir in den Schoß gefallen ist.«

Krüger studierte am Sprachenkonvikt der evangelischen Kirche Theologie. Im gleichen Semester war Steffen Reiche, heute Landesvorsitzender der SPD in Brandenburg. Beide gehörten zu den Männern und Frauen, die im September 1989 im Pfarrhaus zu Schwante, nördlich von Berlin, die Ost-SPD gründeten. Reiche meint heute im Rückblick: »Was sich da innerhalb weniger Monate, vom Spätsommer bis zum Herbst 1989, entwickelt hat, verdient den Namen Gründergeneration. Sie haben miteinander den Anfang gestaltet und haben so viel erlebt, wie man sonst nur im Ablauf einer Generation erleben kann.«

Was aber ist aus ihnen geworden, den jugendlichen Helden der Revolution? Auf diese Frage gibt es zwei Antworten. Wer ihr in Bonn nachgeht, wird zu einem anderen

Ergebnis kommen als derjenige, der sich in den ostdeutschen Landeshauptstädten umsieht. Beginnen wir in jener rheinischen Provinzstadt, die vorübergehend noch den Bundestag beherbergt.

Bonner Befindlichkeiten

Wie ist es mit Kohls Bonner Enkeln? Gibt es Ostdeutsche darunter? Die Antwort lautet: Nein. Zwar war die Idee der »Jungen Gruppe«, in der sich die Mauerkinder der CDU zusammengetan haben, ein Import aus dem Osten der Republik. Dennoch erscheint es nicht opportun, junge ostdeutsche Politiker in die Galerie der Kohlschen Enkel einzureihen. Zu verschieden sind ihre Biographien von denen der westdeutschen Kollegen. Ihre Prägungen sind nicht 1968 und der RCDS. Der Pragmatismus der Altersgenossen ist ihnen fremd. Und viele von ihnen fühlen sich immer noch unbehaust im Zentrum der Bonner Republik. Sie sind es im wahrsten Sinne des Wortes. Denn die Westabgeordneten mochten im Dezember 1990 ihre Büros für die neuen Kollegen aus dem Osten nicht räumen. In den flugs errichteten Baracken sind sie deshalb unter sich. In einer davon begegne ich Stephan Hilsberg (37).

Er wirkt entspannt und aufgeräumt. Das war 1989/90 anders, als er sein Informatikstudium in Görlitz abgebrochen hatte, Geschäftsführer der Ost-SPD geworden war und den Laden nahezu alleine schmiß, seit der damalige Parteivorsitzende Ibrahim Böhme als Stasispitzel enttarnt worden war. Stundenlang irrte ich durch die Gänge der früheren SED-Parteihochschule in der Berliner Rungestraße, in der die Sozialdemokraten provisorisch Unterschlupf gefunden hatten, nie war Hilsberg da, wo er sein sollte. Als ich ihn endlich gefunden hatte, konnte ich ihm kaum einen klaren Gedanken entlocken. »Heillos überfordert« sei er damals gewesen, erinnert sich Stephan Hilsberg, zumal das Verwalten seine Sache nicht ist. Er sieht sich mehr als kreativen Kopf denn als pragmatischen Organisator.

»Politik ist kompliziert. Da muß man richtig nachdenken, gerade als Ostdeutscher, für den vieles neu ist. Ich zwinge mich oft regelrecht zum Nachdenken. Die langen Autofahrten im Wahlkreis geben mir die Möglichkeit dazu. Manchmal überfordert es mich, dabei noch zu steuern, dann fahre ich rechts ran, steige aus und gehe in den Wald.« Das muß man sich mal vorstellen. Fährt durch die Lande, zermartert sich das Hirn, und wenn es ihn zu zerreißen droht, rennt der Mann durch Feld und Flur. Wahrscheinlich murmelt er dabei vor sich hin. Welcher Westpolitiker würde das tun und das dann auch noch zugeben?

Nun ist es nicht so, daß Stephan Hilsberg unbedingt ein schwermütiger Grübler ist, sondern eher jemand, dem unverhofft ein Spielzeug in die Hand gefallen ist, dessen Möglichkeiten er noch längst nicht alle kennt. Im Bücherregal hinter dem SPD-Politiker steht »Die Lust auf Spiel und Risiko«. Die Begeisterung, mit der er von seinen Vorhaben erzählt, läßt vermuten, daß er Politik ganz ähnlich erlebt. »Politik macht mir Spaß.« Das hatte auch Thomas Krüger gesagt. »Ich würde nach der Wahl gerne weitermachen, wenn die Wähler mich lassen.« Und die Partei. Denn zum Zeitpunkt unseres Interviews war noch lange nicht ausgemacht, ob Stephan Hilsberg in Brandenburg wieder einen aussichtsreichen Listenplatz bekommen würde.

Das gleiche Problem hatte Christoph Matschie. Der 33jährige lernte in der DDR Mechaniker und Krankenpfleger, bevor er in Rostock und Jena Theologie studierte. Im September 1989 machte er sein Examen, gerade rechtzeitig zur Revolution. »Vor 1989 und im Jahr 1989 selbst waren es vor allem wir Jungen, die den Bruch gespürt haben, der durch das Land ging. Das gibt Selbstbewußtsein.« Er kann es brauchen. Auf der Landesliste für die Bundestagswahl ist er weit nach hinten gerutscht, nun wird es knapp für ihn. »Die Strukturen haben sich schon wieder verfestigt. Der Parteivorstand ist über die Liste abgesichert. Das würde ich gerne aufbrechen.« Was das Vokabular angeht, ist Christoph Matschie *der* Aufbrecher unter den Mauerkindern. In jedem zweiten Satz knirscht es bei ihm, bricht und birst. Sollte er nicht wieder in den Bundestag kommen, wäre das für ihn kein Beinbruch. »Wir Ostdeutschen haben den Vorteil, daß wir mit Brüchen klarkommen, wir haben alle den Umbruch der eigenen Biographie erlebt.«

Christoph Matschie glaubt, daß es nicht nötig sei, in Populismus zu machen. »Gegen die Politikverdrossenheit müssen wir mit langfristigen Perspektiven angehen – auf die Gefahr hin, die nächste Wahl zu verlieren. Aber die muß man auch nicht unbedingt gewinnen, Macht ist ja kein Selbstzweck, Machterhaltung kann nicht die Aufgabe der Parteien sein.« Christoph Matschie sucht sich seine Themen und zieht sie konsequent durch. »Ich habe mir als Schwerpunkt die Entwicklungspolitik gewählt. Früher hat man da fast nur mit konkreten Projekten gearbeitet. Kaum waren die Helfer weg, sind sie versandet. Es ist wenig hilfreich, nur auf den Einzelfall zu sehen. Statt dessen braucht auch die Entwicklungspolitik ein ›globales Handeln‹. Daß das in Umweltfragen notwendig ist, hat sich inzwischen herumgesprochen. Ich hoffe, daß wir auch bei der Entwicklungspolitik eines Tages so weit sind.«

Wenn Politiker Themen aufgreifen, die *nicht* auf der aktuellen Tagesordnung stehen, stoßen sie oft auf taube Ohren. »Natürlich kann ich einem Arbeitslosen in Lauchhammer nur schwer klarmachen, warum die Benzinsteuer eigentlich doppelt so hoch sein müßte. Aber wenn ich eine Stunde mit dem geredet habe, finde ich Gehör«, berichtet Stephan Hilsberg. »Latent wissen die meisten durchaus, was getan werden müßte. Diese latenten Meinungen will ich wecken.«

Mag sein, daß das im Gespräch vor Ort gelingt. Im größeren Maßstab wird das, so ehrenhaft es ist, zum unkalkulierbaren Risiko. Unvergessen ist der Flop, den Die Grünen landeten, als sie im Einheitswahlkampf 1990 mit dem Slogan »Alle reden vom Wetter. Wir auch.« antraten. Sie blieben unter fünf Prozent und kamen nicht in den Bundestag. Die Fahne bürgerbewegter Politik wurde allein von jenen acht Abgeordneten des Bündnis 90 hochgehalten, die unerschrocken gen Bonn zogen, bald jedoch wie ein versprengtes Häuflein erschienen und nun zumeist das Weite suchen.

Es ist wohl vor allem die Ignoranz der Westkollegen, die sie so mürbe macht im Bonner Alltag. »Haß ist ein Ergebnis sozialistischer Volksverdummung«, überschrieb die CDU eine Erklärung zu den Gewalttaten Jugendlicher in Ostdeutschland. Als Ingrid Köppe (36) im Innenausschuß des Bundestages danach fragte, ob nicht auch die Bonner Politik mitverantwortlich sei, wenn Jugendliche nicht mehr wissen, was sie mit sich anfangen sollen, erntete sie langanhaltendes Schweigen. Im Schalck-Untersuchungsausschuß nervte die Bündnis-Politikerin die anderen Parteienvertreter mit ihrer Ungeduld. »Was Sie langweilt, Frau Köppe, kann für andere durchaus interessant sein«, stauchte sie der Ausschußvorsitzende zusammen, als ihr wieder einmal der Kragen geplatzt war.

Jetzt will Ingrid Köppe nicht mehr, auch ein Interview mag sie nicht geben. Der Akku ist leer. Alexander Osang schrieb vor drei Jahren in einem Porträt: »Sie ruiniert ihre Gesundheit mit bestem Gewissen. Sie stürzt sich in die Arbeit, um zu vergessen, daß ihr Traum ausgeträumt ist. Um zu verdrängen, daß sie allein ist. Sie hat ein geräumiges Arbeitszimmer in Bonn, inzwischen auch eine Wohnung und ein Fahrrad. Aber ihre Wurzeln sind woanders.«

Mancher geht den Weg zurück zu diesen Wurzeln und sagt der Politik ade. Wolfgang Ullmann etwa gab es auf, weiter über eine neue Verfassung zu beraten, weil er merkte, daß die westdeutschen Kollegen keine rechte Lust dazu hatten. Das Scheitern der Verfassungsdiskussion ist das eindringlichste Beispiel dafür, wie sehr die Bonner Politikerkaste in der alten Westbindung verharrt. An die Stelle eines Nationalbewußtseins sei in der Bundesrepublik Verfassungspatriotismus getreten, schrieb Jürgen Habermas in den achtziger Jahren. Wer jedoch dem Geltungsbereich des Grundgesetzes nur beitreten darf, ohne daß neu über dessen Inhalt verhandelt wird, der *kann* keine Affinität zur Verfassung entwickeln, weder intellektuell noch emotional – und schon gar nicht, wenn die darin verankerten Grundrechte peu à peu ausgehöhlt werden. Wer nicht bereit ist, nach einer Revolution ernsthaft über die Leitlinien der Gesetzgebung zu reden, der darf sich nicht wundern, wenn das Gefühl für Recht und Ordnung abhanden kommt.

Was Jürgen Habermas als den »instrumentellen Charakter der Vereinigung« beschrieb und kritisierte, tritt wohl nirgends so offen zutage wie im Bonn der Beschlußvorlagen, interfraktionellen Absprachen und Geschäftsordnungsdebatten. Christoph Matschie macht sich mit Autosuggestion Mut. »Ich vertraute darauf, daß der Druck im Lande wächst. Und irgendwann kommt wieder ein Bruch. Wann das in den nächsten zehn Jahren sein wird, weiß ich nicht. Aber ich will jetzt schon sehen, wo Brüche im System sind, damit ich weiß, auf welche Bruchstellen ich hinarbeiten kann. Daran arbeite ich mit Ungeduld, aber ohne Hektik. Das ist eine Revolte im Wartestand.«

In Ostdeutschland ist sie gelegentlich schon aus dem Häuschen an der Haltestelle herausgetreten und in den Bus gestiegen, der sie zum Landtag brachte. Einstiegshilfe bekam sie von Abgeordneten aus der Generation, die nach der Mauer kam. Denn in den ostdeutschen Ländern haben sie es besser als am Rhein. »Der Ort, an dem alles zusammenläuft, ist für sie nicht Bonn und oft nicht einmal ihre Landeshauptstadt«, schrieb die *Wochenpost* in einer Geschichte über »Die junge Garde der Demokratie (Ost)«, Titel: »Bonn ist fern«.

Querköpfe aus ostdeutschen Landen

Arnold Vaatz (37) gehörte 1989 zu denen, die das Neue Forum gründeten. Später wechselte er zur CDU und wurde vom sächsischen Ministerpräsidenten Kurt Biedenkopf zum Chef der Staatskanzlei gemacht. Vaatz ist ein unberechenbarer Intellektueller. Die Stasi, die ihn jahrelang überwachte, verpaßte ihm den Decknamen »Primus«. Weil er den Reservedienst als Bausoldat verweigerte, mußte er ein halbes Jahr ins Arbeitslager. In dieser Zeit gewöhnte er sich an, in den Kategorien von Freund und Feind zu denken. Es sei eine seiner Schwächen, daß er das bis heute beibehalten habe, meinen seine Kritiker. Der *Spiegel* schrieb, Vaatz sei »ein Ostbetrieb auf zwei Beinen: eigensinnig, grüblerisch, rüpelhaft.« Der kleine Mann ist um starke Worte wahrlich nicht verlegen. Wenn er seine ostdeutschen Landsleute auffordert, »endlich mit dem Gejammere aufzuhören«, den Wessis sei schließlich auch »nicht die Lebensqualität in den Schoß gefallen, da stecken 40 Jahre Knochenarbeit drin«, macht er sich daheim in Sachsen nur bedingt Freunde. Mit derlei Sprüchen wurde der Mann für Ministerpräsident Kurt Biedenkopf zum Sicherheitsrisiko, er lobte ihn aus der Staatskanzlei weg, machte ihn zum Umweltminister und mahnt ihn bisweilen väterlich: »Du wirst dich noch um Kopf und Kragen reden.«

Steffen Reiche (33), Parteivorsitzender der brandenburgischen SPD, berichtet von gleichlautenden Warnungen seines Ministerpräsidenten. »Aber wenn ich merke, daß die Leute aus Dusseligkeit etwas nicht kapieren, dann muß ich denen einfach die Meinung sagen.« Das tut er, gleich ob auf dem Rednerpult des Landtages, auf Parteiversammlungen oder von der Kirchenkanzlei herunter. Denn Reiche ist, wie so viele ostdeutsche Bürgerrechtler, von Beruf Pfarrer. Und wie sein Studienkollege, der Berliner Jugendsenator Thomas Krüger, hat er neben Religion und Politik noch ein drittes berufliches Standbein: das Theater.

Im März 1994 inszenierte er in der Stadt Brandenburg das Einpersonenstück »Tie-Break für Crazy Horse«, dessen Problematik ihm durchaus vertraut ist: Ein Mann hat sich eine Identität geliehen und findet nicht mehr zurück. Dem gleichen Vorwurf begegnete Manfred Stolpe immer wieder. Und immer wieder verteidigte ihn Steffen Reiche. Gleichwohl sah er sich nicht als bloßen Ausputzer des früheren Konsistorialrats, »schließlich habe ich den hierhergeholt.«

»Wer sind *Sie* jetzt?« Etwas irritiert schaut Steffen Reiche von seinem Schreibtisch im Landtag auf. Irgend etwas ist bei der Terminabsprache danebengegangen. Macht nichts, er bittet mich, Platz zu nehmen, setzt sich zu mir und stopft die Pfeife. Es klopft an der Tür, ein Parteifreund aus Thüringen kommt, und Reiche verschwindet für eine halbe Stunde zum Kaffee. Auf dem Tisch bleibt der »Kirchliche Amtskalender 1994« zurück. Als er wieder da ist, bietet Reiche mir erst einmal das »Du« an. Dann kommt eine Landtagsabgeordnete, die fürchtet, nach der Kreisgebietsreform ihr Direktmandat zu verlieren. Und immer wieder unterbricht das Telefon unser Gespräch.

Steffen Reiche trägt ein kleinkariertes Sakko, hellblaues Hemd mit weißem Kragen, dazu einen dezent-roten Binder mit Krawattennadel, Insignien eines Politikers, der es geschafft hat. »Ich bin immerhin dienstältester Parteivorsitzender in Brandenburg, wenn nicht sogar in ganz Ostdeutschland«, sagt er mit einer Mischung aus Koketterie und Stolz. »Die meisten Abgeordneten könnten zwar meine Eltern sein. Aber dadurch, daß ich die Partei hier aus dem Nichts hochgezogen habe, herumgefahren bin, um Kandidaten zu suchen, kenne ich die alle von Anfang an. Das macht es leichter.«

Reiche hat wenig Feinde in den eigenen Reihen, auch mit den Vertretern der anderen Parteien kann er. Seine Gegner sitzen woanders: Es sind die westdeutschen Energiekonzerne, denen die Modrow-Regierung das Stromnetz und die Kraftwerke der DDR zugeschlagen hatte. Dagegen haben 164 Gemeinden geklagt. Reiche forderte, daß die ostdeutschen Länder zu Mehrheitsaktionären der örtlichen Energieversorger werden. »So könnten wir deren satte Gewinne verwenden, um die Braunkohlebranchen in der Lausitz zu rekultivieren und die Kumpel umzuschulen. Wenn das klappt, ist das das größte Rad, an dem ich bisher gedreht habe«, sagt Steffen Reiche, und mit dem Pfeifenrauch verteilt sich die Vorfreude gleichmäßig durchs Zimmer. Es kam anders: Im März 1994 vergab die Treuhandanstalt sowohl den Stromverbund als auch die Braunkohle an westdeutsche Unternehmen.

Manchmal ist es noch wie zu DDR-Zeiten. Freitag vierzehn Uhr, Erfurt Hauptbahnhof, »Zum Landtag bitte«, der Taxifahrer fragt: »Jetzt noch arbeiten?« Ich sage, daß ich zum Wirtschaftsminister will, Antwort: »Ach so, das ist privat.« Der Pförtner am Empfang des Landtages vergewissert sich telefonisch: »Da ist ein Herr Pannen, der behauptet, einen Termin bei Herrn Bohn zu haben. Können Sie das kontrollieren?« Ich sehe an mir herunter, ob etwas mit der Kleidung nicht stimmt.

Eine halbe Stunde später im Besprechungsraum des Ministeriums. Hinter mir ein vollgekritzeltes Flipchart: »Anpassungsbeihilfen genehmigen«, »Analysezeitraum festlegen«, »Tourismuskonzept erstellen«. An der gegenüberliegenden Wand eine Landkarte von Thüringen, gespickt mit bunten Fähnchen, davor der Minister, Jürgen Bohn (34), blonde Locken, Brille, Typ: Versicherungsvertreter. Äußerlichkeiten, nun ja.

Jürgen Bohn saß seit März 1990 für die FDP in der Volkskammer. Als er nach der Einigung im Oktober in den Bundestag kam, hörte er immer wieder den Satz: »Das hat sich bewährt, das haben wir immer schon so gemacht.« Bohn jedoch wollte andere Politik machen, »zur Ochsentour hatte ich keine Lust, darum bin ich zurück nach Thüringen gegangen.« Seit 1991 ist er dort Wirtschaftsminister und bezieht, was für einen FDP-Politiker ungewöhnlich ist, regelmäßig Prügel von Unternehmerseite. Bei einer Umfrage der thüringischen Metall- und Elektroindustrie bescheinigten ihm 86,6 Prozent der Unternehmer, daß seine Wirtschaftspolitik »nicht ausreichend« sei. »Die sind alle noch staatsgläubig«, kontert Jürgen Bohn. »Es hat keinen Zweck, wenn wir hier Branchen künstlich erhalten. Wichtiger ist es, die Wirtschaft anders zu strukturieren und Betriebe anzusiedeln. Die Früchte werden wir allerdings erst in vier bis fünf Jahren ernten können.« Im Moment gibt es dafür nur faules Obst und Eier. Trotz Bohns Bekenntnis zum freien Markt machte das Land 200 Millionen für eine Industriebeteiligungsgesellschaft locker. Aber so wie Jürgen Bohn davon spricht, ist deutlich zu spüren, daß ihm Ministerpräsident Bernhard Vogel das im Wahljahr 1994 aufs Auge gedrückt hat.

»Weniger Staat« ist die Devise, mit der die Stadt Leipzig eine »Beratungsgesellschaft für Beteiligungsverwaltung« gegründet hat. Sie – und nicht die Behörden – soll künftig die städtischen Eigenbetriebe wie Krankenhäuser, Wasserwerk, Oper, Schauspielhaus, Bus und Bahn beraten und kontrollieren. »Die Stadt Leipzig ist bereit, sich wie ein Unternehmer zu verhalten, das heißt, mit den Verkehrsbetrieben nicht über die Streckenführung oder den Fahrkomfort zu reden, sondern zum Beispiel vorzugeben, daß bis zu einem bestimmten Zeitpunkt die öffentlichen Verkehrsmittel in dieser Stadt einen bestimmten Anteil des Gesamtverkehrs ausmachen sollen. Erst dann können Politik und Betrieb in Verhandlung darüber eintreten, welchen Preis das hat«, sagt Michael Weber (35), der den Vorsitz der Fraktion von Bündnis 90/Die Grünen im sächsischen Landtag aufgab, um Geschäftsführer der Beratungsgesellschaft zu werden. Ins Gerede kam er, als bekanntwurde, daß er allzu genau wußte, welchen Preis er selbst für den Job haben wollte: 230000 Mark pro Jahr. Nicht schlecht für einen, der von Hause aus Diplomchemiker ist und gerade erst begonnen hat, sich betriebswirtschaftliche Kenntnisse per Fernstudium anzueignen.

Arnold Vaatz (CDU), Steffen Reiche (SPD), Jürgen Bohn (FDP), Michael Weber (Bündnis 90/Die Grünen) – da hätten wir sie alle beisammen, die Vertreter der Parteien, die in Ostdeutschland Politik machen. Alle? Fast alle. Denn zur Überraschung der Westdeutschen hält jeder sechste Wähler im Osten einer Partei die Treue, die man eigentlich abgeschrieben hatte: der PDS, Nachfolgerin jener SED, die die DDR fünfjahresplanmäßig zugrunde gerichtet hatte.

Es war an einem kalten Oktobertag. Auf der Langen Brücke in Potsdam demonstrierten Frauengruppen gegen die Neufassung des § 218, unter ihnen eine junge Frau im blauen Anorak, ich tippte auf Theologiestudentin im sechsten Semester. »Kerstin Kaiser, stellvertretende Bundesvorsitzende der PDS«, stellte sie sich vor. Das machte mich neugierig.

»Bin ich Ihnen nicht zu normal?«, eröffnet die 33jährige das Gespräch im Karl-Liebknecht-Haus. Politiker, das seien doch Menschen mit Aktenkoffern, die von einem Flughafen zum andern hasten. Die Frage ist blanke Provokation. Denn Kerstin Kaiser weiß genau, daß die klassischen Politikertypen nicht mehr ankommen. Ich berichte von meinem Erstaunen über sie und ihr Amt. »Wenn die Leute überrascht sind, merken sie es sich; von daher ist es ganz gut, wenn man sich über mich wundert«, sagt die PDS-Politikerin. Den psychologischen Trick kennt sie aus ihrer Zeit als Sprachenlehrerin. Die Großeltern waren Umsiedler aus Schlesien, die Eltern Lehrer, die Mutter obendrein Parteisekretärin. Von 1979 bis 84 studierte Kerstin Kaiser Slawistik in Leningrad, danach kam sie an die ZK-Hochschule nach Kleinmachnow, um den Funktionären Russisch beizubringen.

Bevor sie nach Leningrad ging, verpflichtete sie sich als informelle Mitarbeiterin bei der Staatssicherheit. Das erzählt Kerstin Kaiser von sich aus und eher nebenbei. Sie sei davon ausgegangen, nur aus dem Ausland berichten zu müssen, das sei für sie normal gewesen. Überrascht habe sie jedoch, daß die Stasi ihre Dienste auch nach ihrer Rückkehr weiter nutzen wollte. Sie wehrte sich nicht und machte weiter mit. Jetzt hat sie ihre Akten angefordert. Sie kandidiert weder für Landtag noch Bundestag, um die Partei nicht in Schwierigkeiten zu bringen.

Als ich die Treppe zu Kerstin Kaisers Büro hinaufgegangen war, standen im Flur zwei alte Genossen beieinander. »Schreib einfach einmal dein ganzes Arbeitsleben für dich auf«, riet der eine dem anderen. »Dann siehst du ja selbst, ob du dir etwas vorzuwerfen hast.« Parteiarbeit, das heißt in der PDS oft: Therapie der verbliebenen Mitglieder. »Für viele bei uns ist das ehrenamtliche Engagement in der Partei die letzte Lebensaufgabe«, sagt Kerstin Kaiser. »Die Leute sind entwurzelt, leisten keinen Widerstand. Ich habe meine Wurzeln noch, unter anderem in der PDS. Ich bin in die SED eingetreten, weil ich der DDR viel verdanke und das Westfernsehen mich abgeschreckt hat vor dem anderen System – zu Recht, wie ich heute weiß. Wenn es für mich 1990 eine Chance gegeben hätte, abzuhauen aus Deutschland – ich wäre auf der Stelle gegangen. Ich fand das alles ganz furchtbar, was hier passiert ist mit der Vereinigung.«

Kerstin Kaiser blieb, begann, sich zu wehren. Schon bald fiel ihr auf, daß vor allem Frauen zu Opfern der Vereinigung wurden. So begann sie, Frauenpolitik zu machen – man wurde aufmerksam auf sie. Anfang 1991 wurde sie ins Präsidium der PDS gewählt, wenig später zur stellvertretenden Vorsitzenden. »Mir war das zu schnell. Wir Frauen sind ja weniger risikofreudig, dafür können wir immerhin das, was wir machen, während es jede Menge mittelmäßige Männer gibt. Ich bin jetzt in den Kreistag gegangen. Ich will Erfahrung nachholen. Außerdem möchte ich wissen, was zu Hause los ist. Das ist überhaupt typisch für unsere Partei: daß wir die Nähe zu den Leuten haben.«

Es ist die entscheidende Stärke der PDS, daß sie die Probleme vor Ort besser kennt als andere Parteien. Das macht sie salonfähig. In den ostdeutschen Länder- und Kommunalparlamenten kommt es immer häufiger zu Sachkoalitionen mit anderen Fraktionen. Dennoch bleibt die PDS eine Partei im Ghetto. Das weiß auch Kerstin Kaiser. Sie hat als Frauenpolitikerin einen doppelt schweren Stand. Selbst im eigenen Lager hat sie Feinde, denn die vierfache Mutter ist so mancher radikalen Feministin suspekt. »Ich halte nichts von der Frau ohne Kinder, der es nur darum geht, kompatibel für den Markt zu sein.« Kinderlosigkeit mag sie allenfalls als Form des Protestes in Betracht ziehen: »Gebärstreik, das wär's – damit *diese* Bundesrepublik auszehrt.« Andererseits bekennt sie: »Ich bin viel zu gerne Mutter.« Und dann, als sie von zu Hause erzählt, taut sie zum ersten Mal richtig auf.

Was bleibt? Zahlreiche Mauerkinder haben die Revolution von 1989 als Chance genutzt, um einen Bereich der Gesellschaft zu erobern, der ihnen zuvor verschlossen war: die Politik. Entgegen dem herrschenden Trend haben sie Lust auf politisches Handeln. Im Bewußtsein, eine Gründergeneration zu sein, drehen sie an vielen kleinen Rädern im Getriebe des neuen Deutschland. Daß sie es nicht von heute auf morgen umbauen können, wissen sie. Aber es ist ihnen wichtiger, daß der Motor morgen noch läuft, als heute ein Rennen zu gewinnen. Nur manchmal, wenn die Mechanik allzusehr quietscht, werden sie ungeduldig. In die Boxen der anderen Parteien schielen sie weniger argwöhnisch als die etablierten Kollegen. Wo immer es geht, basteln sie gemeinsam, parteiübergreifend. Sie pflegen den Dialog, das wichtigste Möbel in ihrer Zukunftswerkstatt ist nicht die Werkbank, sondern der runde Tisch. Von eingefahrenen Pool-Positionen halten sie überhaupt nichts, die Bonner Piste ist ihnen zu glatt, lieber gehen sie in Ostdeutschland an den Start. Dort kennen sie die Strecke und wissen, wo die Hindernisse liegen, die wahlweise zu umfahren oder aus dem Weg zu räumen sind. Das macht ihre Stärke aus. Und wenn es einmal nicht weitergeht: Sie haben gelernt, mit Brüchen zurechtzukommen.

Ostwärts

Das Auto war vollgetankt und bereit zur Fahrt von München nach Berlin. An der Kasse der Tankstelle fiel mein Blick auf die angebotenen Landkarten. Da ich nach Rumänien fahren wollte, fagte ich, ob eine Osteuropakarte im Angebot sei. »Jo, wos moanen S' do?« fragte der Tankwart irritiert. »Wolln S' a DeDeErrr-Kartn?« Ich vermutete einen Hörfehler und erklärte: »Ost*europa*, nicht Ost*deutschland*.« »Sag' ich doch, DDR, dreckate«, beharrte der Verkäufer. Ich gab auf, verließ die Tankstelle und fuhr auf die Autobahn. Im Radio liefen die Nachrichten des Bayerischen Rundfunks. »Bonn. Der SPD-Parteitag ... DDR. Der Prozeß gegen Erich Honecker ...« Hatte ich richtig gehört? DDR? In Bayern 5, dem Inforadio, gibt es Nachrichten im Viertelstundentakt. Gespannt wartete ich, dann war es wieder soweit. »... DDR. Der Prozeß gegen Erich Honecker ...« »DDR«, eine Ortsangabe, in einer Reihe mit Bonn, Sarajewo und Hannover. Drei Jahre nach dem Fall der Mauer, zwei Jahre nach der Vereinigung beider Deutschland existierte sie noch in den Köpfen bayerischer Rundfunkredakteure, ausgerechnet dort.

Einen Tag zuvor hatte ich am Biertisch erfahren, daß der Lebensgenuß in Bayern doch erheblich getrübt sei, seit man soviel Steuern zu zahlen habe für die da im Osten, das habe man sich vorher nicht genau überlegt, was da auf einen zukomme. A., die mir das sagte, ist eine sympathische, aufgeschlossene Frau um die dreißig. Nein, da, wo ich lebe, im Prenzlauer Berg in Berlin, würde sie sich nicht wohlfühlen, versicherte sie. Ich glaubte ihr aufs Wort. Wer will schon freiwillig nach Osteuropa.

Die bayerische Episode spielt im Winter 1992. Ein Jahr später, am 1. November 1993, trat der Vertrag von Maastricht in Kraft, aus der Europäischen Gemeinschaft wurde die Europäische Union. Am Tag darauf erschien in der *Süddeutschen Zeitung* ein Interview mit dem bayerischen Ministerpräsidenten Edmund Stoiber. Kernsatz: »Wir streben keinen europäischen Bundesstaat mehr an.« Die Reaktionen waren heftig. Die CDU-Spitze distanzierte sich, der Koalitionspartner FDP sowieso. Die SPD zieh Stoiber des Nationalismus, und selbst die Grünen, die jahrelang vor dem Moloch Europa gewarnt hatten, beeilten sich, ein deutliches JA zur europäischen Einigung zuwege zu bringen. Warum rief der Stoibersche Vorstoß ein derartig heftiges Echo hervor?

Vom Ende der Westbindung

Kurz bevor der bayerische Ministerpräsident sein Interview gab, war im Berliner Propyläen Verlag der Band »Westbindung« erschienen, dessen Kenntnis bei Stoibers Redenschreibern als wahrscheinlich gelten kann. Das Buch präsentiert die Positionen vor allem jüngerer Historiker und Politikwissenschaftler zur Rolle Deutschlands in einem veränderten Europa. Herausgeber waren die Historiker Rainer Zitelmann, Jahrgang 1957, Karlheinz Weißmann, Jahrgang 1959, und Michael Großheim, Jahrgang 1962. Die drei Herren sind nicht ohne. Weißmann schreibt mit Vorliebe über die politischen Symbole der Rechten in Deutschland, Großheim macht in Heidegger, und Rainer Zitelmann wurde zeitweilig von Springers *Die Welt* als Ressortleiter der *Geistigen Welt* angeheuert. Im Gefolge hatte er »einen Rattenschwanz publikationsgieriger, revisionistischer Junghistoriker (...), die er als nebenamtlicher Lektor bei Ullstein auch weiterhin versorgen kann« (ZEIT). Problematisch wird die Rolle Zitelmanns durch seine geistige Nähe zum rechtsextremistischen Wochenblatt *Junge Freiheit*. Ich gestehe: Auf derlei Kronzeugen greife ich ebenso ungerne zurück wie auf einen Herrn Stoiber, dessen Un-Wort von der »durchraßten Gesellschaft« mir in schlimmer Erinnerung ist. Und es wäre naiv zu verkennen, daß es *auch* nationalistische Motive sind, die das konservative Lager umtreiben, wenn es die Revision des Bestehenden einfordert. Auf der anderen Seite wäre es töricht, nicht wahrnehmen zu wollen, daß dessen kritische Sicht auf die Bundesrepublik bisweilen schärfer ist als der von Trauertränen verhangene Blick derer, die dem alten Teilstaat nachweinen.

In der Einleitung zu »Westbindung« kommen die Herausgeber gleich zur Sache: Das Bekenntnis zur »westlichen Wertegemeinschaft« habe in der Bundesrepublik »fast den Charakter einer auf die totalitäre Durchdringung der gesamten Gesellschaft gerichteten politischen Utopie angenommen. (...) *Dieses* Bekenntnis zum Westen gibt es aber nur in Deutschland. Niemand würde beispielsweise in England oder Frankreich auf den Gedanken kommen, aus der Zugehörigkeit zum Westen eine neue politische Religion zu formen. Insofern handelt es sich in der Tat um ein spezifisch deutsches ›Sonderbewußtsein‹, das im Grunde die spiegelbildliche Entsprechung jenes älteren ›Sonderbewußtseins‹ darstellt, gegen das es sich richtet«, gemeint ist damit jener expansive deutsche Nationalismus, der uns in diesem Jahrhundert zwei Weltkriege bescherte. Um mit dieser unheilvollen Tradition zu brechen, steuerte Adenauer die Bundesrepublik zielsicher in die Westbindung. Nach anfänglichen Murren folgte ihm das konservative Lager.

Anders die Linke. Ob es gegen den Krieg in Vietnam oder den Kapitalismus schlechthin ging – die Protestbewegung der sechziger Jahre trug starke antiamerikanische Züge. Gleichzeitig waren die 68er die erste Generation, die in ihrer Jugend völlig und ausschließlich vom Westen beeinflußt worden war. In den fünfziger Jahren pilgerte man in die Existentialistenkeller von Paris, in den Sechzigern zu den Konzerten der Beat- und Rockbands aus England und den USA. »Die anti-westliche, vor allem anti-amerikanische Ausrichtung der Linken in Deutschland war mehr politisch als ›lebensweltlich‹. (...) Heute liegt auf der Hand: Die deutsche Linke seit '68 hat ihre anti-westliche Politik ins Extrem getrieben, eben weil sie verwestlicht war« (Bernd Ulrich).

Die »Westbindung« der deutschen Linken beschränkte sich nicht auf Rock und Coke. Der Protest der 68er erteilte der biedermeierlichen Bundesrepublik eine Nachhilfestunde in politischer Kultur. Erst seitdem waren die Ideale der westlichen Revolutionen des ausgehenden 18. Jahrhunderts fest verankert in der bundesdeutschen Politik. Insofern trug auch die Linke zur Verwestlichung der Bundesrepublik bei. Dutschke und Adenauer waren zwei Antipoden, die die Republik auf dialektische Weise in die gleiche Richtung bewegten: gen Westen.

Dennoch blieb der Linken ihr kritisches Verhältnis zum Westen. Erst »der Wegfall revolutionärer Vorstellungen vor 1989 und die Zunahme von Rassismus und Ausländerfeindlichkeit seither« habe sie offen für ihn Partei nehmen lassen, schreibt Bernd Ulrich in »Westbindung«. »Der Widerspruch zwischen Lebenswelt und Politik beginnt sich zu schließen. Auch die europäische Integration, die vordem noch unter dem Gesichtspunkt des anti-monopolistischen Kampfes, aber auch wegen anti-zentralistischer Bedenken abgelehnt wurde, erhielt quasi über Nacht einen hohen Rang.«

Die Linken mutierten zu Europäern, dafür formierten sich nun im konservativen Lager die Gegner eines europäischen Bundesstaates. Bei Edmund Stoiber hatte die Ablehnung den bekannten föderalen Kern, wieder einmal sah ein CSU-Politiker die Eigenständigkeit Bayerns in Gefahr. Das war nichts Neues. Doch der Ministerpräsident hatte einen weiteren Einwand parat: »Wir dürfen durch eine zu schnelle Integration in Westeuropa auch nicht die Kluft zu den Staaten Mittel- und Osteuropas vergrößern. Europa ist mehr als die EG.« Es sei falsch, eine Vertiefung der EU also den Weg von Maastricht, gegen deren Erweiterung gen Osten auszuspielen, lautet die stereotype Antwort auf derlei Mahnung, die vor Stoiber schon von etlichen ostdeutschen Politikern erhoben worden war. Das mag sein, indes: Mir fehlt der Glaube, daß gemeint ist, was gesagt wird. Die Wunschvorstellung westdeutscher Politiker ist eine andere: eine feste westeuropäische Burg – und die anderen draußen vor der Tür. Die Regelungen, die in der Asylfrage mit den osteuropäischen Nachbarstaaten getroffen wurden, weisen genau in diese Richtung.

Die Angst geht um, den vertrauten Westen zu verlieren. Friedbert Pflüger (CDU), Vorsitzender der deutsch-polnischen Gesellschaft, fordert zwar eine rasche Osterweiterung der NATO. Er sagt aber auch ehrlich: Der Osten müsse westlich werden. Punkt. Nur schade, daß es *den Westen* nicht mehr gibt. Das erkennt man in Dresden, Frankfurt/Oder und im Prenzlauer Berg eher als in Bonn-Kessenich. Wo eine ganze Gesellschaft den Bach hinuntergeht und nur mühsam wieder zu sich selber findet, wo die Ostgrenze nur einen Katzensprung entfernt ist und der Einblick in gänzlich andere Lebenswelten zum Alltag gehört, da weiß man, daß es kein Zurück in den Westen geben kann, weil im Osten etwas Neues passiert. *Was*, ist noch nicht so recht klar.

Womöglich ist das ein Grund dafür, daß sich in der Generation, die nach der Mauer kam, das Ostengagement in der

Regel auf den Osten Deutschlands beschränkt. Vielleicht ist es aber auch so, daß es uns Mauerkinder kennzeichnet, einen Schritt nach dem anderen zu tun, anstatt uns nach Wolkenkuckucksheim aufzumachen. Der Aufbruch nach *Osteuropa* stünde demnach noch bevor. Bislang sind wir erst im Osten Deutschlands angekommen.

Mensch ohne Zugehörigkeit

Im Sommer 1990, dem »Sommer der Begierde« (Volker Braun), zog ich von Bonn nach Berlin, in den Ostteil der Stadt. Es war die Woche nach der Währungs-, Wirtschafts- und Sozialunion. Ich kam weder als Entwicklungshelfer in eine Behörde noch als Vorbote der Hauptstadtentscheidung. Ich wollte einfach nur in Ostdeutschland leben, die Atmosphäre des untergehenden Teilstaates schnuppern und in Ruhe meine Dissertation über den Journalismus in der DDR verfassen. Meine größte Angst war anfänglich, als Besserwessi zu gelten: Also stellte ich lieber keine allzu kritischen Fragen und hielt öfter einmal die Klappe. Die machte ich dafür auf, sobald mich die S-Bahn in den Westteil Berlins beförderte. Das tat sie am Anfang häufig. Denn meine Freunde, sie wohnten in Schöneberg, Charlottenburg oder Kreuzberg. Nun hätten die mich natürlich auch besuchen können, allein, sie taten sich schwer damit. Der Ostteil der Stadt war auf ihrer inneren Landkarte von Berlin ein ähnlich weißer Fleck wie der Westteil auf den realen Karten des VEB Tourist Verlages in der DDR.

Es dauerte eine Weile, bis ich meinen Bekannten klargemacht hatte, daß es vom Mehringdamm zur Dimitroffstraße nicht weiter ist als in den Wedding. Nach und nach trauten sie sich. Und für Besuch war ich dankbar; denn die Kontaktaufnahme mit Ostlern erwies sich als schwierig. Nach einem halben Jahr im Prenzlauer Berg hatte ich – außerhalb dessen, was meine wissenschaftliche Arbeit an Begegnungen mit sich brachte – noch keinen Ossi kennengelernt. Wenn die westdeutschen Bekannten kamen, pflegte ich mit meinen Geschichten aus dem »wilden Osten« aufzuwarten: vom Friseur, der, statt »Guten Tag« zu sagen, gleich fragt: »Und, haben Sie noch Arbeit?«; von den Kindern, die verheult in der Schule sitzen, weil jetzt auch der Vater zu Hause ist; von den Gesichtern der Menschen, die in der U-Bahn nach Hönow (Ost) bis heute um so vieles resignierter dreinschauen als auf der Strecke nach Spandau (West); schließlich davon, daß die Zahl derer drastisch zunimmt, die schon am frühen Nachmittag auf ihren Kissen in den Fenstern liegen und das gemächliche Treiben in der Kollwitzstraße beobachten. Die Wessis hörten zunächst interessiert zu. Doch je länger ich redete, desto mehr wich das Interresse pflichtschuldigem Nicken, bis sie dann kamen, die Sprüche, die ich schon bald auswendig kannte, die mich gleichwohl stets aufs neue in Rage brachten: »DDR-Mief«, »Vereinigung von uns nicht gewollt«, »nichts miteinander gemein«, »Anspruchsdenken«, »erst mal arbeiten lernen« und so weiter, man kennt das.

In dieser Zeit begann ich, mich von einigen westdeutschen Freunden zu entfremden. Unsere Themen waren nicht mehr dieselben, unsere Ansichten schon gar nicht, und auch das Streiten mißlang mit einem Mal. Dabei hatte die lustvolle Auseinandersetzung früher dazugehört, allerdings wußte man stets: Es war ja nicht so ernst gemeint. Nun war aus dem Spiel Ernst geworden, und die alten Regeln versagten. Es gibt eine Geschichte von Volker Braun aus dem Jahr 1986. Sie trägt den Titel »Der Mensch ohne Zugehörigkeit«. Darin trifft der Erzähler, offensichtlich ein Reisekader aus der DDR, in einem Pariser Café auf einen Alt-68er, der anstelle der Weltrevolution Geschäfte mit Surfbrettern macht und nach dem Ende der Kollektive allein auf die individuelle Initiative vertraut. Konsterniert vermerkt der Reisende aus der DDR: »Er war es, ich hatte ihn getroffen, von dem hier überall die Rede war: der Mensch ohne Zugehörigkeit.« Ich fühlte mich in jener Zeit wie dieser »Mensch ohne Zugehörigkeit«, im Westen verstand mich keiner mehr, im Osten noch nicht. Ich war nicht unglücklich darüber, es war eben so, und ich hatte meine Ruhe.

Dann kam mein erster richtiger Sommer im Osten. Damals änderte sich etwas, allmählich und ohne daß ich es gleich bemerkte. Vielleicht war es D., die während meines Urlaubs aus Westberlin an den Prenzlauer Berg gezogen war, um unsere Wohnung zu hüten, und die hinterher begeistert erzählte vom Leben, das hier so viel anders und aufregender sei als im feinen Friedenau. Oder es war A., der weit nach Mitternacht an der Tür klingelte, er habe noch Licht gesehen und ob er nicht noch auf ein Bier, und ich wisse ja, es sei im Osten üblich gewesen, daß man spontan vorbeikomme, da die meisten ja kein Telefon und so. Womöglich war es auch M., ein brasilianischer Journalist, der an einer Geschichte über Ossis im Westen und Wessis im Osten schrieb und mich fragte, ob ich nach Westberlin zöge, wenn ich dort eine entsprechende Wohnung angeboten bekäme. Ich habe nur kurz nachgedacht und dann geantwortet: Nein, ich bleibe im Osten. Denn hier gehöre ich jetzt hin.

Ostkunst

Inge Herbert ging 1992 nach Moskau, um russischen Künstlern Kontakte in den Westen zu vermitteln. 1993 machte sie in Berlin eine eigene Galerie auf. Sie will die Freiheit der Kunst fördern: ART 5 III heißt ihr Laden in einem Weddinger Hinterhof, in Anspielung auf den entsprechenden Artikel des

Grundgesetzes. Dort präsentiert sie zum Beispiel Dmitrij Vrubel (34). Er schuf in der *East Side Gallery*, einem Reststück der Berliner Mauer, eines der bekanntesten Bilder der frühen Neunziger: Den metergroßen Bruderkuß zwischen Breshnew und Honecker. Bei Inge Herbert zeigt er den Kontrast zwischen dem alten und dem neuen, furchteinflößenden Rußland: fotorealistische Porträts greiser russischer Frauen auf monochromen, schwarzen Flächen, denen Vrubel die Bilder junger Putschisten auf weißem Grund gegenüberstellt.

Im November 1993 präsentierte die *Art Hamburg* eine Momentaufnahme der osteuropäischen Kunst. Am Stand der Berliner Galerie T&A war eine Installation des Kroaten Zdravko Lozar (36) ausgestellt, die zur Publikumsattraktion avancierte: zwölf blaue Eisklötze auf einem Metallgestell, unter jedem Klotz ein Stutzen für das Schmelzwasser, über jedem Stutzen ein Kondom, das sich durch die Flüssigkeitszufuhr ausweitet, bis es zu nahe an eine der zwölf darunterstehenden Kerzen gerät und zerplatzt.

Wenige Tage später besuche ich Tatjana Herrmann (39) in der Galerie T&A. Die Russin war zu DDR-Zeiten Dolmetscherin beim DDR-Hörfunk. Heute verdient sie das Geld, um ihre Galerie betreiben zu können, mit Stadtführungen und Übersetzungsarbeiten. Mit ihren drei Kindern und dem US-amerikanischen Malerfreund wohnt sie zwei Stockwerke über der Galerie in Berlin-Mitte. »Ich habe mit der Galerie angefangen, als ich gemerkt habe, daß der ganze Kunstbetrieb hier im Osten zu einer Filiale des Westens degradiert wurde«, sagt sie. Die osteuropäischen Künstler seien weniger verspielt und mehr an den Tatsachen orientiert als ihre Westkollegen. Dennoch, der Osten sei kein Jungbrunnen für die erschlaffte westliche Kunstszene, erklärt sie. Die Zukunft entscheide sich nicht geographisch, sondern am Medium. »In Berlin fehlt es zum Beispiel völlig an Adressen für Computer- und Videokunst. Dafür will ich eine Anlaufstelle sein.«

Trotz der Skepsis der Galeristin in puncto Ostkunst: Wer sich in Berlins aufregendstem Kunsthaus, dem *Tacheles*, und anderen zu Ateliers und Galerien umfunktionierten Fabriketagen und Läden umschaut, gewinnt den Eindruck, daß vieles, was dort zu sehen ist, weitaus spannender ist als eine Westkunst, die sich derzeit mehr um *political correctness* als um Ästhetik schert.

Die Platte putzen

Neben jungen Künstlern zieht es zahlreiche Architekten in die leerstehenden Ruinen der Planwirtschaft. Viele Büros haben ihre Zeichentische in den lichten Hallen der ehemals volkseigenen Betrieben aufgestellt. Von dort aus planen sie, wie die Industrie- und Wohnlandschaft Ostdeutschlands um die Jahrtausendwende aussehen wird. Einer von ihnen ist Alexander Williams (33). Er kündigte 1993 seinen Job bei der Berliner Wohnungsbaugesellschaft Gehag und machte ein eigenes Büro auf. Zunächst fand er beim früheren VEB Schutzbekleidung einen Arbeitsraum. Als die Treuhand das Gebäude verkaufte, suchte er etwas Neues. Direkt an der Spree entdeckte er riesige, leerstehende Hallen, die einst den Berliner Verkehrsbetrieben gehört hatten. Bevor er sein neues Domizil bezog, mußte er zunächst die zugemauerten Fenster freilegen, das Gebäude hatte direkt an der Mauer gestanden, oben auf dem Dach waren die Grenzsoldaten patrouilliert. Heute trinkt Williams dort seinen Nachmittagskaffee und genießt den Blick auf die Hauptstadt. »Hier in Berlin haben wir derzeit vor allem eine Auseinandersetzung mit Monumentalarchitektur: dem Klassizismus, den Nazi-Bauten, den sozialistischen Hinterlassenschaften«, doziert er. Dabei seien die Strategien unterschiedlich. Während die Architekten sich an die klassizistischen Gebäude zumeist anbiederten – »die bauen alle nur noch mit dunklem Sandstein« –, stünden sie dem sozialistischen Architekturerbe ratlos gegenüber. »Das würde man am liebsten verdrängen.« Dabei gebe es durchaus Qualitäten zu entdecken. »Die Prager Straße in Dresden ist doch eines der wenigen Beispiele der gesamten Moderne, das funktioniert. Die ist immer voll.«

Die meisten von Williams' Projekten liegen im Umland von Berlin. Es gebe keine Patentrezepte für die Situation dort. »Darum haben wir bei den Wettbewerben sehr offene Diskussionen über Lösungen, die vom normalen Standard abgehen.« Bedauerlicherweise gebe es viel zuwenig Wettbewerbe, weil die meisten Investoren ihre Architekten mitbrächten. »Die kommen dann mit ihren Plänen aus der Schublade und übertragen Wanne-Eickel auf Ostdeutschland. Das ist mehr ein Wuchern als ein Bauen, was da im Moment abgeht.« Dennoch glaubt Williams an seine Chance und beteiligt sich an einem Wettbewerb nach dem anderen. »In Prenzlau zum Beispiel, da gab es in der Innenstadt so eine weiche Linie, da haben wir ganz bewußt einen harten Riegel dagegengesetzt. Das hat zwar viele wieder an die Plattenbauten erinnert. Aber davon stehen dort ja auch jede Menge rum. Wir akzeptieren die Platte.«

Wie läßt sich die Platte putzen? Diese Frage stellt sich ebenfalls in der Leipziger Straße in Berlin. Dort standen die wohl prominentesten Plattenbauten der DDR. Es galt als schick, dort zu wohnen. In den Hausgemeinschaftskellern trafen sich die Kader nach Dienstschluß. Auf den Balkons ihrer Wohnungen saßen sie selten. Der ursprüngliche Plan sah zwar vor, daß ein Teil der Erker nach Süden ausgerichtet sein sollte, dann hätte man jedoch aus dem zwanzigsten Stock permanent nach Kreuzberg, in den Westteil der Stadt, gesehen; das durfte nicht sein, also wurden die Gebäude kurzerhand um 90 Grad gedreht.

Edwin Busch ist damit beauftragt, sich für die zwecklosen Balkone eine neue Lösung auszudenken. »Wir wollen vor die gesamte Fassade eine Stahl-Glas-Konstruktion setzen«, erklärt der 37jährige Chilene. »Dadurch bekommt jede Wohnung eine Art Wintergarten. Die Leute können selbst entscheiden, wie sie den nutzen wollen.« Noch fehlt das Geld, um die Pläne umzusetzen.

Zwei Ecken weiter, am Checkpoint Charlie, befindet sich das Büro der Werbeagentur Scholz & Friends. Dort war genügend Geld vorhanden, damit Busch seine Vorstellungen verwirklichen konnte. Gleich beim Eintritt in die Räume der Agentur fällt auf, daß dieses Büro anders ist. Geschwungene Glaswände, die vom Boden bis zur Decke reichen, trennen die einzelnen Boxen des Großraumbüros, die ersten drei Zimmer gehören den Chefs – je ein runder Tisch plus Telefonkonsole – und sind mit Durchgängen verbunden. »Weil man überall hineinsehen kann, bekommt jeder mit, ob ich gerade telefoniere oder ein Gespräch habe, dafür brauche ich keine Vorzimmerdame«, erläutert Thomas Heilmann, Mitinhaber der Agentur, die Vorzüge der Architektur, außerdem könne er immer noch eine Holztür vorschieben, um zu signalisieren, daß er nicht gestört werden wolle.

Die Existenzgründer

»Von dieser Sorte Wessi haben wir genug.« Dieser Satz soll westdeutsche Investoren in den Osten locken? Gut möglich, denn daneben ist eine Büste abgedruckt – die von Karl Marx. Die Anzeige entsprang den Hirnen von Thomas Heilmann (29), Olaf Schumann (32) und Sebastian Turner (29). Die drei sind Experten in Sachen Werbung für den Osten. Ihr bisher größter Coup: ein Foto des farbigen Polizisten Sam Njankono Maffire, Dachzeile: »Ein Sachse.« 1992 wurde es zur »Anzeige des Jahres« gekürt.

Als ich ihn treffe, hat Heilmann noch zwei Telefonate zu erledigen. Anderswo wird man gebeten, draußen vor der Tür zu warten. Hier sitze ich dem telefonierenden Werbemann gegenüber. Die RTL-Kampagne sei zu teuer, sagt Thomas Heilmann seinem Telefonpartner im Bundespresseamt, und schlägt vor, statt dessen Anzeigen zu schalten. Es geht um Europa. Nein, es sei nicht gut, das nur in den Ostzeitungen zu machen, das spreche sich herum und erwecke den Eindruck, die blöden Ossis bräuchten Extranachhilfe.

Es sei eine reine Frage der Konzentration, als Werber die Mentalität der Ostdeutschen zu erfassen, sagt Thomas Heilmann. »Geld genug, um früher aufhören zu können«, damit könne eine Lebensversicherung angesichts der Arbeitslosenzahlen im Osten nichts werden. Der Osttext lautete schließlich: »Gestern hat meine Kleine das allererste Mal Papa gesagt. Wie schnell das geht.« Und für einen ostdeutschen Haushaltsgerätehersteller warben sie mit dem Slogan: »Millionen Wessis können irren.«

Die Idee zur eigenen Agentur sei ihm am Tag nach der Maueröffnung gekommen, erinnert sich Thomas Heilmann. »Damals hat doch jeder darüber diskutiert, in den Osten zu gehen. Wir haben es gemacht. Das war die Chance meines Lebens.« Rasch war ihm und seinen beiden Kompagnons klar, daß sie auf Dauer nicht alleine würden bestehen können. Anstatt sofort bei einer großen Agentur anzuheuern, zimmerten sie zunächst ein Unternehmenskonzept, eröffneten ein Büro in Dresden und holten die ersten Aufträge herein. Erst danach boten sie das Paket den sechs großen deutschen Werbeagenturen an. »Jede von denen wollte uns haben. Wir haben uns für Scholz & Friends entschieden, weil da die Chemie stimmte.« Da sie 48 Prozent der Unternehmensanteile selbst behalten wollten, verzichteten Heilmann, Schumann und Turner auf die hohen Gehälter, die sie bezogen hätten, wenn sie sich hätten anstellen lassen. »Weil der Umsatz zunächst gering war, war auch das Gehalt niedrig«, erklärt Thomas Heilmann sachlich. Privat fährt er bis heute einen gebrauchten Golf.

Mit seinen Altersgenossen im Westen vermag Heilmann nicht viel anzufangen. »Nach dem letzten Klassentreffen in Dortmund habe ich mich gefragt, warum die sich nicht gleich alle beerdigen lassen«, meint er, »verschnarcht und satt« seien ihm die ehemaligen Schulkameraden vorgekommen. »Dabei nimmt der Veränderungsdruck ständig zu. Die werden sich noch wundern«, orakelt er. Zu 15 Prozent sind er und seine beiden Kompagnons an einem Privatsender beteiligt, überdies gehören ihnen drei Fünftel eines Dresdener Unternehmerzentrums. Auch mit der Agentur sind sie noch lange nicht am Ende. »Die Werbebranche wird sich in der nächsten Zeit so entwickeln wie die Computerindustrie. Die sind in den letzten Jahren dreimal so gut, doppelt so schnell und halb so teuer geworden, dabei haben sie noch ihren Service verbessert.« Ein Beispiel für die neue Geschwindigkeit in der Werbung liefern die drei Freunde von Scholz wöchentlich in ihren Anzeigen für die sächsische Wirtschaftsförderung, in denen sie aktuell auf die Ereignisse der Vorwoche reagieren. Die Anzeigen fallen auf – weil sie gerade einmal so groß sind, daß sie in eine Zeitungsspalte passen. Das bringt Aufmerksamkeit – und Sympathien. Am Ende des Textes heißt es stereotyp: »Sachsen macht kleine Anzeigen, damit mehr Geld für Investoren bleibt« – und die werden in Ostdeutschland nach wie vor händeringend gesucht.

Es gibt Branchen, in denen der »In-Westor« nicht gerne gesehen ist – zum Beispiel in der Landwirtschaft. Die Eltern von Peter Wendt waren Bauern im brandenburgischen Wallmow gewesen. Nach der Zwangsenteignung Mitte der vierziger Jahren waren sie nach Westberlin gegangen. Nun kehrte Peter Wendt zurück. Von der Treuhand pachtete er das elterliche Land – und gleich 400 Hektar dazu. Wendt ist gerne Pionier. Lange Jahre arbeitete er als Entwicklungshelfer in Sambia und Somalia. »Dabei habe ich gelernt, stur zu sein, bis der erste Tropfen auf den heißen Stein gefallen ist.« Mit der gleichen Hartnäckigkeit begann er 1991, den Brandenburger Bauern die Öko-Landwirtschaft schmackhaft zu machen. Zunächst wurde er argwöhnisch beäugt, als sich jedoch zeigte, daß er sein Handwerk versteht, und die ersten Einheimischen bei ihm Arbeit fanden, war Ruhe im Dorf – zunächst. Die Probleme begannen, als einige Bauern mit Wendts Hilfe eine eigene Öko-Genossenschaft aufmachten und die restlichen LPG-Flächen pachten wollten. Das war denen gar nicht recht, die in der Agrargenossenschaft, der Nachfolgerin der LPG, verblieben waren und sich mehr schlecht als recht über Wasser hielten. Das Dorf war gespalten, im August 1993 gingen die Parteien mit Dreschflegeln aufeinander los. Vielen in Wallmow galt der Wessi Wendt als Drahtzieher. Inzwischen haben sich die Wogen geglättet, die Agrargenossenschaft wurde liquidiert, die Öko-Bauern kauften Ställe und Vieh, pachteten das Land und nahmen einige der alten LPGler mit in ihre Genossenschaft. Alle Äcker in Wallmow werden nun biologisch bewirtschaftet – die eine Hälfte von Bauer Wendt, die andere von der Ökoland-Genossenschaft. Die Uckermark hat ihr Öko-Dorf und Peter Wendt einmal mehr den Beweis, daß Hartnäckigkeit lohnt.

Alles, was Recht ist

Womöglich wäre der Bauernkrieg von Wallmow gar nicht erst eskaliert, wenn frühzeitig ein Anwalt hinzugezogen worden wäre. Die jedoch sind in der ostdeutschen Provinz rar. Um in der juristischen Versorgung Westniveau zu erreichen, fehlen 10000 Anwälte. Josef Damböck (33) kam zwei Wochen nach den Einheitsfeiern aus Niederbayern ins brandenburgische Rathenow. Kaum hatte er sein Büro im Verwaltungsgebäude des früheren Hoch- und Tiefbaukombinates aufgeschlagen, standen die Klienten Schlange. Mieterhöhungen, Massenentlassungen, Eigentumsfragen – wer das BGB beherrscht, hat viel zu tun im Osten der Republik. Josef Damböck konnte in der Anfangszeit zwar Paragraphen erklären, Mieter beruhigen oder Streit schlichten – prozessieren konnte er nicht, weil keine Richter da waren. Immer noch sind in den ostdeutschen Justizverwaltungen etliche Stellen unbesetzt. Denn der Markt ist leer. Den altgedienten DDR-Juristen fehlt nicht nur die Kenntnis des Westrechts, die meisten von ihnen gelten als vorbelastet, weil sie das Recht beugten, wann immer die Einheitspartei es verlangte. Die guten Chancen auf dem Arbeitsmarkt locken zwar mehr Erstsemester denn je an die juristischen Fakultäten, aber bis die fertig sind, vergehen Jahre. Die Justiz in Ostdeutschland käme mithin ohne unsere Generation zum Erliegen. Der Altersdurchschnitt der sächsischen Richter und Staatsanwälte liegt bei 34 Jahren.

Cornelia Schönfelder (32) kam im Oktober 1993 als Richterin nach Dresden – um gleich zur Staatsanwaltschaft abgeordnet zu werden. Sie ist schwer genervt vom Gerede, daß nur diejenigen Juristen in den Osten gingen, die im Westen nichts geworden seien. »Der Job hier ist viel anspruchsvoller, alleine schon deshalb, weil wir uns ständig mit zweierlei

Recht auseinandersetzen müssen.« Zahlreiche Bestimmungen des DDR-Rechtes finden immer noch Anwendung. Richter, Staatsanwälte, Verteidiger – sie alle stammen in Ostdeutschland zumeist aus der Generation, die nach der Mauer kam. Das hat Auswirkungen auf die Arbeit der Justiz. »Der Ton ist viel lockerer. Es ist nicht diese steife, furchteinflößende Atmosphäre wie in westdeutschen Gerichten«, sagt Cornelia Schönfelder. »Im Westen hast du als junger Jurist immer Schiß, etwas falsch zu machen. Hier sind alle unerfahren, einer hilft dem anderen. Hinzu kommt, daß es so viel aufzuarbeiten gibt, da müssen wir zwangsläufig unbürokratischer arbeiten als die im Westen.«

Cornelia Schönfelder wohnt mit ihrem Mann Michael (31) in einem renovierten Altbau am Bahnhof Dresden-Neustadt, gleich über der Kanzlei, in der er arbeitet. Die Warmmiete beträgt 1760,– DM. »Natürlich ist das ein komisches Gefühl, wenn ich zum Einkaufen gehe, aus dem Haus komme, das als einziges hier im Viertel renoviert ist, und dann beim Edeka die Sozialhilfeempfänger von nebenan treffe. Ich frage mich oft, ob die uns hier überhaupt wollen. Aber ohne uns würde die Justiz nicht funktionieren«, sagt Cornelia Schönfelder.

Es ist ein Montag im Advent. Über den Parkettboden streicht der Kater, es gibt Tee und Erdnüsse, später Meißner Wein. Michael Schönfelder sammelte bereits während seines Referendariats Osterfahrung. »Ich habe damals in der Kommunalverwaltung in Gera gearbeitet. Dabei habe ich gemerkt, daß die Arbeit hier vielseitiger und anspruchsvoller ist. Außerdem habe ich mehr Erfolgserlebnisse, weil ich etwas bewegen kann. Das war für mich der Hauptgrund, nach Dresden zu gehen.« Auch die Arbeit der Anwälte unterscheidet sich im Osten erheblich von der im Westen. »Hier regelt man die Dinge öfter außergerichtlich, besonders mit den Ostanwälten. In der DDR lief man nicht gleich zum

Gericht, sondern suchte erst einmal das Gespräch mit der Gegenseite. Das ist heute noch so. Wir rechnen deutlich mehr an Besprechungsgebühren ab als die Kollegen im Westen.«

Der Stil in der ostdeutschen Justiz ist stärker von Kooperation als von Konfrontation geprägt. In Sachsen führen die Gerichte an einem Abend pro Woche eine Rechtsberatung durch. Im Westen würden die Anwaltskammern dagegen protestieren, weil sie darin eine Einmischung in ihre Angelegenheiten sähen. In Sachsen sitzen die Anwälte bei der Beratung mit am Tisch, zumal sie davon profitieren, denn bei komplizierten Fällen erhalten die Ratsuchenden, falls sie bedürftig sind, einen Beratungshilfeschein, mit dem sie sich dann in einer Kanzlei umfassende Hilfe holen können.

Michael Schönfelder arbeitet in der Filiale eines großen Münchener Anwaltsbüros. Seit das Bundesverfassungsgericht im Jahr 1987 das althergebrachte Standesrecht aufhob, wird heftig fusioniert; fast die Hälfte aller deutschen Anwälte arbeitet in einer Sozietät. »Hier in Dresden sind es bestimmt drei Viertel der Kollegen«, sagt Thomas Pöppinghaus (33). »Als ich hier anfing, war ich der einzige Anwalt, der keine große westdeutsche Kanzlei im Rücken hatte. Gerade die Chance, einen eigenen, nicht zu großen Laden aufzumachen, hat mich jedoch gereizt. Im Westen braucht man dafür zehn bis fünfzehn Jahre Anlaufzeit.«

Am 3. Oktober 1990 war Thomas Pöppinghaus zum ersten Mal in Dresden. Eineinhalb Jahre später – in der Zwischenzeit schrieb er seine Dissertation zu Ende – eröffnete er gemeinsam mit zwei Studienkollegen die Kanzlei. »Ich hatte kein Auto und 300 Mark Miese auf dem Konto. Aber wir haben einen Kredit über eine Viertelmillion bekommen. Dann haben wir oben im Stadtteil Weißer Hirsch ein Büro gefunden. Wir haben alles selbst renoviert, Strom unter Putz gelegt, Wasserleitungen repariert, Wände gemalt. Dann haben wir ein Schild nach draußen gehängt, und los ging es. Heute haben wir fünf Angestellte – alle hier aus Sachsen – und ein Büro, 100 Meter vom Zwinger entfernt.«

Thomas Pöppinghaus ist stolz, es geschafft zu haben. Sein Büro wird nahezu vollständig von seinem Schreibtisch ausgefüllt. Der schwarze Anzug ist dem schlaksigen Jungjuristen mindestens eine Nummer zu groß. »Am Anfang haben wir alle Fälle bearbeitet, die kamen. Heute wähle ich aus.« Das, womit die meisten Ostkanzleien derzeit ihr Geld verdienen, Eigentumsfragen nämlich, kümmert ihn kaum. »In ein paar Jahren ist das durch.« Pöppinghaus setzt auf Handels-, Gesellschafts- und Arbeitsrecht; darauf hatte er sich bereits an der Uni spezialisiert. Vor allem im heranwachsenden Mittelstand sieht er seine Klientel. »Wer sich heute um die kümmert, investiert in die Zukunft.« Thomas Pöppinghaus will in Dresden bleiben. »Die Frage *stay or go* stellt sich überhaupt nicht. Für uns ist klar: Wir bleiben hier.«

Im Westen nichts Neues

Sein Schritt vom Westen in den Osten sei da, wo er herkommt, auf Unverständnis gestoßen, sagt Thomas Pöppinghaus. Detlef Gürtler (30), aus Westdeutschland stammender Wirtschaftsredakteur bei der *Wochenpost*, bemerkte bei der Lektüre des Konkurrenzblattes *Die Woche*, daß umgekehrt viele Probleme der Westdeutschen für ihn immer unverständlicher werden: »Hamburg City – Krisengebiet! Weil einige Einzelhändler die Mieten nicht mehr zahlen können und ihre Geschäfte aufgeben müssen, in die dann sofort andere Einzelhändler einziehen. Wie kann man solche Lappalien eine Krise nennen. In unserer Einkaufsstraße in Berlin-Friedrichshagen steht knapp die Hälfte aller Läden leer, einige seit über zwei Jahren.« Über die Befindlichkeit derer, die *nach der Mauer* ostwärts gezogen sind, schreibt er: »Die bleiben, brechen eine Brücke nach der anderen hinter sich ab: Die West-Probleme sind nicht mehr ihre Probleme, die West-Gepflegtheit geht ihnen auf die Nerven, die Westmenschen verstehen sie nicht mehr. Sie wissen nicht, ob die neuen Brücken, die sie bauen, irgendwo hinführen. Sie mögen sich als Pioniere sehen, vielleicht auch als Kolonialisten. Sie sind vielleicht produktiver, vielleicht konfliktbereiter, vielleicht aufgeschlossener, vielleicht härter, als die im Westen sind. Und als sie selbst es im Westen waren. Sie haben auch immer wieder einmal Haß auf den Osten. Und fragen sich: Warum tue ich mir das an? Und sehen dann wieder den Westen. Und sagen sich: darum.«

Georg Brüggen (35) wollte heiraten. Er wußte nur nicht, wo: in Westfalen, dort, wo er herkommt, oder in Dresden, wo er lebt und arbeitet. Brüggen entschied sich für Sachsen. »Da hätten Sie mal die Kommentare meiner früheren Mitschüler hören sollen. Die verstehen sowieso nicht, warum ich hier bin. Ich habe jedoch den Verdacht, daß da Ängste eine Rolle spielen. Wenn die mitbekommen, daß man hier seine Ideen wirklich umsetzen kann, und das mit dem vergleichen, was sie so treiben, sehen die ihren eigenen Lebensentwurf in Frage gestellt – und das ruft Abwehrreaktionen hervor.«

Nach dem zweiten juristischen Staatsexamen und während des BWL-Studiums arbeitete Georg Brüggen bei einem Wirtschaftsdienst in Düsseldorf. Als die Mauer fiel, regte er an: »›Da müssen wir etwas machen.‹ Keiner wußte ja über die DDR-Wirtschaft Bescheid. Also habe ich herumtelefoniert und einen kleinen Führer durch die ostdeutsche Wirtschaftslandschaft geschrieben.« Danach ging er kurzzeitig in den elterlichen Betrieb. Es gab die üblichen Generationskonflikte. Weil ihn obendrein der Gedanke an Ostdeutschland nicht losließ, fragte Georg Brüggen bei der sächsischen Landesregierung an, ob die nicht ein Unternehmen wüßten, das für ihn eine Verwendung hätte. Man wußte: Die Staatskanzlei selbst suchte dringend Leute mit juristischem und ökonomischem Sachverstand. Georg Brüggen hatte beides, »dafür hatte ich von Ministerialbürokratie keine Ahnung«, doch die zählte ohnehin nur wenig in jener Zeit.

Im Februar 1991 kam Brüggen nach Dresden. »Es gab nur ein Telefon, den Schreibtisch mußte ich mir klauen.« Nacheinander war er Wirtschafts-, Umwelt-, Sozial- und Bundesratsreferent. »Damals haben wir nach dem Feuerwehrprinzip gearbeitet.« Heute leitet Georg Brüggen das Referat »Kabinett, Landtag, Deregulierung, Privatisierung«. Die letzten beiden Begriffe verweisen auf das, was ihn hauptsächlich umtreibt: das Privatisierungskonzept der sächsischen Landesregierung umzusetzen, das aus seiner Feder stammt. Damit das gelingt, sitzt er mit am Kabinettstisch und ist Vorsitzender der Privatisierungskommission des Freistaates.

Es sei, »um es zurückhaltend zu formulieren, nicht ohne Reiz, die Strukturen einer Landesverwaltung zu analysieren und zu verändern«, sagt Brüggen. Dabei kommt es zu einer paradoxen Situation: »Wir haben zum Teil Strukturen neu geschaffen, die wir jetzt wieder in Frage stellen. Das ist wie bei einem Patienten, der halb tot ist. Da versucht man auch zunächst, ihn wieder zum Leben zu erwecken, erst dann kümmert man sich darum, ob vielleicht der Arm gebrochen ist. Jetzt aber müssen wir rechtzeitig die Strukturen angreifen, bevor sie vollends verkrusten. Ein Fluch sind die sogenannten ›erfahrenen Westbeamten‹, die sich oft nur als Kopiermaschinen betätigen und alles genauso machen wollen, wie sie es aus dem Westen gewohnt sind.« Wer einfach nur übernimmt, was der Westen vorexerziert, der ist in Ostdeutschland schlecht beraten.

Die dritte Heimat

In den achtziger Jahren, als die Welt noch in Ordnung war, erlaubte es die Sprache, die Dinge fein säuberlich auseinanderzuhalten und das Geschiedene zu benennen: West und Ost, Freund und Feind, In, Out und Mega, Welt und Heimat. Letzteres, so hatte ich es mir in den goldenen Achtzigern angewöhnt, sei zu trennen von dem, was ich mit »zu Hause« beschrieb, dem Ort, an dem ich lebte, meine Wohnung hatte und in jener Zeit studierte: München. Heimat hingegen sei »der Ort, an den es kein Zurück mehr gibt«. Zwar gab es, so wußte ich, das *Erinnern*, den Versuch, verlorene Zeiten und Orte zu speichern auf Fotopapier und Video, Magnettonband und Computerdisk; zwar bewahrt unser *Gedächtnis* auch ohne technische Hilfen Bilder, Gerüche, Geräusche auf – wobei wiederum zu untersuchen wäre, wo der Unterschied von »Erinnerung« und »Gedächtnis« liegt. Aber wir sind nicht mehr in den achtziger Jahren, und manche Differenzierung, die seinerzeit ungemein wichtig erschien, wirkt heute wie bloße Spitzfindigkeit. Damals schienen mir alle Bemühungen, das Gestern einzuholen, a priori zum Scheitern bestimmt. Heimat war mir ein utopischer Ort. Denn nie wieder werde ich der Erstkläßler sein, der Sängerknabe, der Schülerzeitungsredakteur, der zum ersten Mal Verliebte. Es gibt kein Zurück in Kindheit und Jugend, dorthin, wo Heimat ist.

So war das in den Achtzigern: »Heimat« hinter den nebligen Auen des Niederrheines, »zu Hause« unter den Kastanien bayerischer Biergärten. Dann, nachdem die Mauer gefallen war, kam ich nach Berlin, an den Prenzlauer Berg. Eigentlich wäre alles klar gewesen: Dort war nun »zu Hause«. Und München, die Stadt, die mein »zu Hause« gewesen war, wurde mir nach und nach »die zweite Heimat«. Was dem Hermännche aus dem Hunsrück im Dreizehnteiler von

Edgar Reitz billig war, sollte mir nur recht sein. Zwei Heimaten – gibt es den Plural? –, ein »Zuhause«, so hätte es sein können, wohlgeordnet. Doch wir sind in den Neunzigern, und da funktionieren die Dinge nicht wie einst im Westen.

Wer im Osten Deutschlands lebt, der weiß, daß die Orte ihr Gesicht und, was noch schwerer wiegt, ihr Wesen verändern, und dies in einem Tempo, daß man zusehen kann dabei. Ich habe zugesehen, wie in Perleberg, Angermünde und Lübbenau Hotels entstanden, in denen sich kommod wohnen läßt, wie in Jüterborg, Teltow und Cottbus kluge Menschen entdeckten, daß es vielleicht sinnvoller sein könnte, Wohnungen zu bauen, statt das soundsovielte leerstehende Gewerbegebiet auszuweisen, wie auf den Straßen eine Baustellenampel auf die nächste folgte und wie die Regionalbahnen »eingetaktet« wurden – ein Ostwort, das ich in meinen Sprachschatz übernommen habe. Und wenn ich dann nach ein paar Tagen zurückkomme von meinen Erkundungen in der Mark Brandenburg und wieder eine neue Kneipe aufgemacht hat im Kiez, die Straße weiter aufgerissen worden ist, das nächste Reko-Gerüst vor einer Hauswand steht und im Franz-Club erneut eine Band aus den USA angesagt ist, wird mir die Veränderung erst recht bewußt. Manches davon stimmt mich froh, vieles melancholisch, einiges macht mich wütend. Täglich begegne ich Menschen, die nicht mehr mitkommen bei diesem wahnwitzigen Tempo, weiß manchmal selbst nicht mehr, wo ich bleibe und bin, und stelle am Ende fest, daß zu Hause nicht mehr zu Hause ist in diesen Zeiten. Da die Dinge sich mit einer maßlosen Geschwindigkeit wandeln, ist der Ort, an dem ich gestern war, nicht mehr der, an dem ich am nächsten Morgen erwache. Nichts bleibt, wie es ist. Binnen kürzester Zeit sind die Möglichkeiten zur Rückkehr verbaut. So wird aus »zu Hause« unter meinen Augen »Heimat«. Ein Prozeß, der sonst Jahre dauert, ereignet sich nun im Handumdrehen.

Berlin, Brandenburg, Ostdeutschland sind mir zur dritten Heimat geworden. Gerade *weil* ich dort Heimat habe, bin ich indes heimatlos. Das klingt paradox und ist es auch. Es gibt kein Zurück, darum also: »Heimat«. Gleichzeitig ist jedoch dieser Ort, den es nicht gibt, mein »Zuhause.« Ich bin aus Raum und Zeit gefallen. Und ich vermute: Ich bin nicht allein. Ostdeutschland im Jahre fünf nach dem Mauerfall, das heißt: Leben in einem Zwischenraum, in dem man das Gras lauter wachsen hören kann als anderswo.

In diesem Zwischenraum befinden sich viele, die nach der Mauer in ostdeutsche Amtsstuben, Gerichte, Betriebshallen und Redaktionen aufgebrochen sind. Und ich sitze irgendwann am Küchentisch der alten Frau D. in der Lausitz, die mir ihr Leben erzählt, das von vorne bis hinten beschissen gewesen sei. Nach Stunden weiß ich, daß sie recht hat, wir haben ein bißchen miteinander geweint, geholfen hat es kaum etwas, nur so viel: Indem ich mir fremde Erinnerungen aneigne, sie speichere im Privatgedächtnis und aufschreibe mit dem Stift oder der Kamera, gibt es schließlich doch ein Zurück in meine dritte Heimat im Osten, in der ich bleiben will.

Meine Kusine M. versteht das nicht. Als 1968 endgültig vorbei war, Anfang der achtziger Jahre, war sie aus der Kreuzberger Kommune zurück in ihre westfälische Heimat gegangen, hatte aber rasch beschlossen, daß das mit dem Ausstieg aus Beruf und Stadtleben für sie das Falsche sei. Daraufhin war sie wieder nach Berlin gezogen, nun allerdings nicht mehr nach Kreuzberg, sondern ins Grüne nach Wannsee. M. besucht mich nur widerwillig im Prenzlauer Berg. Der Alexanderplatz ist für sie so weit weg wie Neu-Delhi. Daß die Mauer gefallen war, bemerkte sie vor allem daran, daß sie plötzlich Ossi-Kinder in ihrer Klasse hatte, deren Eltern so ganz anders waren als die Charlottenburger Sozialpädagogen und Anwälte, mit denen sie es sonst zu tun hatte. Von ihrer Wohnung aus sind es fünf Minuten nach Potsdam-Babelsberg zur S-Bahn-Station Griebnitzsee. Doch die Bahn zum Savignyplatz mag M. nicht nehmen, »da sitzen die ganzen Ossis drin«. Demnächst zieht sie um. Gemeinsam mit zwei Freunden hat sie ein Haus gebaut – in Groß-Glienicke. Das Grundstück war billig zu haben. Groß-Glienicke liegt im Osten.

Kampfplatz Literatur

In der guten alten Bundesrepublik hatten es die Schreiber schwer. Zunehmend gebrach es ihnen am Stoff, aus dem Geschichten sind. Gute Zeiten sind schlechte Zeiten für Literatur. Dabei war der Hunger groß. Wo im Leben nichts passiert, sucht der Bürger gern Zerstreuung und Abenteuer im gedruckten Wort. Und da – allen Unkenrufen zum Trotz – mit der Bildungsreform die Zahl der potentiellen Leser um ein Vielfaches stieg, wurde, zumal im studentischen Milieu, Literatur zum Lebensinhalt. Ich kenne Hinterhofwohnungen in Berlin-Schöneberg, deren Bewohner bis heute mit Mietrückständen, gesperrtem Telefon und leerem Kühlschrank zu kämpfen haben, dafür sind die Wandregale, Abstellkammern, Fußböden überfüllt mit ungelesenen Druckerzeugnissen, der tägliche Gang zum Antiquar ersetzt die Heilige Messe. Thomas Lehr beschrieb 1993 in seinem Roman »Zweiwasser oder Die Bibliothek der Gnade« die typische Befindlichkeit eines literarischen Zaungastes, der sich anklagt, »daß er dreiundvierzig Jahre alt und praktisch mittellos war, nichts vorweisen konnte als einen Stapel abgelehnter Manuskripte. Unfähig, etwas Druckbares zu schreiben. Unfähig, mehr als zweihundert Mark im Monat zum Unterhalt seines Sohnes beizusteuern. Unfähig, normal zu werden und die sinnlose Erschöpfung durch die Kunst zu beenden.« Alles war Literatur, das Leben hatte keine Chance. Die Folge war eine allgemeine Leere und Erschlaffung in der westdeutschen Literatur der achtziger Jahre.

Anders in der DDR, in der Literatur Ersatz für das war,

was nicht in der Zeitung stand. Sie war Lebenshilfe, im besten Falle Manifestation kritischen Bewußtseins, letzteres um so mehr, je stärker die Realität als bedrückend empfunden wurde. Seit der Biermann-Ausbürgerung etablierte sich ein systemkritisches Moment in der DDR-Literatur. Das geschah zunächst, indem die Autoren – wie etwa die Mitglieder des Jenaer Arbeitskreises Literatur in den siebziger Jahren – versuchten, explizite Kritik in ihre Texte einzuschmuggeln – und sich dabei abarbeiteten an der Zensur. Dazu hatten jene Autoren, die sich in den Achtzigern vorwiegend im Berliner Bezirk Prenzlauer Berg versammelten, keine Lust mehr. In »Zoro in Skorne«, einer Art Manifest des Prenzlauer Bergs, hieß es :»Man macht mit der Zeit die Entdeckung, daß gerade auffällige Teile des Textes immer mehr an Bedeutung verlieren. Das hängt damit zusammen, daß Treffer ihrer Natur nach ein kurzes Dasein, wenn auch einen langen Nachruhm haben. Dagegen vergrößern die Teile ihr Gewicht, die zwar nicht treffend sind, aber ständig zu zielen scheinen.« An die Stelle der offenen Kritik trat die offene literarische Form. Weil ihre Texte nicht auf eine eindeutige Aussage zu reduzieren waren, sorgte die neue Autorengeneration für Verunsicherung bei den Zensoren. Mit dieser Strategie vermochten die Schriftstellerkollegen der siebziger Jahre nur wenig anzufangen. Und so war die Auseinandersetzung um die Stasiverstrickungen der Prenzlauer-Berg-Szene auch ein Generationskrieg der Biermann, Fuchs und Rathenow gegen ihre Nachfolger und deren Ästhetik, die nicht auf Konfrontation, sondern Subversion ausgerichtet war.

Punktsieg im Fight der Feuilletons

Der Streit um Sascha Anderson und die Literatur des Prenzlauer Berges war die vorletzte Runde im Fight der Feuilletons, in dem sich von 1990 bis 92 alte und junge Kritiker gegenüberstanden. Am Ende stand ein klarer Punktsieg für die Generation der Mauerkinder: Iris Radisch (32) übernahm die Leitung des Literaturressorts der ZEIT, Elke Schmitter (34) wurde Chefredakteurin der *tageszeitung* und Frank Schirrmacher (34) zum Mitherausgeber der *Frankfurter Allgemeinen Zeitung* berufen. Schirrmacher hatte das Vorspiel zum Kampf der Kritiker eröffnet, als er Christa Wolfs Erzählung »Was bleibt« verriß und ein Ende der Sonderbehandlung ostdeutscher Autoren im westdeutschen Feuilleton forderte, denen ihr Leben und Schreiben im Sozialismus stets als mildernder Umstand ausgelegt worden war. »Jagdszenen«, »Spruchkammerdenken«, schäumte Walter Jens, »Denunziation« machte Friedrich Schorlemmer aus, einer »Hetzkampagne«, »bewußter, gezielter Demontage« sah sich Christa Wolf ausgesetzt. Kaum hatten sich die Wogen geglättet, legte Schirrmacher nach. Gong zur ersten Runde.

Das vereinigte Deutschland war gerade einen Monat alt, als der Frankfurter Feuilletonist verkündete, es gelte »Abschied von der Literatur der Bundesrepublik« zu nehmen. Diese habe »die Nachkriegsgesellschaft mit neuen Pässen und Biographien versehen«, dies jedoch um den Preis, »daß ein Großteil der westdeutschen Literatur den Raum der Geschichte nicht geöffnet, sondern ihn, ungewollt, versperrt hat.« Wolfram Schütte trat dem in der *Frankfurter Rundschau* entgegen, dem Blatt der Alt-68er. Sein Argument, die Schriftsteller seien in die Rolle des »Spür- und Minensuchhundes wider eine auf Restauration und kollektive Vertuschung bedachte Staats- und Herrschaftsanwaltschaft« hineingedrängt worden, erklärte zwar, warum die bundesdeutsche Literatur sich in den sechziger Jahren politisiert hatte, eine Rechtfertigung dafür, daß sie dabei stehengeblieben war, vermochte Schütte indes nicht zu liefern. Klarer Punktsieg für den allgemeinen Frankfurter Kollegen, 1:0.

Gong zur zweiten Runde, in der der Kritiker Ulrich Greiner für die 68er auf- und zunächst einmal seinem Generationskollegen Schütte gegen das Schienbein trat. Es sei das Verhängnis der deutschen Nachkriegsliteratur, daß deren Autoren die Inhalte wichtiger genommen hätten als die Form. »Die Gesinnungsästhetik (...) ist das gemeinsame Dritte der glücklicherweise zu Ende gegangenen Literaturen von BRD und DDR«, schrieb Greiner in der ZEIT. Er verwechsle Literatur und Rezeption, antwortete Elke Schmitter in der *taz*. Christa Wolf sei von den Feuilletons nur vordergründig für ein literarisches Werk kritisiert worden. In Wirklichkeit sei es jedoch weniger um den politischen Gehalt des Textes gegangen, sondern um die Integrität der Autorin. Diese »gesinnungsästhetische Verwechslung« habe Christa Wolf indes selbst zu verantworten, weil sie »Was bleibt« zu früh veröffentlicht habe. Wer sich zum Opfer macht, kaum daß die alten Herren verjagt sind, muß in Kauf nehmen, daß der Geruch, der dem Vorgang anhaftet, auch wahrgenommen wird. Zwischenstand: 2:0 für die Mauerkinder.

In der dritten Runde des Feuilletonkrieges ging es erneut um die Trennung von Literatur und Politik. Nachdem Wolf Biermann in seiner Büchnerpreis-Rede »Sascha Arschloch« als vermeintlichen Stasispitzel geoutet hatte, begann das Rätselraten: War er oder war er nicht? Frank Schirrmacher gab Sascha Anderson Raum zu einer Rechtfertigung, die er mit einfühlsamen Worten einleitete, Iris Radisch lieferte dem Dichter in einem ZEIT-Interview Stichworte für seine Unschuldsbeteuerungen. Zwei Monate später schrieb die Literaturredakteurin: »Er lügt. Er belügt seine Freunde, er belügt seine Lebensgefährtin, er hat mich belogen, als er mir gestand, der Stasi zwar alles gesagt, aber nie für die Stasi gearbeitet zu haben.« Die Auszüge aus den Stasiakten, die der *Spiegel* veröffentlicht hatte, waren eindeutig, klarer Punktverlust, 2 : 1.

Es kam der Golfkrieg, es kam Enzensbergers Gleichung »Saddam = Hitler«, es kam die Stunde des »anschwellenden Bocksgesangs«, den Botho Strauß im *Spiegel* anstimmte: »Daß ein Volk sein Sittengesetz gegen andere behaupten will und dafür bereit ist, Blutopfer zu bringen, das verstehen wir nicht mehr und halten es in unserer liberal-libertären Selbstbezogenheit für falsch und verwerflich.« Gegenzug Elke Schmitter, *taz*: »Er formuliert die intellektuelle Abdankung einer Generation, die, von der Großen Linken enttäuscht, aufs Große doch nicht verzichten mag, es nun anderswo sucht und wiederfindet: bei Heidegger beispielsweise, der von den Franzosen aus der Quarantäne entlassen wurde und nun zurück in die Heimat gewandert ist.« Dem ist nichts hinzuzufügen. Endstand: 3 : 1.

»Was bleibt« vom Fight der Feuilletons, nachdem der Ring geräumt ist? Erstens haben die Schirrmacher, Schmitter und Radisch dafür gesorgt, daß Politik wieder auf den Kulturseiten der großen Zeitungen verhandelt wird, und das Feuilleton damit aus dem Ghetto befreit. Zweitens machen sie sich, gerade *weil* sie ihre Spalten für die öffentlichen Dinge geöffnet haben, dafür stark, daß in der Kritik zwischen literarischem und politischem Wert unterschieden wird. Das heißt indes nicht, daß sie *l'art pour l'art* das Wort redeten. Im Gegenteil. Die jungen Kritiker haben – drittens – wahrgenommen, daß die Literatur wieder etwas zu erzählen hat. Elke Schmitter schrieb in ihrer Replik auf Botho Strauß, er mache sich zum »Advokaten einer Generation, die ihre

Geschichtslosigkeit nicht erträgt.« Wir sind besser dran. Wir haben wieder Geschichte. Und Geschichten.

Die Berlin-Münchener Literatenrepublik

»Die junge deutschsprachige Prosa strotzt vor Selbstbewußtsein. Packende Großstadtromane, satter Erzählstoff, eine Generation zeigt, was sie kann«, meldete das Trendmagazin *Tempo* im Oktober 1993. Schlechte Zeiten für die Republik, gute Zeiten für die Literatur? Es scheint so. Die Literatur kreist wieder um das Leben und nicht umgekehrt. »Die meisten Dreißigjährigen haben mehr erlebt als das, was man in der Literatur als kühn bezeichnet«, läßt Thomas Lehr eine seiner Figuren in »Zweiwasser« sagen. »Sobald es hochgestochene Literatur ist, haben die Figuren kein Blut mehr, kein Sperma, keinen Urin.« Die Literatur der Generation nach der Mauer ist anders. Der Dichter »Matthias« BAADER Holst wurde am Abend, bevor die D-Mark nach Ostdeutschland kam, im Prenzlauer Berg von einer Straßenbahn überfahren. Posthum erschien der Gedichtband »traurig wie hans moser im sperma weinholds«. Ein Gedicht daraus: »du in london ich im leichenschauhaus / ein jeder wohl an seinem platz / wir schliefen einst ins licht uns einsam / du gabst dich hin ich las die taz // wir trafen uns und tauschten sterben / wir lebten weils nicht anders ging / du lobtest schnaps und blondes sperma / ich drosch dich heim in mein sing sing // ich werde wieder auf dich warten (...) / mudjahedin und träne sein / der lerche leichnam / letzte ölung«. BAADERS Tod ließ seinen besten Kumpel allein zurück. Der machte dafür Karriere im Literaturbetrieb: Peter Wawerzinek sorgte mit seiner Vortragskunst 1991 beim Klagenfurter Literaturwettbewerb für Stimmung – und wurde gleich wieder eingeladen.

Zum ersten Mal begegnete ich ihm, als auf der Leipziger Buchmesse eine Lesung Wawerzineks angekündigt war, das Publikum jedoch vor verschlossener Tür warten mußte und sich über den kleinen, sturzbetrunkenen Mann amüsierte, der mit Veitstänzen Einlaß begehrte, weil er der sei, der da nun lesen solle. Er war es. Wenig später lud er zu einer Lesung in die LiteraturWERKstatt Pankow, das Haus des früheren DDR-Ministerpräsidenten Otto Grotewohl. Statt Selbstgedichtetem gab es vom Autor eigenhändig zubereitetes Wildschwein, allerdings nur für die weiblichen Gäste; ich hatte mit meinen Geschlechtsgenossen gefälligst zuzusehen. Skurril wie seine Selbstinszenierungen sind auch Wawerzineks Texte. Mit »Es war einmal« lieferte er hinreißende Parodien auf die Größen der DDR-Literatur. Und in seinem Romanerstling »Moppel Schappiks Tätowierungen« gibt es die Schilderung eines Pflasterstein-Tennismatches über die Mauer hinweg, bei dem die DDR-Grenzsoldaten so lange ihren westlichen Kontrahenten Paroli bieten, bis sie von den eigenen Kollegen abgeführt werden. »In Pankow hätten 1988 die Unsrigen mit den Nichtunsrigen viereckige Löcher in die Mauer gehauen und ein Netz angetäuscht. Das dortige Spiel sei über vier Stunden gegangen und von einem Wachturm aus geschiedsrichtert worden.« Derlei verrät mehr über die Absurditäten der deutschen Teilung als manche Erörterung zur Frage, wie gemeinsam die Identität der Deutschen denn nun sei.

Als es mit der Trennung vorbei war, inszenierte Steffen Mensching mit seinem Partner Hans-Eckehard Wenzel den großartig-grotesken Abgesang »Letztes aus der DaDaERR«. Wenig später erschien sein Roman »Pygmalion«. Darin fahndet der Erzähler nach einem westdeutschen Schokoladenbären mit dunkler DDR-Vergangenheit; die KoKo läßt grüßen. Er heftet sich auf ihre Fersen: Amsterdam – Paris – Mittelamerika. Pünktlich zur deutschen Herbstrevolution landet er wieder in Berlin und in den Armen seiner Helena vom Prenzlauer Berg. Mensching hat seinem Roman den Untertitel gegeben: »Ein verloren geglaubter dubioser Kolportage-Roman aus den späten 80er Jahren«. Doch der Autor tut nur so, als ob, treibt seinen Schabernak mit den verschiedenen Spielarten des Groschenromans und wechselt zwischen ihnen wie sein Erzähler die Orte der Handlung. Mal glaubt sich der Leser im Agentenroman, dann in der Detektivstory, steigt mit dem Helden in Paris in einen Politthriller ein, begleitet ihn auf einen Abenteuertrip, bekommt eine sagenhafte Seefahrergeschichte aufgetischt und wird auch nicht verschont von zahlreichen Klischees der DDR-Literatur. Lustvoll fuhrwerkt Mensching in der Geschichte herum. Doch der Wahnwitz hat Methode. Da erfährt der Leser vom Beruf des Kinderhebers, der den führenden Genossen die lieben Kleinen zwecks Bestreichelung auf die Tribüne zu reichen pflegte. Und er wird kunstvoll in die höheren und niederen Weihen des Flirts in öffentlichen Bibliotheken eingeführt. Die Schilderungen sind überdreht, grell, grotesk. Die Geschichten gehen nicht zusammen, weil die Geschichte aus den Fugen geraten ist.

Das erinnert an die frühen zwanziger Jahre. Aus den verstreuten märkischen Landgemeinden hatte sich die Großstadt Berlin gebildet. Dieses neue Gebilde faszinierte die Literaten, vor allem die Expressionisten, die in ihren Gedichten und Theaterstücken dem Moloch zu Leibe rückten. Berlin, das war der eine Pol des literarischen Lebens in jener Zeit. Der andere war München, die Stadt der Bohème und literarischen Zirkel. Die Dichterrevolution von 1918 führte die Literaten heraus aus Schwabing und hinein in politische Führungspositionen der Räterepublik: Ernst Toller, Gustav Landauer, Erich Mühsam. Wenig später waren alle drei in bayerischen Kerkern inhaftiert. Die Literatur der bayerischen Hochebene machte danach weiter, wo sie vor dem Aufbruch der Rätedichter gestanden hatte, bei Ganghofer und Ludwig Thoma. 1929 nahm in der Barer Straße der pränationalsozialistische »Kampfbund für deutsche Kultur« seine Arbeit auf, der Kulturkampf gegen die Moderne war eröffnet. Im gleichen Jahr gab der Doyen der Münchener Literaturwissenschaft, Arthur Hübscher, sein »Münchener Dichterbuch« heraus, das ausschließlich Poeten vom Schlage eines Emanuel Geibel (»Am deutschen Wesen soll die Welt genesen«) berücksichtigte. Ausdrücklich bezog Hübscher darin Stellung gegen die »überfremdete Literaturzentrale« Berlin. In den Salons der Hauptstadt saßen derweil Else Lasker-Schüler, Max-Hermann Neiße und Erich Kästner, der junge Bert Brecht hatte Bayern den Rücken gekehrt und war nach Berlin gegangen, Gottfried Benn sezierte und schrieb Gedichte, Walter Benjamin und Siegfried Kracauer studierten die Großstadtkultur, und Alfred Döblin komponierte »Berlin Alexanderplatz«. 1933 gingen die meisten von ihnen ins Exil, ebenso wie ihre bayerischen Kollegen Lion Feuchtwanger und Oskar Maria Graf. Es blieb die Erinnerung an die Zeit der Berlin-Münchener Literatenrepublik, die nun in den Neunzigern eine Neuauflage erlebt.

Neben den »Dichtern in Halbtrauer« (Iris Radisch), den Autoren des Berliner Ostens, tummeln sich auch im Westteil der neu-alten Hauptstadt Romanciers wie Thomas Lehr (37), Thomas Hettche (30), Ralf Rothmann (40) und Ulrich Woelk (34). Die Berliner Asphaltliteraten finden kongeniale Widerparts in der bayerischen Provinz: Andreas Neumeister (35), Thomas Strittmatter (33), Matthias Politycki (38), Rainald Götz (39), Helmut Krausser (30), Hans Pleschinski (38), Asta Scheib (34). Sie holen sich einen Literaturpreis nach dem anderen, erobern die Bestenlisten und werden obendrein auch noch gekauft. Den schnellen Großstadttexten ihrer Berliner Kollegen setzen die bayerischen Literaten die Leichtigkeit des Südens entgegen. Der gebürtige Münchener Helmut Krausser lebte einige Jahre in Berlin, bevor er in seine Heimatstadt zurückging. »Berlin hat mir nie gefallen. München ist für das Schreiben ideal. Es ist ein harmloses Pflaster, man hat hier seine Ruhe. In Berlin ist alles in Szenen unterteilt. München hat eine Tradition, die mir sehr am Herzen liegt. Wedekind, Brecht, Strauß und Hofmannsthal. Und außerdem leben hier die besten Schriftsteller Deutschlands.« Sprach's und legte mit »Melodien« *den* Roman des Jahres 1993 vor. Neben Kraussers Historienschinken wirken die Texte von Matthias Politycki wie Sahnebaisers. Ein Gobelin in einem französischen Schloß versetzt den Protagonisten seines Romanes »Sturm über Kyoto« an den japanischen Hof, die Erzählung ist feingewebt wie ein Seidenteppich, zieseliert wie ein überlanger Haiku. Bairisch-bodenständiger geht es bei Andreas Neumeister zu. »Am Anfang war die Milch. Kuhwarm und mit Schaum obendrauf«, so beginnt »Äpfel vom Baum im Kies«, ein Puzzle aus Autobiographie, heimatkundlichen Forschungen, zeitgeschichtlichen und naturwissenschaftlichen Exkursen. Spielt der Erstling noch am Starnberger See, so begab sich Neumeister mit »Salz im Blut« in das Nachkriegsmünchen, eine Trümmerwüste. Der behäbig-langsame Sprachduktus wich einem schnelleren Erzähltempo. Da ist es nur konsequent, daß sein neuer Roman im Berlin des Jahres 1990/91 spielt.

München und Berlin, das ist mehr als ein Gegensatz von Provinzhauptstadt und Metropole, südwestlich und nordöstlich, katholisch und protestantisch. München, das ist das stolze und gleichwohl selbstverständliche Leben in einem geschichtlichen Kontinuum, das vom Fürsten Tassilo bis zum jeweiligen Amtsherren in der Staatskanzlei am Hofgarten reicht. Darum sind die Geschichten bayerischer Autoren immer auch Geschichte, historischer Hintergrund schwingt mit. Berlin ist eine Stadt des Hier und Jetzt, *trotz* seiner preußischen Bauten, *trotz* seiner unseligen Reichshauptstadtvergangenheit spielt das Gestern eine untergeordnete Rolle. Es ist einfach keine Zeit dafür. Entsprechend stark ist der Gegenwartsbezug in den Texten der Berliner. Und selbst wenn die Handlung in der Vergangenheit spielt, wie etwa in »Der Schneemensch« von Jens Sparschuh, ist diese Vergangenheit in sich abgeschlossen und verweist weder in die Vor-Vergangenheit noch in unsere Gegenwart.

Schaukampf

Wie gut die neuen Schreiber wirklich sind, läßt sich am besten im Vergleich zu den Hervorbringungen der früheren Autorengeneration feststellen. Showdown. Auf der einen Seite die Mauerkinder: Jens Sparschuh, Ulrich Woelk, Helmut Krausser. Auf der anderen: Martin Walser, Hanns-Josef Ortheil, Umberto Eco. Dicke Brocken. Auf in den Kampf. Halt! Kann man *so* mit LITERATUR umgehen? Man kann, wenn man vergleicht, was miteinander vergleichbar ist: Entwicklungsroman, Vatergeschichte, Recherche im Mittelalter. Der Schaukampf kann beginnen. Am Ende wird es 3 : 0 stehen. Was davon *selffulfilling prophecy* ist und was harte *facts*, mögen die Leser entscheiden.

Den Autoren kommt Material zu, Bruchstücke authentischen Lebens. Die Rekonstruktionsarbeit beginnt. Sie fördert die Entwicklungsgeschichte eines Muttersöhnchens zutage. Tatort der Kindheits- und Jugendjahre ist Dresden. Soweit die Ausgangsvoraussetzungen. Was macht Martin Walser daraus, was Jens Sparschuh? Beide haben es mit einem negativen Helden zu tun, Walser mit dem hoffnungslos unselbständigen Dauerstudenten und späteren Kanzleibeamten Alfred Dorn, Sparschuh mit dem namenlosen Sprachforscher, der im Auftrag der SS im Himalaya dem Schneemenschen auf der Spur ist. Der Erzähler in Walsers »Die Verteidigung der Kindheit« mag seinen Helden nicht, läßt keine Gelegenheit aus, ihn bloßzustellen, zu diskreditieren. Er habe sich noch nie so sehr beim Schreiben gequält wie bei diesem Buch, bekannte Martin Walser im nachhinein. Die Qual hat auch der Leser, zäh rinnt das Leben des Alfred Dorn dahin. Da hatte Reich-Ranicki im »Literarischen Quartett« gut lästern: es sei eine Zumutung, einen derartigen Schlappschwanz als Helden vorzustellen. Daß derlei indes – und da irrt RR – nicht zwangsläufig schlechte Literatur verheißt, zeigt »Der Schneemensch«. Anders als Walser empfindet Jens Sparschuh so etwas wie Mitleid für seinen mißratenen Helden, erteilt ihm gar das Wort. Neben Passagen, in denen ein ungenannter Erzähler von der Nachkriegsgefangenschaft des vertierten Protagonisten berichtet, erzählt dieser mit eigener Stimme aus seinen Kindheits- und Jugendjahren; hinzu kommen seine kargen Tagebuchnotizen der Himalaya-Expedition. Ich habe mich dabei ertappt, noch Tage nach der Lektüre im militärisch-kurzen Jargon zu denken. Dabei habe ich nicht einmal gedient. Habe das dann rasch eingestellt. Wollte mich nicht vereinnahmen lassen. Weggetreten.

Bei Jens Sparschuh ist das vorgefundene Material über das »Ahnenerbe«-Projekt der SS der Ausgangspunkt, von dem aus sich die Geschichte spiralförmig entwickelt. Die Kisten und Akten, die Martin Walser vom Leben des echten Alfred Dorn zugespielt bekam, scheinen ihn einzuengen; wie ein penibler Beamter füllt er, darin seinem ungeliebten Helden ähnlich, Zeile um Zeile den Rahmen aus, den er sich vorgeben läßt, ohne darüber hinauszugehen. Getrieben vom Bemühen, genau zu sein, quält Walser die Geschichte bis in die achtziger Jahre hinein. Das sind mindestens zwanzig Jahre und zweihundert Seiten zuviel. Bei Jens Sparschuh möchte man gerne noch mehr wissen – und doch ist die Geschichte so, wie sie ist, gerade richtig.

In den siebziger Jahren war es *en vogue*, sich mit dem eigenen Vater literarisch auseinanderzusetzen, dessen Rolle im NS-Staat zu thematisieren und in den autoritären Strukturen väterlichen Denkens und Erziehens die Ursache für des Erzählers Leiden an der Welt zu entdecken. Danach hatte es sich ausgevatert, so dachte ich zumindest, bis mir zwei Bücher aus den frühen Neunzigern auf den Tisch gerieten, in denen der Konflikt zwischen der 68er Generation und den Vätern erneut zum Thema wird. »Abschied von den Kriegsteilnehmern« heißt es tiefernst im Titel von Hanns-Josef Ortheils Roman, schlicht »Rückspiel« bei Ulrich Woelk, was schon einmal voraussetzt, daß es ein »Hinspiel« gegeben haben muß, für das es nun mit neuer Mannschaftsaufstellung und zu einem späteren Zeitpunkt eine Revanche gibt. Für Ortheils Erzähler ist es psychologisch notwendige Trauerarbeit, mit dem Vater abzurechnen, nachdem der tot ist. Bei Ulrich Woelk hingegen schaut sich der Held spöttisch über die Schulter bei seinem Versuch, die Vorgeschichte eines seiner Lehrer zu ergründen, und am Schluß steht die Erkenntnis, daß sie ihm eigentlich völlig egal ist.

Beide Autoren lassen den Leser teilhaben am Schreibprozeß ihres Erzählers. Dabei verfährt Hanns-Josef Ortheil auf den ersten Blick raffinierter – erst gegen Ende kommt heraus, daß der Anfang des Buches, der zunächst wie unmittelbar erzählt wirkt, bereits Notat des Protagonisten ist. Nur: Das Ganze verkommt zur beliebigen Spielerei, da der Sinn der Konstruktion nicht einzuleuchten vermag. Ortheil gibt als Beruf »Schriftsteller« an. Ulrich Woelk ist Astrophysiker. Bei ihm haben die Dinge etwas miteinander zu tun. Wenn dem Leser in »Rückspiel« das Nachdenken des aufschreibenden Erzählers über sein Tun mitgeteilt wird, nimmt er auf diese Weise teil an dessen fortschreitendem Erkenntnisprozeß.

Die Erzählzeit ist in beiden Romanen das Jahr 1989. Ulrich Woelks Erzähler ist in Berlin und mittendrin im Geschehen, flitzt gleich am Tag der Maueröffnung gegen den Strom in den Ostteil der Stadt und leitet damit den Anfang vom Ende seiner großen Liebe ein, das in jener Silvesternacht besiegelt wird, als unter dem Brandenburger Tor oder auf den Dächern von Berlin alles möglich schien. Der Sohn in Ortheils Roman sitzt im Sommer 1989 in Florida, *wrong time, wrong place*. Wie und warum es ihn dann plötzlich an den Zaun des Gartens der Prager Botschaft verschlägt, wird nicht so recht klar, immerhin verschafft die Begegnung mit den Bundesbürgern in spe dem Erzähler einen lichten Moment: »Meine Geschichten waren für sie längst passé, Geschichten einer Zeit, die nur noch nachlebte in verwackelten Wochenschaustreifen.« Er zieht jedoch nicht die Konsequenz, gerät nicht ins Schweigen, denn noch ist Arbeit zu verrichten: Er nimmt den toten Vater auf den Buckel und lädt ihn irgendwo östlich von Berlin ab, damit die Geschichte noch schnell den nötigen Osttouch bekommt.

Der erfolgreichste europäische Roman der achtziger Jahre war »Der Name der Rose« von Umberto Eco. Es gehört eine Menge Chuzpe dazu, dagegen bestehen zu wollen. Voilà, einer will. Helmut Krausser, kaum dreißig Jahre alt, erzählt den Weg einiger »Melodien« von ihrer Erfindung durch einen abgehalfterten Alchimisten im ausgehenden Mittelalter bis hinein in die Gegenwart. Die »Melodien« begegnen dem Leser in den geheimnisumwitterten Kompositionen der Musikgeschichte, von der Palestrina-Messe über das »Miserere« von Allegri bis hin zu den Madrigalen des Gesualdo di Venosa.

Krausser rolle den Teppich seiner »Melodien« »nach rückwärts dahin aus, wo eigentlich Umberto Eco Platzhirsch und ausgewiesener Land- und Zeichenvermesser ist«, schrieb Verena Auffermann in der *Süddeutschen Zeitung*. Eco hatte davon profitiert, daß das Fach, das er an der Universität zu Bologna lehrt, die Semiotik, in den achtziger Jahren boomte wie kaum eine andere Wissenschaft. Eco mischte dabei kräftig mit. Er plädierte für das »offene Kunstwerk«, das durch den »emotiven Gebrauch der Referenzen« und den »referentiellen Gebrauch der Emotionen« gekennzeichnet sei, was in etwa heißt, daß Lesen Spaß machen soll und man dabei noch etwas lernen kann. »Offenes Kunstwerk«, das paßte gut in den postmodernen Jargon der Achtziger, die Literaturwissenschaftler notierten dankbar jede »Leer-« oder »Unbestimmtheitsstelle« in neu erscheinenden Werken. Da fügte es sich prima, daß »Der Name der Rose« so manches Geheimnis barg: Da wurden Fährten gelegt, die im Nirgendwo verliefen, und viel Gelahrtes zitiert, ohne daß sich dessen Sinn erschlossen hätte. Und dann diese labyrinthische Bibliothek! Indes: Das Werk des Romanciers Eco war weit weniger »offen«, als es vom Semiotiker Eco zu erwarten gewesen wäre. Von Anfang an ist klar, daß rückblickend eine abgeschlossene Geschichte erzählt wird. Und die Überschriften erklären dem Leser stets im voraus, daß er nun in ein Kapitel eintritt, »worin Bruder William großen Scharfsinn beweist«, dies oder jenes tut oder läßt, um am Ende des Rätsels Lösung zu präsentieren. Denn daran, daß er sie finden wird, kann von Anfang an kein Zweifel herrschen. Dem Leser wird jedes Puzzlestück, das er entdeckt, vor Augen geführt. »Offen« ist daran nichts.

Wo William von Baskerville nach einer verbotenen Schrift forscht, sucht Helmut Kraussers Held Täubner nach verschollenen Noten. Doch anders als in Ecos Roman ist das Ende seiner Recherche tatsächlich offen. Bis zuletzt weiß keiner, was wahr oder falsch, erfunden, gelogen, real oder bloße Wunschvorstellung ist. Täubner wird daran irre. Es gibt keine Lösung.

Helmut Kraussers Roman »Melodien« ist montiert aus Versatzstücken, die nicht zusammengehen: Patientenberichten, historischen Tagebüchern, Biographien, Dialogen, Erzählpassagen. Jeder Sprecher, Chronist, Erzähler hat seinen eigenen Duktus, seine eigene Melodie, Ecos Romane kennen nur eine Sprache, und die ist oftmals hölzern. In »Der Name der Rose« hatte ich das noch nicht bemerkt, weil die Geschichte spannend ist. In »Das Foucaultsche Pendel« präsentierte Eco die »Lösung« gleich zu Beginn, die Spannung war mithin gleich null, und das Werk des belesenen und geschätzten Mannes wirkte sogleich merkwürdig blutarm und einsilbig.

Daß Helmut Krausser vielstimmig und packend zu erzählen vermag, rührt womöglich daher, daß er für einen Dreißigjährigen schon ungewöhnlich viel erlebt hat. Sein erstes Literaturstipendium verzockte er; als er eine Zeitlang keine Wohnung hatte, schlief er bei den Pennern unter den Isarbrücken. Heute kokettiert Krausser damit und weiß, daß Rezensenten derartige Geschichten lieben. Dennoch: Er hat diese Geschichten. Sie alle haben Geschichten von dieser Art. Und darum haben sie etwas zu erzählen. Die Zeit ist danach.

Freiheit aushalten

Es war der Kronleuchter, den ich im Vorbeifahren erspäht hatte. Als ich mir am nächsten Tag die Zeit nahm, dem flüchtigen Blick eine genauere Betrachtung folgen zu lassen, bewahrheitete sich mein erster Eindruck: Freiheit war tot. Zwar stand die Bar am selben Platz wie immer, die Baguette-Karte hatte sich nicht verändert, selbst die Gäste trugen jene neu-gierige Langeweile im Gesicht, die mir vertraut war, indes: Das Café Freiheit war nicht mehr dasselbe. Damals, in den achtziger Jahren, hatten helle Neonröhren das Ecklokal in München-Neuhausen erleuchtet, weiß gestrichen waren die Wände, blank die Kacheln, und Annie Lennox brachte mir den Drink – oder zumindest ihre Zwillingsschwester. Hier war der Ort, wo wir des Nachts unsere spielerischen Diskurse hielten und wahlweise die Postmoderne oder den Untergang des Abendlandes ausriefen, was spätestens dann keinen Unterschied mehr machte, wenn es auf ein Uhr ging und die Sperrstunde dem Freiheitsrausch ein jähes Ende bereitete. So unscharf die Gedankengänge, so klar und kalt war das Licht, in das wir unsere Kennworte und ironischen Satzfetzen setzten. Das Café Freiheit war Bogart plus Umberto Eco. *As time goes by, nomina nuda tenemus* – die Zeit vergeht, es bleiben uns nur die Namen. Wohl wahr. Im Café Freiheit von heute ist das Licht heimelig heruntergedimmt, die Wand ist in warmem Grün-Blau gehalten, das Ganze hat die Atmosphäre eines Plüschaquariums. Im Hinterzimmer macht man auf Restaurant, mit Damastdecken auf den Tischen, Strichmännchen auf orangefarbenem Putz, und über allem schwebt der Kronleuchter, den ich bereits von außen gesehen hatte. Der Sieg der Konvention wirft die Frage auf, ob das, was uns in den Achtzigern als die große Freiheit vorkam, womöglich bloß blanke Beliebigkeit war.

Nun ist es derzeit ein beliebtes Gesellschaftsspiel, gegen Werteverlust, Beliebigkeit, Verweigerungshaltung zu Felde zu ziehen, worauf sich automatisch auf der anderen Seite der Protest derer erhebt, die die Freiheitsrechte des Individuums gegen das Gängelband verteidigen, das sie in der Hand der Wert- und Wiesenkonservativen wähnen. Der Streit ist von gestern. Es geht nicht darum, etwas zu verteidigen, was wir *so* nie besessen haben. Entgegen dem Augenschein ist die Frage nicht, ob unsere Gesellschaft in der Lage ist, die emanzipierten Individuen zu binden. Das Entscheidende wird sein, ob die vielen einzelnen fähig sein werden, Freiheit auszuhalten.

»Freiheit aushalten«, die ironische Verkehrung eines der deutschesten aller Schilder, jenes »Ausfahrt freihalten«, das dem motorisierten Bürger die Freifahrt sichern soll, dieses »Freiheit aushalten« entdeckte ich zum ersten Mal im Kartenständer eines Alternativbäckers, gleich neben der Karte, die den Jungen mit der Pudelmütze zeigt, der dazu aufruft, »wild und gefährlich« zu leben. Wer sich die Mauerkinder ansieht, die querdenkenden Politiker, aufmüpfigen Theaterleute, grünen Unternehmer, der entdeckt gewiß manch Unkonventionelles an ihnen. Aber »wild und gefährlich«? Doch. Sowieso. Genau. Es muß einer kein Protestplakat in die Höhe halten, in den Sitzstreik gehen oder Biokartoffeln pflanzen, um Neues zu wagen. Es ist auch keine Revolution in Nadelstreifen, die wir anzetteln. Es ist nur so, daß die äußerliche Attitüde nicht so wichtig ist. Das Bewußtsein bestimmt das Sein. »Arthur fühlte sich frei wie der Wind, und er beschloß, entweder ein Paar Schuhe oder einen ganzen Schinken zu kaufen.«

Anfang der achtziger Jahre, als wir zwischen 15 und 24 Jahre alt waren, untersuchte die Shell-Studie »Jugend '81« unsere Werthaltungen. Dabei stellten die Forscher fest, daß vor allem zwei scheinbar unterschiedliche Strömungen stärker ausgeprägt waren als bei den Vorgängergenerationen: die Betonung der Chancen *und* der Risiken. Der Gegensatz ist keiner. Wer im Bewußtsein lebt, daß es keine Sicherheiten gibt, weiß um die Gefahren, die darin liegen, erkennt jedoch ebenso die Gestaltungsfreiheit, die sich bietet. »Mit der Krise der industriegesellschaftlichen Selbstsicherheit tun sich Handlungsmöglichkeiten und -zwänge auf, zwischen denen es permanent und ohne Anspruch auf definitive Lösungen zu entscheiden gilt – eine Anforderung, durch die Leben und Handeln in Ungewißheit zu einer Art Basiserfahrung wird. Wer dies wie, warum kann, erlernt oder gerade nicht, wird seinerseits zu einer biographischen und politischen Schlüsselfrage der gegenwärtigen Zukunft« (Ulrich Beck). Wer die »Freiheit aushalten« kann und wer nicht, das entscheidet darüber, wer mit uns aufbricht oder wer sitzenbleibt.

»Freiheit ist anstrengend«, schreibt Margarita Mathiopoulos, weil sie dem Menschen zumute, »für sich selbst Verantwortung zu übernehmen, entscheiden zu müssen, ohne verordnete Gewißheit von übergeordneter Stelle«, ob das nun ein Gott ist, ein Fürst, »der Staat« oder »die Gesellschaft«. Der Mensch ist »zur Freiheit verurteilt« (Jean-Paul Sartre). Nur keine Illusionen haben. Freiheit aushalten. Die des anderen achten, damit der mir nichts tut. Auch so läßt sich der kategorische Imperativ begründen. Weil wir darum wissen, daß die Menschen zu allem fähig sind, müssen wir kreative Energie entfalten, um uns die Freiheitsräume zu erhalten, die wir brauchen. Aus diesem Bewußtsein kann eine liberale Verfassung wie die der USA entstehen. Ein derartiger Menschheitspessimismus kann jedoch genausogut zum Wegbereiter totalitärer Systeme werden. Historiker wie

Fritz Stern haben dies am Beispiel des Nationalsozialismus eindrücklich aufgezeigt. Und ein Blick nach Osteuropa, aber auch vor die eigene Haustüre zeigt, daß in Zeiten der Unwägbarkeiten allzugerne Zuflucht in eine Scheinsicherheit genommen wird, die den Namen »Nation« trägt. Wie halten es die Mauerkinder mit dem neuen Nationalismus?

Nation – ja, schon

Wer im Westen groß wurde, wuchs in eine ebenso ausdifferenzierte wie eingespielte Gesellschaft hinein. Die Westler unter uns verstehen sich als Europäer und Weltbürger. Wer die Jugend in der DDR verlebte, erhaschte einen Teil davon per Ultrakurzwelle. Ansonsten lebte er in einem Land, in dem Vergesellschaftung gleich Verstaatlichung war – und die war wiederum identisch mit der »Diktatur des Proletariats und seiner marxistisch-leninistischen Partei«, deren Führungsanspruch in Artikel 1 der DDR-Verfassung festgeschrieben war. Wenn es um die Bestimmung der Plankennziffern für Kombinate und volkseigene Betriebe ging, wenn festgelegt wurde, welche Bücher wann und wo erscheinen, welche Bilder wann und wo ausgestellt, welche Stücke wann und wo gespielt werden durften, wenn in den Sportvereinen die Werktätigen den Leib ertüchtigten und die Besten von ihnen zu olympischen Ehren gelangten, wenn Kommentare geschrieben, Filme gedreht, Musikprogramme geschnitten wurden, im Wohnblock, im Kleingarten oder im Kulturzirkel – stets hatte die Partei die Finger im Spiel, mischte mit durch die jeweilige Organisation, hatten ihre hauptamtlichen Sekretäre das Sagen. Und wenn das alles nicht reichte, ließ sich ihr Politbüro Bericht erstatten über das, was die Kundschafter des Erich Mielke herausfanden oder glaubten herausgefunden zu haben. Was Jürgen Habermas seinerzeit im »Strukturwandel der Öffentlichkeit« für die bürgerliche Gesellschaft prophezeit hatte, die »Verstaatlichung der Gesellschaft«, in der antibürgerlichen DDR wurde sie Wirklichkeit, bis hin zu dem Punkt, an dem die »Verstaatlichung« in das »Verschwinden der Gesellschaft« mündete. Mit der »Staatsbürgerschaft DDR« konnten die wenigsten etwas anfangen, mit der Nation war keine Identifikation erwünscht, und die Bruderländer kannte man allenfalls aus dem Urlaub in den Karpaten oder sporadischen Besuchen im Haus der Deutsch-Sowjetischen Freundschaft. Gegen die Verstaatlichung half nur eines: Unabhängigkeit bewahren.

Wir Weltbürger West und Freigeister Ost waren gut präpariert, als aus einer Gesellschaft und einer Nicht-Gesellschaft die *Nation* neu erstand. Die Generationen vor uns hatten ihre liebe Mühe mit dem Begriff, drehten ihn hin und her, das »Leiden an der Nation« war weit verbreitet. Mir ist die Nation ziemlich schnuppe. Nicht, daß ich ein gespaltenes Verhältnis zu ihr hätte. Ich mag das Streichquartett zum Sendeschluß, in Weimar wird mir warm ums Herz, ich besteige gern die bayerischen Alpen, paddle auf brandenburgischen Seen und genieße die Intercity-Fahrt entlang des Rheins. Ich bin unheilbar deutsch – und mache mich darüber ebenso lustig, wie es Briten, Niederländer und inzwischen sogar Franzosen meiner Generation über sich und ihr Land tun. Das Endspiel der Fußball-WM 1990 habe ich auf der großen Leinwand im Berliner Tempodrom gesehen. Als vor dem Spiel die deutsche Nationalhymne gespielt wurde, haben wir alle gepfiffen, weil wir das für anachronistisch hielten. Als Andreas Brehme das entscheidende Elfmetertor schoß, lagen wir uns in den Armen. Und damit war es gut. Ich bin zwar noch zum Ku'damm gefahren, habe aber bereits auf dem Treppenabsatz des U-Bahnhofes kehrtgemacht, als ich der schwarzrotgoldenen Besoffenheit ansichtig wurde. So ist das mit uns und der Nation.

Cordt Schnibben schrieb über den typischen Angehörigen der Generation der Mauerkinder: »Der Internationalismus der Pop-, Film-, Mode- und Cola-Industrie hat sein Auge geschärft bei der Suche nach dem, was er schön, edel und gut findet, und da bleibt aus deutschen Landen nicht viel auf dem Tisch. Warum soll er stolz sein auf ein Land, dessen Jeans, Bands, Politiker und Filme so sind, daß er nichts mit ihnen zu tun haben möchte? Was soll er sich Goethe, Schiller und Bach an die deutsche Brust heften, wenn er deshalb Hitler, Goebbels und Eichmann aufgehalst bekommt?« Ich erinnere mich noch gut, wie katholische Jugendgruppen in meiner Heimatstadt einen Schweigemarsch zum 40. Jahrestag der Pogromnacht vom 9. November 1938 organisiert hatten. Ich trottete mit und fühlte mich ungeheuer schuldig für das, was Jahrzehnte zuvor in Deutschland passiert war. Ich war die personifizierte Kollektivschuld. Heute ist mir der Glaube an die Erbsünde abhanden gekommen. Eine kollektive Inhaftnahme erscheint mir ebenso suspekt wie der Wunsch nach kollektiver Menschheitsbeglückung. »Wer nach 1965 Schreiben und Lesen gelernt hat, der hat ein weniger ideologisches und mehr pragmatisches Verhältnis zu allen möglichen Kollektiven. Nicht im historischen Jenseits, sondern im weltlichen Alltag (oder im All) sucht er sich die Werte, aus denen er Burgen baut« (Cordt Schnibben.)

Revolte von rechts?

Wäre unsere Generation mithin immun gegen die Gefahr von rechts? Ich habe es lange geglaubt. Michael Rutschky schilderte 1991 in der *tageszeitung* eine Genreszene aus einem Café im bürgerlichen Teil von Berlin-Kreuzberg. Einige Damen und Herren mittleren Alters sitzen zusammen. Ihr Thema: der unbekannte Osten. »Ah. Anfang 40, ein Lehrer aus West-Berlin, der schon bald in die Mark Brandenburg gegangen war, um sich nützlich zu machen«, weiß Erschrekkendes zu berichten: Eine Revolte von rechts bahne sich bei der ostdeutschen Jugend an, die in ihrer Wirkung und Breite der von 1968 nicht nachstehen werde. Dagegen läßt Rutschky am Kaffeehaustisch durch Beh. einwenden, daß die »rechtsradikalen Skinheads in Brandenburg und anderswo« wenig zum Revolutionär taugten, weil sie allzu autoritätshörig seien. Ah. antwortet herablassend, »daß diese feisten, rosigen Biertrinker nicht die Avantgarde sein würden.« Die Revolte bedürfe der beredten Protagonisten. Die Skins seien nur deren Vorläufer.

In einer Replik auf Michael Rutschky schrieb ich damals in der *tageszeitung*: »In den sechziger Jahren saßen die geistigen Leitfiguren des Protestes bereits dort, wo er begann: in den Hörsälen. Die Studentenbewegung von 1968 war ihrem Wesen nach eine intellektuelle Revolte. Darum hatte sie von Anfang an die Leitfiguren, die heute nirgends auszumachen sind. Wer mithin die Revolte von 1968 mit den rechtsradikalen Krawallen unserer Tage vergleicht, bringt zusammen, was nicht zusammengehört. Den gewalttätigen Ausschreitungen in Ostdeutschland fehlen alle Züge einer Revolte: Es mangelt an Vordenkern, das Weltbild ihrer Protagonisten ist geschichtslos.« Ich fürchte, daß ich mich geirrt habe.

Im Dezember 1993 entdeckten Verfassungsschützer im Neonazi-Heft *Der Einblick* eine Liste mit den Adressen und Lebensgewohnheiten von Antifaschisten. Anfang 1994 wurde ein *Nationales Info-Telephon* geschaltet, um weitere Daten auszutauschen. Auch per Mailbox ventilieren die Rechtsextremen ihre Informationen. Die Zielrichtung ist klar: Anleitung zum Attentat. Die Staatsanwaltschaft ist machtlos: Das Sammeln von Daten stellt noch keinen Straftatbestand dar. Die rechte Szene vernetzt sich.

Gleichzeitig meldet sich der Rechtsintellektualismus immer lauter zu Wort. *Welt*-Redakteur Hans-Dietrich Sander etwa will in seinen *Staatsbriefen* die »niedergetretene Reichsidee« erneuern, das »Thule-Seminar« in Kassel firmiert als Herausgeber der *Elemente der Metaphorik zur europäischen Neugeburt*, in denen vor allem die französische *Nouvelle Droite* ein deutschsprachiges Forum findet, *Nation und Europa* hat sich den Kampf gegen die »Überfremdung« auf das Banner geschrieben, während *Europa vorn* vor allem gegen den »Hauptfeind USA« zu Felde zieht. Einen »Longdrink für rechtsnationalistische Dandies« (Richard Herzinger) mixt die *Etappe*. Und im *Criticon* schreiben sowohl konservative Christdemokraten wie rechte Kulturrevolutionäre.

Think right lautet die Devise, es ist salonfähig geworden, mit Rechtsextremen gemeinsame Sache zu machen. Die Gefahr des Rechtsintellektualismus liegt auf der Hand: »Sollte es schließlich zu einem Amalgam von nationalem Isolationismus, wachsendem Zuspruch zu einer plebiszitären Regierungschefdemokratie und einem offenen Bekenntnis von Teilen des Managements und der jetzt noch schweigenden akademischen Anhängerschaft der ›Republikaner‹ kommen, so fehlt nur noch ein halbwegs geschickter Agitator, um das faschistische Projekt politiktauglich zu machen« (Micha Brumlik).

Solange es sich bei den Publikationen der *Neuen Rechten* um Blätter mit vierstelligen Auflagen handelte, war das Risiko kalkulierbar. Seit dem 21. Januar 1994 erscheint in Potsdam die Wochenzeitung *Junge Freiheit*, Startauflage: 100000 Stück. Die Redakteure sind keine zu kurz gekommenen, ewiggestrigen Altkonservativen, sondern entstammen – sorry to say – der Generation der Mauerkinder. »Die Neue Rechte ist maßgeblich eine junge Rechte«, schreibt Richard Herzinger, intimer Kenner der Szene. »Das nationalistische Aufbruchspathos der jungen Konservativen vermischt sich mit dem aktivistischen und chiliastischen Impetus einer Jugendbewegung. Es kann daher kaum verwundern, daß die Redakteure der *Jungen Freiheit* der Bundesrepublik ein ›neues 1968‹ androhen – diesmal von rechts.« Dumpfe Nazi-Parolen sucht man in dem Blatt vergebens. Der Rechtsextremismus der *Jungen Freiheit* kommt subtiler, intellektueller daher – und das macht ihn so gefährlich. Scheinbar neutral wird darüber berichtet, daß auf dem Berliner Bebelplatz ein Mahnmal zum Gedenken an die Bücherverbrennung vom 30. Mai 1933 errichtet werden soll. Der letzte Satz lautet allerdings: »Die Platzbegrünung und wichtige Parkplätze sollen dem 450000-Mark-Projekt weichen.« Dabei hat die *Junge Freiheit* prinzipiell nichts gegen Denkmäler: Daß man die Standbilder der Generäle Scharnhorst und Bülow von der Neuen Wache entfernte, weil sie nicht so recht zum Gedenken an die Kriegsopfer taugten, offenbart dem Blatt »das ganze Ausmaß des Geschichtsverlustes der Deutschen, den man nicht anders denn als kollektive Neurose qualifizieren kann«.

Auffällig ist, welche Politiker in der *Jungen Freiheit* besondere Wertschätzung genießen: Der Maastricht-Gegner Manfred Brunner, CDU-Rechtsausleger Heinrich Lummer oder FPÖ-Chef Jörg Haider. Zu dessen besserer Darstellung gibt es in jeder Ausgabe eine eigene Österreich-Seite. Besonders perfide wird die *Junge Freiheit*, wenn sie sich Schützenhilfe von der anderen Seite holt. So druckte sie eine Rede des brandenburgischen SPD-Vorsitzenden Steffen Reiche (33) ab, ohne diesen gefragt zu haben. Reiche hatte sich ob der Ansiedlung der Redaktion der *Jungen Freiheit* in Potsdam »tief bestürzt« geäußert. Aber darum zitierte das Blatt erst recht aus seiner Rede, in der er bekannt hatte, er sei »stolz, ein Deutscher zu sein«. Steffen Reiche hat gegen den ungenehmigten Abdruck Klage eingelegt. Sein Beispiel zeigt, wie leicht einer von der falschen Seite vereinnahmt werden kann. Vorsicht bei der Auseinandersetzung mit der *Neuen Rechten* ist angebracht. Der intellektuelle Rechtsextremismus – und daß es ihn mittlerweile gibt, ist offensichtlich – wird nur aufgewertet, wenn wir uns allzu intensiv auf den Diskurs mit ihm einlassen. Es gebe Wichtigeres, verkündete im März 1994 die Berliner »Kommission für Wach- und Lockerbleiben trotz Ende des kalten Krieges«, der alleine schon für ihren Namen der »Orden wider den tierischen Ernst« gebührt. Es geht nicht darum, die *Neue Rechte* totzuschweigen. Aber wir wollen nicht das Echo spielen, das den rechten Ruf verstärkt. Wir werden auch die *Junge Freiheit* aushalten.

Nach uns die Sintflut?

Steffen Reiches Bekenntnis zu Deutschland basierte auf Erfahrungen in der Provinz. »Ist das ein Minimalkonsens mit Rechtsextremen? Nein! Aber ein Konsens mit Leuten, den ich öffentlich bekunde, um zu verhindern, daß sie sich an rechtsextreme Ränder gedrängt fühlen, nicht mehr wagen, mit mir oder Ihnen, mit uns ins Gespräch zu kommen. Ich habe das so erlebt in einer brandenburgischen Stadt, in Lukkenwalde, wo sie dies bei mir als Politiker und gar als Sozialdemokraten vermuteten und sich deshalb sofort selber als Rechtsextreme wahrnahmen – obwohl zumindest die, mit denen ich sprach, es weder waren noch sind und, wie ich hoffe und denke, auch nicht sein werden.«

Wer die Kids auf den Straßen von Schwedt und Solingen, die willig die Parolen aufnehmen, die ihnen von rechts zugeworfen werden, ausgrenzt oder gar meint, sich ihnen nur auf dem Justizwege nähern zu können, hat noch nichts kapiert. Rechts zu sein, heißt für viele, eines der letzten Tabus unserer Gesellschaft zu brechen. Das tut man gerne, wenn man jung ist. Ich will nichts beschönigen. Wer Steine und Molotowcocktails wirft, Ausländer und Andersdenkende zusammenschlägt und zur Gewalt aufruft, der gehört bestraft. Aber ein paar starke Sprüche sollten wir ertragen.

Im November 1993 startete die grüne Landtagsabgeordnete Beate Scheffler in Düsseldorf eine überparteiliche »Werteinitiative«. Es unterzeichneten unter anderem: der Soziologe Jürgen Habermas, der Pädagoge Klaus Hurrelmann, der Historiker Hans-Ulrich Wehler, Bertelsmann-Chef Reinhard Mohn, Politiker von Cohn-Bendit bis Süßmuth. Ziel: Eine Erziehungsoffensive für die mißratene deutsche Jugend. Nun ist gutgemeint bekanntlich das Gegenteil von gekonnt. Wer in den Tagen nach Bekanntwerden der Initiative die Interviews mit den Unterzeichnern las, der konnte bemerken, daß diese zwar bemüht waren, sich aus den Grabenkämpfen zwischen autoritären und antiautoritären Erziehern herauszuhalten. Auffällig war jedoch die Häufung von Sätzen nach dem Muster: »Wir wollen die Kinder zu (...) erziehen«, wobei anstelle der Punkte wahlweise Vokabeln wie »Selbständigkeit«, »Verantwortungsgefühl« oder »Konfliktfähigkeit« eingesetzt wurden, je nach Standpunkt der selbsternannten Wertevermittler.

»Ein solcher Ansatz ist grundfalsch«, meint Cilli Scholten (31). Die Theologin ist Referentin für soziale Bildung im Jugendamt des Bistums Münster. Ihr Hauptarbeitsfeld: »Die Förderung sozialer Kompetenz Jugendlicher«. Das Etikett ist irreführend. »Es geht *nicht* um die Frage: Wie können wir den Jugendlichen dies oder das vermitteln. Sondern wir müssen erst einmal klären, wie *soziale Kompetenz* unter den veränderten gesellschaftlichen Bedingungen aussieht. Das weiß nämlich keiner so genau; es sagt nur niemand«, meint Cilli Scholten.

Thomas Krüger (SPD), Jugendsenator in Berlin, findet:

»Die ganze Debatte über die Wertevermittlung wird zu ideologisch geführt. Das ist genauso falsch wie dieser Sozialarbeiteransatz. Damit meine ich, daß Jugendarbeit immer linke Sozialarbeit war, die auf die Schwachen alleine fokussiert war und per se einen emanzipativen, kritischen Ansatz hatte. So hechelt man nur den Entwicklungen hinterher. Außerdem interessieren sich die Jugendlichen heute nicht für Weltverbesserung. Ich plädiere daher für eine *Jugendkulturarbeit*. Dabei erfahren die Jugendlichen, daß sie etwas können. So gewinnen sie ein neues Selbstwertgefühl und müssen sich das nicht mehr holen, indem sie aufeinander losgehen.«

Vielen, die seit Jahren Jugendarbeit betreiben, fällt es schwer zu akzeptieren, daß die Wertmuster der Heranwachsenden sich verändert haben. »Der Bischof wundert sich immer, wenn ich ihm sage: *The kids are allright*«, sagt Cilli Scholten. Es war unserer Vorgängergeneration selbstverständlich geworden, daß die Haltung der Jugendlichen Protest und Kritik sein müsse. Was aber passiert, wenn Unangepaßtheit zur Norm gerät? Die Protesthaltung gehöre inzwischen zum guten Ton, schrieb Armin Adamin in der *Süddeutschen Zeitung* in einem Plädoyer »Wider die Sauertöpfe«. »Mülltrennung und Unterschriftenlisten sind die Fettaugen in der Verantwortungssoße, die über die Republik gekippt worden ist. Gegen Protest und Kritik aber gibt es keine Kritik und Protest«. Dies sei der Grund, warum die Jugendlichen der neunziger Jahre »das Korsett der Moral und Verantwortlichkeit« ablegten und sich statt dessen »im Spiel, im Arrangement« versuchten.

Versuch zur Rettung der Ironie

Die allzu enge Verknüpfung des Freiheitsbegriffes mit dem Prinzip Verantwortung ist ein typisch deutsches Phänomen. Ihr wohnt jener Ernst inne, der nach Deutschland Einzug hielt, seit Georg Fichte uns den Begriff der Nation bescherte. Karl Heinz Bohrer schrieb in der *tageszeitung* über Fichtes »Reden an die deutsche Nation« aus dem Jahre 1808, sie entbehrten »all jener Elemente des Spotts, des Zorns und der Heiterkeit, die Heine dem deutschen Volk zuschrieb. Sie sind eliminiert zugunsten einer einzigen Eigenschaft: Ernst.« Seitdem, so Bohrer, walte in Deutschland der »Stil der vermiedenen Ironie«. Er konzediert indes, daß die Bewegung von 1968 die Ironie wiederentdeckt habe. Der Soziologe Heinz Bude geht sogar so weit, die westdeutsche Gesellschaft vor 1989 als eine »ironische« zu charakterisieren, während die DDR-Verfaßtheit ihrem Wesen nach tragisch gewesen sei. Als tragisch bezeichnet er eine Sichtweise, der zufolge alles vorherbestimmt ist, die ironische Deutung gehe hingegen davon aus, daß die Geschichte offen sei. Gemeinhin hat sich nach 1989 das westliche Modell durchgesetzt, war doch der unerwartete Fall der Mauer das beste Beispiel dafür, daß mechanistische Erklärungen nichts taugen und die Geschichte noch lange nicht an ihr Ende gekommen ist.

Wie aber funktioniert ironisches Verhalten? Wann immer es in Deutschland um Ironie geht, beruft der Bildungsbürger sich gerne auf Thomas Mann, dem es darum zu tun war, in der Rolle des Ironikers über den Dingen zu stehen. In seinen fatalen »Betrachtungen eines Unpolitischen«, die als Dokument des deutschen Untertanengeistes in die Literatur- und Geistesgeschichte eingegangen sind, schrieb er, Ironie sei »immer Ironie nach beiden Seiten hin, etwas Mittleres, ein Weder-noch und Sowohl-als-auch«. Diesem Ironiekonzept, das im Kern opportunistisch ist, hat Martin Walser 1981 in seinen Frankfurter Vorlesungen über »Selbstbewußtsein und Ironie« ein Verständnis von Ironie als Negation und Kritik entgegengestellt.

Wir Mauerkinder können mit beiden Definitionen wenig anfangen. Ironie soll für uns weder Unentschiedenheit legitimieren, noch wollen wir sie von vornherein instrumentalisieren, um das Bestehende in die Luft zu jagen. Beide Haltungen sind vom Glauben daran geprägt, daß da feste Türme der Wahrheit stünden, zwischen denen man hin- und herschwanken oder an die man die Zündschnur legen könne. Uns sind derartige Gewißheiten abhanden gekommen. Wir haben nichts als die blanke Gegenwart. Karl Schlögel schreibt über unsere Generation: »Sie vertauscht ein Zuviel an Geschichte, das immun macht gegen die Wahrnehmung der Gegenwart, gegen ein Mehr an Gegenwart, das borniert sein kann, aber auch aufgeschlossen macht gegenüber der Ambivalenz der Vergangenheiten. Sie wechselt aus der Sphäre der gesicherten Überlieferung in die Sphäre des ungesicherten Handlungsortes. Sie tritt aus dem Schatten der Vergangenheit, in dem man verstummt, in Konfliktherde der Gegenwart, an denen man sich verbrennen kann. Sie mißt sich nicht an einer Geschichte, die sie nur vom Hörensagen kennt, sondern an den Kräften der Gegenwart, an denen sie möglicherweise scheitert.«

Wir haben ein unbändiges Jetztgefühl. Das heißt nicht, daß wir alles prima finden. Aber wenn wir etwas in Frage stellen, dann wollen wir das so lustvoll und selbstbewußt tun, wie es der Vater des Zweifels, Michel de Montaigne, gelehrt hat. Wir wissen, daß wir nichts wissen, und haben es deshalb nicht mehr nötig, einander die Köpfe einzuschlagen für scheinbare Gewißheiten, die morgen Schnee von gestern sind. Wir probieren Codes, Haltungen, Modelle aus und legen sie fröhlich zu den Akten, wenn Probleme auftauchen, für die sie nicht passen. Unser ironischer Gestus ist der des Spiels. Das verbindet uns mit den Kids, die nach uns kommen. Vielleicht können wir sie darum besser verstehen als die ernsten Bedenkenträger.

Zukunft bewahren. Kein Schlußwort

Im Hier und Jetzt zu leben heißt indes nicht, auf die Zukunft zu verzichten, nur, daß die Zukunft nicht mehr Horizont unserer Hoffnungen ist, sondern etwas, das wir uns erst ermöglichen müssen. Sie ist vom rettenden Ufer zum Teil des Flusses geworden, auf dem wir treiben. Wohin die Reise geht, ist ungewiß. Wir wissen nur: Zukunft ist nicht selbstverständlich, wir müssen sie bewahren. *Das* – und nicht die Hoffnung auf ein besseres Morgen – ist für uns der Grund, uns im Heute freiwillig zu beschränken, Ressourcen zu schonen, Umwelt zu schützen. Wir wissen, daß die Probleme nicht zwischen Maas und Oder zu lösen sind. Wir haben keine Utopie einer besseren Gesellschaft. Wenn überhaupt, dann haben wir die Utopie einer besseren Welt – und die ist sehr konkret. »Wenn nur um den Preis des ökologischen Zusammenbruchs alle Welt so wie wir leben könnte, dann liegt das Problem nicht bei der Welt, sondern bei uns. Dann müßten nämlich wir lernen, solidarisch zu verzichten«, schrieb Detlef Gürtler (30) in der *Wochenpost*. »Den Zustand unserer Welt würde das verbessern, den unserer Gesellschaft aber verschlechtern.«

Zeitgeschehen bei Beltz Quadriga

Ulrich Druwe
Das Ende der Sowjetunion
Krise und Auflösung einer Weltmacht
224 S. 10 Karten u. Tab. Br.
ISBN 3-407-30548-6

Ulrich Druwe
Osteuropa im Wandel
Szenarien einer ungewissen Zukunft. 176 S. Br.
ISBN 3-407-30561-3

Karlheinz A. Geißler
Zeit leben
Vom Hasten und Rasten – Arbeiten und Lernen – Leben und Sterben.
5. Aufl. 183 S. Zahlr. Abb. Br.
ISBN 3-88679-800-3

Gibt es eine weibliche Politik?
Gespräche mit Politikerinnen. Hrsg. von Inge Volk.
139 S. mit Abb. Br.
ISBN 3-88679-209-9

Klaus Hornung
Krisenherd Naher Osten
Geschichte – Fakten – Hintergründe.
277 S. 10 Abb. u. Karten Br.
ISBN 3-407-30547-8

Reymer Klüver
Das Menschheitsrisiko
Szenarien des Nord-Süd-Konflikts.
176 S. Zahlr. Abb., Grafiken und Karten. Gebunden mit Schutzumschlag.
ISBN 3-88679-221-8

Inga Stienen
Leben zwischen zwei Welten
Türkische Frauen in Deutschland. 112 S. Zahlr. Abb. Gebunden mit Schutzumschlag. Großformat.
ISBN 3-88679-244-7

Margit Wermter
Kaltgestellt – Menschen auf dem Abstellgleis
Die neue Arbeitslosigkeit in Deutschland.
200 S. Br.
ISBN 3-407-30571-0

Jutta Wilhelmi
Krisenherd Hochschule
Deutsche Universitäten zwischen Wahn und Wirklichkeit.
173 S. Br.
ISBN 3-407-30574-5

BELTZ
Quadriga

7954 24.5.1994